2014 年度国家社会科学基金艺术学一般项目（批准号：14BB025）

结项证书编号：艺规结字〔2020〕237 号

晋剧皇后王爱爱

王越 陈卓 / 著

山西出版传媒集团
三晋出版社

王爱爱是在继承程派、牛派表演艺术的基础上，根据自己的嗓音特色结合声乐唱法，出现的新时代晋剧青衣流派里程碑式的代表人物，是在民族文化土壤里成长起来的灿烂明珠，是享誉三晋大地的"晋剧皇后"。王爱爱的艺术成长史，微缩呈现了山西当代的戏剧发展史，她创立的"爱爱腔"，是当代山西晋剧舞台上影响最为广泛的声腔艺术。多年来，"爱爱腔"占据晋剧舞台青衣行当的主要位置，在晋冀陕蒙甘晋剧流布地区，"爱爱腔"被到处传唱。

美名传扬称皇后，锣鼓丝竹伴歌喉。

守正创新勇探求，继往开来楼上楼。

—— 作者 王越 陈卓

CONTENTS

目　录

序　　　　　　　　　　　　　　　　　　1

在 之卷　家世与艺术启蒙　　　　　1

出生于晋商之家　　　　　　2

成长于锦绣梨园　　　　　　9

小荷才露尖尖角　　　　　　25

灯 之卷　晋剧圣殿的陶冶　　　　　43

晋剧最高艺术殿堂　　　　　44

晋京演出的难忘岁月　　　　76

汾河流水哗啦啦　　　　　　99

火 之卷　清脆声腔动京华　　　　　109

精彩《含嫣》　　　　　　　110

成功《算粮》　　　　　　　129

唱享《明公断》　　　　　　142

感动《金水桥》　　　　　　160

阑之卷 韵味醇厚独一家   171

　　　排演现代戏《三上桃峰》   172
　　　移植"样板戏"《龙江颂》   191

珊之卷 改革开放绽芳华   207

　　　改革开放的春风   208
　　　绚丽的永春芳华   242

处之卷 夕阳是未了的情   265

　　　缱绻伉俪　风雨同舟   266
　　　桃李不言　下自成蹊   288
　　　最美不过夕阳红   308

附录一　　王爱爱主要代表剧目   333
附录二　　王爱爱大事年表   334
后记   339

艺术是我心中的挚爱

观众是我心中的上帝

弟子是我心中的企盼

唯善是我心中的追求

序

　　王爱爱是中华人民共和国成立后，在中国共产党领导下成长起来的一代晋剧著名表演艺术家，是一位在晋剧历史上具有划时代意义的里程碑式的艺术代表人物。她吸收继承了山西晋剧老一辈表演艺术家程（玉英）派、牛（桂英）派表演艺术的精髓，根据自身条件不断改革创新，创造了观众喜欢的"爱爱腔"。她的演唱音色甜美，音域宽广，吐字清晰，韵味纯厚，灵巧多变，高低自如，在晋剧青衣行中独树一帜，在晋剧舞台上占据着十分重要的地位。多年来，"爱爱腔"的神韵吸引着众多专业演员、戏迷票友，以及广大观众。王爱爱艺术流派的出现，使晋剧青衣行当的演唱艺术达到了一个新的高峰。

　　晋剧历史上出现过多少流派代表人物？至今尚无史料精确记载。据现在所掌握的史料考察，在20世纪二三十年代曾出现过晋剧须生行中的王步云（盖天红）、高文翰（说书红）、丁果仙（果子红）三个不同流派代表人物。晋剧旦行中老一辈代表人物较多，最著名的应该是王云山（毛毛旦）、王贵云（天贵旦）、程玉英、牛桂英、冀美莲等。他们的艺术成就，丰富和发展了晋剧旦行表演艺术，为晋剧表演艺术的丰富和发展作出了突出贡献，他们的功绩必将永载晋剧史册。

王爱爱是在继承程派、牛派表演艺术的基础上出现的新时代的晋剧流派代表人物，是在民族文化土壤里成长起来的灿烂明珠，是晋剧声腔发展史上的代表人物之一，是享誉三晋大地的晋剧皇后。王爱爱被誉为"晋剧皇后"的官方称呼，始于1996年元月山西省晋剧院推荐她为山西省直属文化系统标兵的文字记载。王爱爱的艺术成长史，是山西当代的戏剧发展史，她创立的"爱爱腔"是当代山西晋剧舞台上影响最为广泛的声腔艺术。多年来，"爱爱腔"占据山西晋剧舞台的主要地位，在晋冀陕蒙甘晋剧流布地区，"爱爱腔"被到处传唱。

王爱爱1940年7月出生在山西晋中一个晋商之家，成长于锦绣梨园。7岁学艺，9岁登台，15岁在晋中小有名气。在20世纪五六十年代，先后师承于著名晋剧表演艺术家程玉英和牛桂英，吸收了程派高亢奔放、热情激越的特点，以及牛派稳健大方、委婉缠绵的风格，同时，借鉴了中国民歌的演唱方法，逐步形成了深受群众喜爱的、晋剧青衣行中独树一帜的艺术流派——爱爱腔。1963年，她在电影《汾水长流》中演唱主题曲《汾河流水哗啦啦》，甜美的歌声走进了千家万户。在《含嫣》中刘雪梅的唱段《四月里南风吹动麦梢黄》等，成为脍炙人口流传至今的经典唱腔。王爱爱有一副得天独厚的甜美歌喉，为她的演唱艺术奠定了坚实的基础，但是她的成功，更得益于后天的努力，她融百家之长，创造性地发展了声腔艺术。她的唱念，字正腔圆，声情并茂，既不失乡音的纯朴，又有吟诗诵赋的音乐美，她创立的"爱爱腔"让人叹为观止，不仅老山西梆子戏迷们喜爱，年轻观众也很欣赏，就连外省观众也觉得优美动听。可以说，喜欢听"爱爱腔"的观众，遍及晋剧流布的各个角落、各个阶层。

在王爱爱70多年的艺术生涯中，她成功地塑造了不同年龄、不同身份、不同性格的古代和现代妇女形象，如《含嫣》中的刘雪梅，《明公断》中的秦香莲，《算粮》中的王宝钏，《打金枝》中的沈后，《金水桥》中的银屏公主，《教子》中的王春娥，《出水清莲》中的王桂英，《春江月》中的柳明月，《三上桃峰》中的青兰，《龙江颂》中的江水英，等等。她的表演朴实端庄、情真意切，所有人物都以她清脆甜美的"爱爱腔"以及细腻质朴的表演风格，给观众留下了不可磨灭的印象，放射出独特的艺术光芒。

王爱爱的艺术足迹走遍了大江南北，作为全国政协委员，她到过俄罗斯、朝鲜、韩国、新加坡、马来西亚、泰国等国，以及中国香港和台湾地区。随团九进中南海，受到中央领导人的接见。王爱爱是一位德艺双馨的表演艺术家，她担任全国政协委员、全国妇联委员、山西省文联副主席等多种职务；被授予"全国三八红旗手"；光荣出席全国第四届文化艺术代表大会；荣获全国"金唱片"奖；被选为山西省"十大女杰"之一、山西省直属文化系统标兵等，是山西省最有影响的艺术界代表之一。

几十年来，山西晋剧的青衣行，无论是功成名就的艺术家，还是尚未成名的青年新秀，无论是在校的师生，还是自学演唱的戏迷票友，无论年老的，还是年少的，多数人都在学唱"爱爱腔"，可谓桃李不言，下自成蹊。王爱爱举办过三次规模较大的收徒仪式，共有 38 名入室弟子，艺术学院的学生及学唱"爱爱腔"的人员不计其数。她的弟子中，有些已经取得令人瞩目的成就，如："梅花奖""二度梅"得主史佳华、"梅花奖"得主苗洁；"杏花奖"得主陈转英、杨志爱、刘建平、魏建琴等。王爱爱不仅是一位表演艺术家，还是一位戏曲教育家。退休后，于 2004 年担任原山西戏剧职业学院名誉院长，为山西培养戏曲人才作出了突出贡献。

在山西晋剧界，已经形成一个以王爱爱为代表的王派艺术集体，构成了一个不同凡响的艺术流派。王爱爱现已进入耄耋之年，作为国家级非物质文化遗产代表性传承人，她的演唱艺术亟须我们文化工作者进行深入研究，使之得到更好的传承和弘扬，这是我们撰写出版本书的初衷。希望广大读者通过阅读本书，能够对王爱爱的艺术人生有一个较为全面的了解；从事戏曲表演艺术的演员、戏曲教学的老师及戏曲爱好者，能够在声腔演唱方法上有点滴的启发与借鉴。由于作者水平有限，期待读者提出宝贵意见。

　　谢谢！

王　越　陈　卓

2020 年 10 月于并州

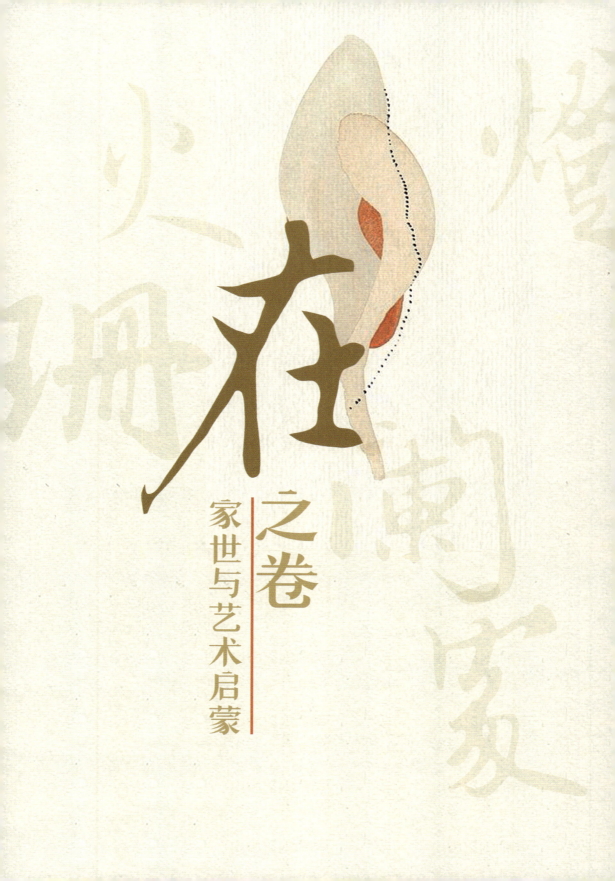

在

之卷

家世与艺术启蒙

出生于晋商之家

1940 年 7 月 14 日（农历六月初十），天刚蒙蒙亮，在山西省榆次县南关镇路家巷，随着一声嘹亮的"哇哇"哭声，一个娇小的女婴降生了。

"唉，是个妮子，要是生个小子多好。"孩子的父亲有些遗憾，他希望第一个孩子是个男娃，能顶门立户，可偏偏事与愿违。面对孩子父亲的叹气，孩子的母亲起初没有吭声。她从小就是个童养媳，平日里话不太多，凝视着女儿粉嘟嘟的小脸儿，她不禁心生怜悯，"唉"，她也轻轻地叹了一声，说："又是个受罪的命。"疼爱地亲吻着这个刚刚来到人世的小娇娃。

旧中国重男轻女的封建思想严重，生下女娃自然不如生下男娃那么受重视，可这女娃的啼哭似乎在向命运抗争，清亮的声音引来了全家上下一片惊呼："哎呀呀，这妮子的嗓子可真亮！"女娃的爷爷王金奎听见小孙女的啼哭声也欣喜万分，他说："这妮子嗓子亮堂，天生就是块儿唱戏的料。"王金奎是个商人，经常在外做生意，走南闯北，见过不少世面，作为一名晋商，他热爱家乡的晋剧，不仅自己承办了一个戏曲班社，在当地很有名气，而且，在他的三个太太里，二太太和三太太也都是唱晋剧的演员。正因他与戏曲有着不解之缘，所以当他听到小孙女嘹亮的声音时，格外欢喜。

女孩儿的其他家人也高兴地七嘴八舌议论着："这妮子嗓子又甜又脆，实在是招人爱，将来唱青衣哇。""娃娃长得又细又白的，切塔（晋中方言，可爱的意思）的，唱小旦哇。""给妮子起个甚名字呀？"王金奎说："这妮子长得就像块儿玉似的，白白净净的，老天爷又赏给她个好嗓子，就叫个王玉爱吧。"

"好，就叫王玉爱！"这个名叫王玉爱的小姑娘可不一般，长大后唱戏唱出了大名气，喜欢她的戏曲观众都亲切地叫她："爱爱！"晋中人说话有个特点，就是很喜欢使用叠音字，这样显得特别亲切，不知从哪天开始，王玉爱就改名叫王爱爱了。王爱爱——7岁学艺、9岁登台、15岁唱红晋中，之后唱红山西，唱响黄河两岸，唱出娘子关、唱向全中国，开创了山西晋剧青衣声腔"爱爱腔"，被誉为"山西当代的晋剧皇后"！

王爱爱的出生地晋中市，是中华文明发祥地之一，春秋时期这里已有县级行政设置。1948年设立榆次专区，1968年设立晋中地区，1999年撤地设市，辖区总面积1.64万平方千米。晋中市位于山西省中部，东依巍巍太行山，西临滔滔汾河水，地理位置是山西的中心。这里是晋商的故里，历史上，晋商纵横中国商界500年，曾经创造过举世瞩目的经济奇迹。在这个四通八达的富庶之地，蕴藏着丰富的文化资源，它既是一座文化底蕴深厚的古老城市，也是我国近代商业繁荣之地，更是晋商文化发达之地，也是中路梆子兴起之地。

晋中的自然环境优越，晋中的文化底蕴深厚，晋中的人们既传承古老的民族文化，同时也接受外来文化和新知识，思维活跃，具有经营头脑。可以说，晋中人的经济思想意识发达具有优良的传统。晋商的家庭经济基础厚实，文化理念超前，他们普遍热爱家乡的戏曲，热爱晋剧已然成为一种乡情，成为一种文化情结。明清时期的晋商，在全国各地修建晋商会馆（山西会馆），

山西会馆（清 安徽亳州）　荣浪 摄　　　　　　　　　　古戏台（清 山西渠家大院）　荣浪 摄

修建会馆必建戏台，经常组织戏曲演出，以此联络感情，丰富精神文化生活，晋商与晋剧的关系非常密切，但凡有晋商活动的地方，就有晋剧班社的热闹演唱。所以，在晋中一带，戏曲班社云集，戏迷票友众多，戏曲名人辈出。晋中，成为晋剧文化的起源之地。

　　据《中国戏曲志·山西卷》记载，中路梆子（晋剧）"在晋中出现最早的本地班社有清道光、咸丰年间临县的'德盛班'、灵石苏溪的'双庆班'、介休'竹风园'及榆次聂店的'四喜班'等。至同治年间，祁、太票号（金融业）大为发展，商业资本远及京津苏杭等地，为中路梆子的发展提供了经济基础"。"光绪元年(1875)前后创办于榆次流村的'保和班'是中路梆子的第一个科班"。"清末民初，依仗晋中盆地比较繁荣的商业经济和比较发达的文化，中路梆子票社活动纷纷兴起，许多商人和自由职业者热衷于拉打弹唱，从业之余，常常聚集一处，打坐腔以自娱，研讨剧词、唱腔以提高技艺，并经常与职业艺人交流切磋，对于中路梆子音乐唱腔的发展，起了巨大的促进作用"。

　　从史料记载中可以看出，晋剧的第一个科班就在晋中榆次，而榆次就是王爱爱的家乡，这使得王爱爱的艺术成长环境比较优越。清同治七年(1868)，热爱晋剧的晋商和文人对中路梆子声腔进行了改革，首先降低了调门，因为晋剧起初调门太高，很影响演员声腔的发挥。其次把大锣改为马锣，声音分贝也稍微有所降低。这次改革很有历史意义，改革后的新腔新调很快就在晋中民间流行，迅速得到普及，接着，随晋中的商帮，流传到张家口等地。

晋剧的声腔高亢激昂，符合北方人粗犷豪放的性格，因此很受北方人的喜爱，加之有晋中商人的鼎力扶持，很快就风靡张家口各地，成为张家口一带的主要声腔剧种。张家口的戏曲观众见多识广，艺术欣赏水平高，于是，山西的晋剧演员如果想要到京津沪演出，必先到张家口唱红，在塞外唱红才能成为挂头牌的名角。所以，张家口不仅是山西商人云集的地方，也成了晋剧名伶荟萃的地方，在晋中一带唱出名气的演员，甚至已经在山西唱红了的演员，都要去张家口闯市场，以便扬名天下。那时的张家口是北方的重镇，清中叶是中俄、蒙汉通商的交通枢纽及物资集散地，拥有雄厚财力的山西商人，都在那里开票号，经商贸易，于是，起源和盛行在晋中的山西中路梆子（晋剧），就和晋商一起，走向了繁荣兴旺。

山西戏曲在晋中繁荣兴盛还有一个原因，那就是在历史上，山西戏曲文化历史非常悠久，曾是全国戏曲文化活动的中心。元代时，杂剧的中心就在山西的平阳（今临汾），平阳早在金朝戏曲文化就很丰富，到了元代承袭而来，大一点的村子都有戏台，至今还存有很多珍贵的古戏台，涌现出很多的戏曲名人，如"元曲四大家"关汉卿、郑光祖、白朴、马致远，这四位历史名人中，关汉卿、郑光祖、白朴三位都是山西人，说明山西戏曲文化积淀之厚重。当北杂剧衰落，昆曲盛行全国的时候，梆子戏被民间艺人搬上了戏曲舞台。虽说这种刚刚形成的梆子戏有点粗俗，不如昆曲精致高雅，但它富有生机，在形成的过程中，吸收了昆曲和弋阳腔的营养，又经过下层文人和民间艺人的不断加工，到了清乾隆年间，这种梆子声腔已经兴盛于民间，它的兴盛与晋商密不可分，有句谚语："商路即戏路"，说明戏曲和商业贸易关系之紧密。在当时受封建社会残酷剥削越来越重的山西广大乡村，曾出现这样一种普遍的社会现象：人多地少的农村，家中有积蓄者就去经商，生活贫困者就送子弟入科班学唱戏。因而，戏曲产生于山西农村，唱戏的人大部分是农村人，唱红了的名角更是农村人占多数，这是山西戏曲延续多年的一种社会现象。

背井离乡去创业的山西商人，在物质生活逐渐富裕的时候，精神生活相对比较苦闷贫乏，他们为了排除精神上的空虚寂寞和思乡之情，常常不惜重金邀聘家乡的戏班到经商之地演出家乡戏，邀班唱戏在晋商中形成了一定的风气。于是，在晋商的参与下，山西梆子戏（晋剧）站住了脚根，长出了新芽，开出了新花，以至山西商人在北京这样的大城市都形成了强大势力，建立会馆，组织唱戏，举办各种商务活动。文化搭台，经济唱戏。晋商为何每年都要组织几次商会戏？原因有二：一是联络同乡感情，增进友谊；二是传达乡音乡情乡曲，聊解思乡之情。梆子戏，就成为晋商情感寄托和最重要的精神家园。

唱戏，在促进商业贸易繁荣的同时，也为梆子戏的发展提供了经济基础。戏曲的兴盛，又促进了市场的繁荣，增加了商人的经济收入。所以，晋商不仅把唱戏当作可供自己娱乐和欣赏的艺术，更作为一种开辟市场、繁荣贸易的手段。随着商人势力的扩大和发展，梆子戏不但在北京兴盛，就连天津、上海、张家口等地也长期进行演出。徐珂在《清稗类钞》中说："京师大贾多晋人"，"他们不仅垄断着票号、钱庄、当铺、颜料、染坊、粮食、干果、杂货等一些重要行业，而且无孔不入地渗透到北京经济的各个部门。"山西梆子（晋剧）班社和名伶每到北京演出，必到天津唱戏，在天津至少唱几个月商人们才肯罢休，因而晋剧在京津扎下了根，同时也在江南的大都市上海扎下了根，这些地方也成为山西商人最多的地方。山西票号最多，各种花园舞亭也多，山西梆子（晋剧）雄踞京沪戏曲舞台的局面，一直延续到民国初年山西票号衰落之时。

旧中国的地方戏班属于民间组织，它们的发展需要有一定的经济实力作依靠，以此来发展壮大。晋中在山西自然环境好，经济发达，晋商很多，人们非常喜欢看戏，因此促进了晋剧的流行，晋剧文化在此地繁荣发展。

王爱爱小时候的家境比较富裕。20 世纪 50 年代"土改"时，她爷爷家

王爱爱（前排中）怀抱儿子刘润江，与妹妹王玉娥（后排中）及四个弟弟合影

有 82 亩田、92 间房。爷爷喜欢养马，有几套马车，经营着一个马店，从事运输业，雇着 20 多个长工。同时，还开着一家粮店、一家杂货店，承办着一个戏班。"土改"时家庭成分被定为地主，家里土地被平分，房子除留下 6 间外，其余全部归公。后来车马合作化入社，戏箱、货铺归了街道。

晋中的戏曲班社很多，王爱爱爷爷的班社阵容较大，名角多，行当全。团里有她的二奶奶、三奶奶，她的二姑、三姑和她年龄相仿，她们一起学戏一起成长，后来，几个女孩子能上台唱戏了，再加上家里收养了一个女孩子学唱小生，这样一来，几个女孩子所工青衣、小旦、须生、小生，行当挺全，就能唱好多戏。很多观众都愿意看娃娃戏，小孩子演戏活泼天真可爱，所以剧团能唱很多出剧目。每当进入腊月，剧团年底封箱的时候，爷爷就聘请一些名角住在家里，喝茶娱乐，再把乐队叫来，就拉起呼胡唱起戏来了。他们有时还在一起修改剧本，研究唱腔。在晋剧发展史上，像王爱爱爷爷这样喜爱晋剧的商人有很多，他们组织的艺术活动，促进了晋剧的发展。所以说，从历史上看，晋商与晋剧密不可分，关系源远流长。

王爱爱的爷爷王金奎是晋中的商人，他自己做生意，养戏班，这在晋中商人中也很有自己的特色。自己家中有戏班，二太太、三太太都是晋剧演员，家庭、戏班都搞得很红火，当时很多名演员都来他家班社唱过戏。民国三十七年（1948年）7月19日，榆次县人民政府成立。21日，爷爷的戏曲班社被政府统一收编，改称榆次县新生剧团。1957年，新生剧团与榆次专区群众剧团合并，1959年更名为榆次专区人民晋剧团，后改为晋中市晋剧团。团总部下设两个剧团，一团以名老演员为主，由著名晋剧青衣表演艺术家程玉英任总团长，由程玉英和著名小旦程伶仙领衔主演；二团即青年团，由青年演员组成，王爱爱等领衔主演。

王爱爱从小生活富裕，却学了唱戏，唱戏多苦啊！像她这种情况似乎并不多见，所以就连同她一起唱戏的同行也感到纳闷，问她："你家那么富裕，你为甚唱戏了？是不是要下的（孩子）了？"王爱爱深知，自己走上唱戏这条艺术人生道路，其实，不仅仅是因为她的爷爷奶奶们喜欢，还因为她的嗓音先天条件好，所以才使她生于晋商殷实家庭却学了唱戏，唱戏太苦，以至于她的母亲从来不敢看王爱爱练功，她母亲说："心疼得妈妈心还颤了。"

王爱爱是个性格坚韧的女孩子，她既然学了这一行，那再苦也要坚持下去。坚忍，最终使她唱出了自己的一片天！开创了独具特色的"爱爱腔"，被誉为"山西当代晋剧皇后"，这，是她自己从未想到过的。

成长于锦绣梨园

　　王爱爱的二奶奶和三奶奶都是爷爷王金奎承办的戏班里的演员，是戏班的两朵花，一个主工小生，一个主工小旦。王金奎每天除了经营马店、粮店和杂货店的生意外，最大的乐趣就是去他的戏班。他对戏曲懂行，经营戏班讲信誉，重管理，把自己的戏班经营得红红火火，兴旺发达。戏班的班底厚，阵容整齐，行当齐全，演出剧目很多，他经常聘请名角来，班社实力很强。还有两个太太既演戏还是他的好助手，尤其是三太太，能帮他经营业务。王爱爱的二姑、三姑年龄与她相仿，家里还有一个学唱小生的姑娘叫刘改英，平时几个女孩子一起练功唱戏，王金奎让两个女儿及孙女王爱爱一起学戏，三奶奶筱桂花亲自执教。女孩子们能演出不少剧目，戏班甚是热闹。

　　王金奎为人厚道讲义气，聘请名角唱戏包银合理讲信用，口碑好，仗义豪侠。据说有一次，一个在外搭班唱戏的武生演员，因身体受伤不能上台演戏，家中断了收入，眼看到了年关，孩子连一件新衣裳也添置不起，走投无路之下，听说王金奎老板为人善良厚道，就抱着试一试的想法来找王金奎借钱过年。王金奎非常同情，慷慨赠银。人们每谈到王金奎老板的为人，其人品得到多人称赞。好人有好报，王金奎戏班的演职员们唱戏都很卖力，所以无论遇到什么情况，他的戏班每天都能正常演出并有收入。相较其他戏班来说，他的戏班底子更好，人员素质也高。中华人民共和国成立后，20世纪50年代公私合营时，他的戏班被政府考察后选中，进行了公私合营，更名为榆次县新生剧团。

晋剧前辈常来王爱爱家中唱戏娱乐，增添了她对晋剧的好奇和好感。艺术环境的熏陶，耳濡目染，使她从小对晋剧唱腔具备了良好的艺术审美鉴别眼光，什么样的唱腔婉转动听，什么样的女演员她最喜欢，什么样的晋剧音乐旋律深入脑海，艺术唱腔上悠扬的旋律、女演员言谈举止行事的做派，都在她幼小的心田留下了深深的烙印。

王爱爱的亲奶奶是正房，并不唱戏，主要是管理家中的一大摊子家庭事务。二奶奶唱小生，艺术悟性好，上妆后饰演文小生英俊潇洒。婚后多年没有孩子，心情郁闷，性情渐渐改变，再后来就学了抽大烟，毒瘾犯了的时候，闹腾得很厉害。王金奎没有嫌弃她，把她单独放在后院的一间房子里帮她戒毒。俗话说"一朝吸毒，终身戒毒"，她的病情好一阵坏一阵，有时候她就偷偷地把铺盖卖掉去抽大烟。最后，自暴自弃，觉得没有颜面继续在王家生活下去，在一天夜里，趁人们都已熟睡，自己卷了铺盖悄悄离开了王家，销声匿迹。有人说，20世纪50年代曾见过她，她回来看过王爱爱的戏，当时她问："呀，这个妮子唱得不赖，嗓子不赖。"有人告诉她说："你不认得了？这就是你家的爱子嘛。""哦？"她惊讶不已，当年的小姑娘竟然出落得如此优秀了！也有人说，她后来到了内蒙古，因为她的父亲到口外赚钱再也没有回来，或许是去口外寻找其父亲去了。又说她死在了包头，永远地留在了那个遥远荒凉的异乡。二奶奶的一生，令人唏嘘，也是一个谜一样的传奇故事。

王爱爱的三奶奶是著名晋剧演员筱桂花。

筱桂花1918年出生，原籍山东诸城县，7岁时来到榆次，进入寿阳人

筱桂花剧照　　　　　　　　　　　　　　　筱桂花生活照

　　董凤来在榆次小北门外开设的"晋风园"晋剧班学艺，拜著名晋剧小旦演员王应锦（艺名"万盏灯"）为师学小旦。14岁正式登台演出，演出的剧目有《七星庙》《少华山》等。再拜著名小旦演员高根梅（艺名"自来香"）为师。后来，又拜著名小旦大师张宝魁（艺名"筱吉仙"）为师，取艺名为筱桂花。筱吉仙的徒弟都姓筱，中间都是"桂"字，有十个师姐妹。

　　　筱桂花个性要强，转益多师，博采众长，经过张宝魁师父的精心指点，技艺日臻娴熟。在艺术上对自己要求极高，练功极其刻苦，基本功扎实，身段规范利落，各类旦角戏都能应工，表演生动细腻，堪称旦角行当的多面手。她不仅对传统戏人物的刻画有所建树，还善于在现代戏中塑造不同类型的妇女形象。20世纪50年代，剧团排演《王贵与李香香》《小女婿》等戏，她饰演的小女婿，至今被人们称赞，晋中市文化艺术学校的高级讲师、戏曲教育家、著名晋剧青衣表演艺术家程玉英的徒弟李桂香说："看人家演的那个小女婿（指剧中人物陈快腿），那个走路，那个眼神，哎呀，可真好了！"

筱桂花戏路宽，演出的剧目多，有《杀子报》《七星庙》《双锁山》《少华山》《炮烙柱》《换花》《九件衣》《红霞关》《凤台关》《日月图》《富贵图》《破洪州》等，男女角色兼优，曾反串花脸，观众评价比男演员表演得还入木三分。

1954年3月8日，剧团参加了晋中市举办的庆祝三八国际妇女节纪念演出活动，演出传统戏《算粮》。这出戏是晋剧传统剧目《回龙阁》中的一折，故事说的是，王宝钏与其父王允决裂后，苦守寒窑十八年，其丈夫薛平贵从军归来，正值王允寿诞，在寿诞宴席上，宝钏的二姐银钏、二姐丈魏虎都劝宝钏改嫁，宝钏引来薛平贵相见，并向魏虎清算征西路上克扣的粮饷。这出折子戏青衣、须生、花脸等各行当齐全，适逢三八妇女节，组织者进行艺术创新，剧中所有人物均由女演员饰演，女扮男装很有看点。多年后人们谈起此事还津津乐道，夸赞筱桂花在剧中饰演的二花脸魏虎出彩。

反串表演，原本是戏曲界每年年底封箱之前，业内自娱自乐的演出活动，由于很受欢迎，后来演变成为一种艺术演出形式。一般来说，反串表演饰演同性别的角色难度不太大，比如，饰演青衣行当的反串小旦行当，只是表演上将剧中扮演已婚女性改为扮演未婚女子，都是旦行的表演特点，区别在于人物年龄不同，青衣表演稳重大方，小旦表演活泼俏皮。然而，旦行反串生行表演，跨度就很大，也是观众兴味点最浓的。例如，晋剧须生大王丁果仙，在20世纪50年代一次演出中反串小旦，演得活灵活现，半个世纪过去了，至今人们仍然啧啧称赞。她反串《打金枝》中的金枝女，把公主的婀娜多姿表演得惟妙惟肖、非常可爱，给所有业内人士和观众都留下了极其深刻的印象。"冀派"传人、著名晋剧小旦表演艺术家、国家级非物质文化遗产晋剧代表性传承人冀萍说："丁老师扮演的金枝女，比小旦演员表演得还像个小闺女呢，金枝女在进门槛的时候，一般演员表演进门就是腿一迈就表示迈过门槛进去了，观众也能理解，程式表演就是这样的。但是，人家丁老师表演得与众不同，她表演的金枝女进门以后脚丫丫还要那么一撩，把观众逗得哈哈大笑，可真俏皮呢！"丁果仙的反串表演，至今成为业内人士的美谈。所以说，反串演出特别能引起观众的期待。筱桂花在三八国际妇女节纪念演出中，反串二花脸魏虎，就充分展现出她深厚的表演艺术功底，细腻地刻画出了魏虎卑鄙无耻、奸险毒辣的丑恶形象，观众被她粗犷豪放的气势征服，发出阵阵叫好声和热烈掌声，评价她真是演谁像谁啊！观众评价"演谁像谁"，是对演员最大的褒奖。

艺术家成功的秘籍之一是博采众长，筱桂花自然也不例外。她的艺术成就与师父张宝魁（筱吉仙）的辅导有很大的关系。

张宝魁（1900—1965），男，中路梆子演员、教师、导演，河北省大兴县（今属北京市）人。1911年冬11岁时入河北梆子世家张吉仙的"大吉利"班坐科，工青衣。聪颖好学，颇受师父器重，赐艺名"筱吉仙"。18岁出科赴张家口搭班，结识著名中路梆子表演艺术家李子健，结为金兰，逐渐感到自己的嗓音更适合中路梆子的艺术风格，于是从河北梆子改唱中路梆子，20岁便名噪一时。1928年首演《白蛇传》饰演白素贞，以神形兼备的表演、精湛的武功和新颖的"出手"技艺倾倒观众。张宝魁在艺术上刻苦磨砺，广收博采，融中路梆子、京剧、河北梆子技艺于一体，集小旦、刀马、青衣表演于一身，演出了靠架戏《凤台关》《破洪州》《烈火旗》《汴梁图》，出手戏《泗州城》《摇钱树》《百草山》及《美人图》《英杰烈》《霸王别姬》等一大批精彩剧目，逐渐形成了表演细腻传神，做派严谨大方，武打干净利落，文武皆精的"筱派"表演艺术风格。

筱吉仙的艺术精神深深地感染着徒弟筱桂花，筱桂花在艺术上刻苦磨砺的吃苦精神，深受其师父的影响。

筱吉仙在艺术上取得了很高的艺术成就，自己承办了"吉庆园"戏班，演出之余收徒传艺，培养出了筱桂桃（小旦、刀马旦）、筱桂林（男，文武小生）、筱桂芬（小旦）、筱桂琴（青衣、须生）、筱桂芳（文武小生）、筱桂红（须生）、筱桂珍（武生）、筱桂莲（青衣）、筱桂君（刀马旦）、

筱桂花的师父张宝魁

筱桂梅（文武小生）、筱桂花（小旦、刀马旦）、张桂娟（张宝魁的女儿，主工刀马旦、小旦）等一批"桂"字辈弟子，成为 20 世纪三四十年代一班令人瞩目的坤伶姐妹。

任何表演艺术家，当他在艺术上取得一定成就的时候，往往在文学艺术上也具有较高的艺术修养，张宝魁即是如此。他酷爱中国传统古典小说，抗日战争后期，他凭借自己深厚的人生阅历和丰富的舞台经验，自编自导了《岳飞传》《西游记》《金鞭记》《五女兴唐》等戏，轰动省城太原。中华人民共和国成立后，排演了《白毛女》《小二黑结婚》《小女婿》等现代戏，以及《三打祝家庄》《十五贯》等新编历史剧，还有《孔雀东南飞》《张羽煮海》《春香传》等脍炙人口的新剧目，参加了全国第一届戏剧工作会议、全国第一届戏曲观摩演出大会，被选为太原市人民代表大会代表、中国人民政治协商会议太原市委员会常委等。1954 年，招收培养了太原市一批优秀青年，很多演员成为山西戏曲界的艺术骨干。

然而，张宝魁在 1957 年被错划为"右派"，1965 年病逝于太原。1980年山西省、太原市文化主管部门为他举行了隆重的诞辰八十周年纪念会，称他为"晋剧表演艺术家、戏曲教育家"。

名师出高徒，张宝魁给予徒弟筱桂花艺术上很多指导，使她受益良多，在晋中一带颇有名气，文武全能，基本功扎实，会的戏很多，什么角色都能胜任，演啥像啥，是众口皆碑的好演员，同时也是一位晋剧表演教育家。

1954年春节后不久，筱桂花渐感身体不适，王金奎赶紧把她送到北京协和医院进行治疗。癌症晚期的诊断结果，让他们泪眼相对。1954年6月13日（农历五月十三）不幸病逝，年仅36岁。

筱桂花是王爱爱的启蒙老师，她在艺术上给王爱爱打下了扎实的基本功，可以说，对王爱爱艺术的影响是很深的，后来王爱爱开创了"爱爱腔"艺术流派，除了两位著名晋剧表演艺术家牛桂英和程玉英对她影响较深之外，她的奶奶筱桂花对她的影响也很大。"爱爱腔"的形成可以划分为三个历史阶段：

第一个是启蒙教育。家庭环境的熏陶，筱桂花的执教。

第二个是风格形成。牛桂英和程玉英对她唱腔风格的影响。

第三个是视野开阔。20世纪60年代在中国音乐学院进修之后，借鉴了声乐发声方法，艺术视野拓宽，吸收其他艺术元素。

随着岁月的流逝，王爱爱渐渐成为剧团的青年艺术骨干，每天的演出海报上都有王爱爱的名字。在晋中的演出剧目很多，如：《凤仪亭》中的貂蝉、《樊梨花》中的樊梨花、《螺女传》中的神女、《梅绛袄》中的陈元杏、《红楼梦》中的林黛玉、《杨八姐游春》中的杨八姐等。1957年来太原演出，《山西日报》每天都有她的演出海报。

王爱爱幼小时对晋剧的印象，主要来自于她爷爷王金奎对晋剧的爱好和家庭环境的熏陶。那时，每逢腊月年底封箱之时（中华人民共和国成立前，戏班每年腊月停止演出，行话叫封箱，待来年重新组班），爷爷就从省城请来晋剧名角住在家里，后院里停了车马，交给长工，每人分配住房，到前院喝茶，叫来乐队，呼胡一拉，鼓板一打，敲敲打打，唱起戏来，晋剧声腔的优美旋律就深深地印在了她的脑海里。刚刚记事的她，满眼看的都是红火热闹，觉着会唱戏可真好，当时的她并不知道唱戏有多苦，美好的感觉是她对晋剧最初的记忆。

家中常能见到的名角有很多，王爱爱记忆里有晋剧名角乔玉仙、刘俊英、梁小云、吉凤仙、范翠屏、吉凤贞等，那些名角和名演员个个都打扮得很好看，有的大方端庄，有的俏皮时尚。她眼里看到的、耳中听到的，都是美好和快乐。那时，谁也没有想到，这个坐在一边看热闹的小女孩儿，后来竟然能和这些明星大腕儿在一个剧团工作，而且还唱成了"当代的晋剧皇后"！

王爱爱学唱戏，不同于一般艺人。在半殖民地半封建社会的旧中国，穷苦人家无法生存，饥寒交迫，为了讨口饭吃，不得已父母才狠下心送孩子去学唱戏，签订协议，甚至有的签订卖身契，十分可怜。穷人家孩子学唱戏无非是想找一条生活出路，而王爱爱呢，衣食无忧，生活在一个很富裕的晋商家庭，她学唱戏，完全是由于家里大人的爱好和兴趣的影响，因为酷爱晋剧的家人发现，王爱爱有一条得天独厚的好嗓子，好好培养必定是人中龙凤。

俗话说，唱戏唱戏，顾名思义，没有一条好嗓子还唱什么戏？唱戏首要之处就是能唱会唱、唱得精湛迷人才行。王爱爱回忆：

我奶奶什么戏都会唱，哪个戏她也能拿起来唱，可就是嗓子先天条件有限，达不到唱得精湛迷人的艺术高度，成为奶奶心里永远纠结的一个"魔"！她跟剧团的人说："我嗓子不行，就是要让我家爱子在这上头唱出样儿了！"

生性要强的奶奶，发现小孙女嗓音又脆又甜很独特时，她盼着，她的遗憾、她的愿望、她的人生理想，能够在孙女的身上得以实现，于是，那种超越一切、对艺术执着追求的表现，都集中地体现在了培养王爱爱学戏上，体现在对她严苛的教育上，这种近乎"刻薄"的教学，一直深深地留在王爱爱的人生记忆里。

1947 年王爱爱七岁，筱桂花安排她与二姑、三姑一起学戏，筱桂花还收了一个徒弟叫刘改英，学小生，四个女娃娃四个行当，学了几年就能唱起一台戏来，能演出不少剧目，是剧团演出的一大景观。观众喜欢看娃娃戏，小演员们做戏纯真可爱，王爱爱饰演的小旦，做戏认真，童音里唱出甜甜的韵味儿，最受观众喜爱。

既然学唱戏，就得下苦功，不受苦中苦，难做人上人。每天清晨天不亮，王爱爱就被奶奶叫起床，带着她去城墙边上喊嗓子，练基本功。戏曲界有句谚语：冬练三九，夏练三伏。凌晨四点半正是人们熟睡香甜的时候，王爱爱从被窝里被叫起来去练功，还没睡醒，迷迷糊糊地跟着奶奶一路跑着"圆场"去城墙边，常常是脚下机械地跑着小碎台步，脑子又进入睡眠状态了。

戏班常有"打戏"一说，师父打徒弟是家常便饭，因为师父要你把基本功训练扎实，动作不规范自然要挨打。个性极强的筱桂花，则比一般师父的要求还要严格，打得更狠。每天凌晨跑圆场到了城墙根开始练功后，她让王爱爱对着城墙"抱着肚子唱"（过去青衣演唱时一个姿势站着不动），她自己则站在 20 多米开外听。王爱爱说：

我奶奶打得可狠了，她让你站到城墙根这儿唱，她自己站到 20 米外的地方听你唱。要是咬字吐字稍不清楚，她就过来扇耳光。哎呀！眼冒金星，脸上火辣辣的。眼泪在眼睛里转，可是不敢哭。你要是哭，打得更狠。从城墙根晨练回来，马上吃饭，半小时饭后八点半还要在家里唱。

王爱爱每天都得站在奶奶面前唱，奶奶坐在椅子上，让她站在跟前，脸朝外，背对着奶奶，奶奶手里拿着一根小棒棒，放在她的肩膀上，拍着节奏让她唱，唱到快板时，必须紧凑起来。如果她唱过去了，就是轻拍。如果唱得过不去，没有达到奶奶的要求，小棒棒就"啪啪"地拍在她瘦小的肩上，拍得她直打哆嗦，疼得眼泪汪汪。王爱爱回忆说：

我奶奶的手很重，手里可有劲儿了，其实，她心里也知道我在前面悄悄地哭了，就是装作没看见，她之所以让我脸朝外站着唱，就是故意不看我的脸，以免看到我哭得伤心时自己心软。我小时候，肩头老是黑青色的，被打后的肩膀也常常是肿着的。我奶奶还有一个狠招，如果看见我哭，会拍得更狠，更用劲儿，而且还往脸上扇耳光。唉！那时候，辛酸的泪水只敢往肚子里面咽。我奶奶常说的一句话就是："打戏打戏，不打不记。"所以说呀，唱青衣，第一就是嘴皮子必须要好！

王爱爱成名后，观众都夸赞她唱戏吐字清晰，字正腔圆，每一个观众都能听懂她唱的是啥，就是外地人也能听懂，形容她唱出来的每个字"嘣嘣"的，非常有力。王爱爱慨叹道：

是挨打，打出来的……有的演员唱到要加快速度的时候，咋也快不起来，原因就是嘴皮子上没有功夫，牙齿没有功夫，唇齿喉舌没有功夫，所以乐队即便着急地催，咋催也催不起来。我为什么能唱得节奏快，吐字清晰，唱腔入耳呢？这也是挨打挨出来的。可是，现在想想，没有奶奶这样严苛的教育，哪有我的现在？没有奶奶的严，哪有我今天舞台上的精彩？奶奶也很辛苦啊！

筱桂花每天的确很忙，她得带团，剧团的所有业务活动她都操心；她得演出，每天演完戏，卸了妆，回到家吃完夜宵，时间也就到了夜里十二点多了。每晚演出回来还要辅导四个女孩儿学戏，让四个人轮流背戏，每人背一遍后她才安然入睡。细想想，她自己能有多少睡眠的时间呢？

她要求四个女孩儿睡觉时，必须枕着自己的腿睡，前半夜枕着这条腿睡，睡麻了，后半夜再换另一条腿枕着睡。王爱爱说，从她7岁开始学戏，一直到十几岁，每天都是这样枕着自己的腿睡觉，从来就没有伸直腿睡过觉。筱桂花认为：作为一名演员，必须要有一个好腿功。有奶奶如此严苛的执教，王爱爱的腿功自然是非常过硬的，演出《樊梨花》时就是她扎实基本功的展示。樊梨花这个人物是刀马旦应工，王爱爱之所以能在表演各种枪花、腿功、腰功、毯子功、身段功上稳扎稳打，与她从小练就的基本功密不可分。王爱爱说："每天练基功耗费体力，体能消耗太大，我每天饿得可快了，饭量可大了，那会儿正长身体，一顿饭能吃9个包子。"

王爱爱每天练唱至少七八个小时，从早晨四点半起床开始练唱，唱三个多小时，一直唱到八点回家。回家后，连休息带吃饭半个小时，八点半开始配乐唱，吊嗓子，一直要唱到将近十一点才休息。光是一个上午就练唱将近七八个小时。这种功夫哪里是一般人能比得了的！

现在不知道有多少人都极其羡慕王爱爱有一条银铃般的金嗓子，人都80多岁高龄了，嗓子依旧那么清脆甜美，总认为这是人家爹妈天生给的一副好嗓子。每每听到有人这样说，王爱爱总是说："嗓子好是一个方面，其实，主要还是练下的。"

从王爱爱70多年的艺术经历来看，嗓子好固然重要，但科学的超强度训练更重要。王爱爱练唱的条件也是得天独厚的优越，她小时候吊嗓子，她奶奶聘了打板的、拉呼胡的、敲梆子的三个人在家里，每个月给他们每人10斤小米和10斤白面，天天给她吊嗓子。所以她从小练唱很规范，练出了扎实的底功，以至多年后，即便在演出中舞台上偶尔出现麦克风故障的情况，她的唱腔依然能够清清楚楚地送到剧场最后一排观众的耳朵里。我们有理由相信，天才就是天赋＋勤奋＋机遇，一个演员，光有好的条件没有刻苦磨砺难成大器，是千里马也得有伯乐才行。所以，宝剑锋从磨砺出，梅花香自苦寒来。不经一番寒彻骨，怎得梅花扑鼻香？

对于练基功，王爱爱说："奶奶一时一刻也不离开我们，时刻监督。有人说，唱文戏的演员，最好不要拿大顶，拿大顶就把嗓子拿坏了。可是，我奶奶的思想很开明，她不这样认为，她说："'拿大顶有好处，它能开扩你的胸围，你就有劲儿了。'"

有这样的理念，自然有这样的行动。当王爱爱她们练基功的时候，筱桂花要求她们统统都必须拿大顶，每次拿顶至少10分钟，多则半小时。虽说奶奶每天十分繁忙，但是在培养她们的时候，真是不遗余力。

过去旧科班里对于练基本功很注重学员的全面发展，并不是说唱文戏的就不必练基本功。在打基础阶段，各种功夫都要全面学习，等基本功练得差不多的时候，才在表演上划分行当，然后才根据行当有所侧重地培养，使之进一步发展。那么，既然是打基础，那就必须得狠练基本功。筱桂花比科班教学方法更严厉，王爱爱说：

我奶奶让我们几个女孩儿挨个儿站成一排拿顶，我三姑的腿不行，我奶奶用手一扒拉就掉下来了，那我们几个就一排溜儿都跌下来了。这时，我奶奶就手拿刀劈子（演出道具），一刀劈子就搂上去了，三刀劈子下去我三姑如果还没有立起来，我奶奶就开始绕院里追着打。我三姑不愿意学唱戏，那真是吓怕了，吓怕这一行了，学唱戏苦不说，她还胆子小，因为我奶奶特别凶。其实，我三姑的嗓子条件很好，主要是我奶奶实在是太厉害了，一般人就吓得趴下了。

上午练唱功，下午练基功。练习跑圆场时，筱桂花在王爱爱的腿上绑上一根细绳子，跟在她后面跑。王爱爱说：

我要是跑得步子小了，我奶奶的脚就踩到了我的脚后跟。步子跑得大了，我自己就绊一跤，这，就得挨奶奶的打。我奶奶，劲儿可大了，经常拎起你来就能把你甩出去三四米远，那会儿都是砖头地，疼得你呀，可真是，眼泪直在眼睛里打转了，又不敢哭。

练习压腿时候，一般人练功都是站在平地上扳腿，而性格要强的筱桂花，哪能让王爱爱她们在平地上扳腿呢？那不是太舒服了吗？她让她们都得站到砖头上练，而且这个砖头还得要侧立起来。试想，砖头立起来是多么窄多么高？这样练，难度很大，很难掌握平衡，一般人站立一会儿就会跌落下来。她们就是这样站在砖头上练，奶奶还要求必须得等一炷香燃完了才能把腿放下来再换另一条腿上去。那么两条腿都扳完要多长时间呢？王爱爱说："那得看香的质量了，如果香做得硬，就燃得慢。做得松了，就燃得快。一般来说，一炷香燃完是 40 分钟左右。"

王爱爱自小性格当中就有一股坚韧劲儿，练功吃苦不叫苦，和她一起练功的三姑，平时比较受她爷爷的宠爱，受不了这份罪。有一回，机灵的三姑在扳腿的时候，为了让香燃得快一些，能让腿早点放下来，她就趁筱桂花进屋去的时候，把香掰下来一截再插上去，好像是香燃得很快的样子。王爱爱说：

小孩子再鬼精灵哪能比得过大人的脑筋？我奶奶从家里出来一看，惊讶地说："呀，咋这香燃得这来快了？我才回去喝了杯水么，咋一下香就半拉

王爱爱与父母合影

就没（么）啦了？"一想，不对！肯定是有人动过这炷香，就问："谁动来？"
四个女孩儿都不吭声。我就心想，"反正不是我来，我也不吭气。"我奶奶
知道就是我三姑做的事，说："下来！"走过去就把我三姑的腿推下来，问：
"是不是你动来？"我三姑吓得："妈，我肚儿疼。"我奶奶一听，气不打
一处来，举手就打，我三姑就叫喊，在院子里边叫喊边跑，我奶奶就追，一
个又哭又叫喊，一个又骂又追打，这时候，惊动了我爷爷了，我爷爷心疼这
个最小的闺女，我三姑只比我大一岁，我爷爷听见哭闹，就赶紧出来吼道：
"就算了哇，算了哇！这做的个甚了？每天狼嚎鬼叫的，就跟死下人来的，
又不指望这吃饭。不用了！不用了！"

说得也对，王爱爱她家，家境殷实，又不是家里穷得没法活，才让子女

学唱戏讨口饭吃。原本学唱戏也就是一种艺术爱好，如果说不爱好，那干嘛要受这份罪呢？终于，奶奶不再对三姑严要求了，既然没有要求，那自然她三姑最终戏也就没有学成。

白天练了一天功，按说已经很累了，早早睡吧。不行！到了晚上也不能休息，王爱爱得背诵复习白天学下的戏，等奶奶晚上演完戏回到家，她还得给奶奶背戏。无论奶奶多晚回来，她也得背完了戏才能去睡觉。正在长身体阶段的王爱爱，每天总盼着生病："唉，我咋就不得病了？病了就好了，能歇一歇了。"除了盼望自己能生病不用练功，她还盼着过年："甚会儿就过年了？过年多好了！就能休息几天了。"每年，只有腊月二十七到正月初五她们才不用练功，能好好睡觉。小小年纪的她，实在太想好好睡一睡觉了。

行内人都知道唱戏练功苦，所以，假如自己的孩子学唱戏，往往是把子女托给同行去教。俗话说："打戏打戏，不打不成器。"筱桂花给自己的孙女练功打得重也是出了名的。剧团的人们有时都不忍心，实在看不下去了，就婉转地说她："桂花姐，你打起你家爱子来可狠了哈。"筱桂花说："嗯，我在唱上有缺憾了，我嗓子不行，就是要让我家爱子给我争口气了。"

也有人议论说："王爱爱你不是你家亲生的，是哪哪哪把你卖了，转了三转，才把你转到这儿。"王爱爱去问家里的老长工，老长工在她出生前就在她家当厨师。老长工告诉她说："你就是你家的，你爷爷在你还没有出生的时候就来了这儿了"。还有人疑惑不解地问："你家是大地主大资本家，你那么小年纪你家能让你学了戏？"王爱爱说："岂不知，我爷爷就喜欢戏。"后来，王爱爱不再有疑惑了，也不再问了，继续刻苦练功，心无旁骛，朝着将来能成为好角儿的目标努力。

王爱爱学戏苦，她母亲是非常清楚的。母亲从来不敢看女儿练功，心疼得直掉眼泪。王爱爱成名后，她母亲才说出当年的感受："妈妈就不能看我娃练功，哎呀，心疼得妈妈心还颤了。"母亲一生中仅看过王爱爱演出的三出戏，第一个是 20 世纪六十年代演出的传统戏《明公断》，第二个是七十年代演出的现代戏《龙江颂》，第三个是八十年代演出的新编历史剧《雏凤凌空》。

中国传统戏曲讲究"四功""五法"，即唱、念、做、打和手、眼、身、法、步。一个演员必须具备良好的基本功，举手投足、一笑一颦必须中规中矩，才能真正站在戏曲舞台上。古往今来，无论哪一个剧种，无论哪一家哪一派的领军人物，均是娴熟驾驭戏曲表演规律并身怀绝技的艺术大家。在这些成功艺术家的成长过程中，哪一个不经历超乎人们想象的刻苦磨炼，哪一个成功者的背后，没有付出了比常人多得多的辛苦呢？他们的奋斗故事也最是激励后人上进并被人所津津乐道的。如，京剧名武生张云溪起五更围着前门城楼练矮子步；蒲剧名旦王存才为练跷功穿着跷跑台口；京剧名武生盖叫天下班打着飞脚回家；晋剧著名须生丁果仙"冬练三九，夏练三伏"；等等。这类励志的故事数不胜数。没有卓尔不群的艺术绝活，没有深厚全面的艺术素养，是不可能开宗立派登上戏曲艺术最高峰的，更不可能成为一个剧种和一个时代的领军人物。

王爱爱出生于晋商之家，成长于梨园之家。她虽然有富裕家庭的优越背景，有良好艺术环境的耳濡目染，有奶奶极其严苛的启蒙教育，但是，如果没有她个人的努力奋斗，也不会取得骄人的艺术成就。在她的性格中，最突出的一点是，具有非常坚韧的性格。苦，她默默承受；泪，她往肚里流。有句俗语说得好：从来好事天生俭，自古瓜儿苦后甜。每一个成功的人士，都是经历了艰苦的过去，才迎来了幸福的未来。王爱爱的艺术人生道路也不例外。

小荷才露尖尖角

王爱爱从 7 岁开始跟奶奶筱桂花学唱戏，学了几年总要见见观众，见见世面，何况家里本就经营着一个剧团。1949 年，王爱爱 9 岁时，第一次登台亮相了，演出剧目是《凤仪亭·赐环》，她在剧中饰演貂蝉。

貂蝉是与西施、杨贵妃、王昭君并称为中国古代"四大美女"的绝世佳丽。因为貌美，司徒王允利用她实施"连环计"，先将她许配给年轻勇武的吕布，后又把她献给太师董卓，以此挑起奸臣父子之间的互相嫉妒，使董卓与吕布发生冲突并死于义子之手。这出折子戏故事性强，引人入胜，具有很强的可看性。

这是王爱爱艺术人生道路上的第一次登台亮相，是她演出的第一出戏。奶奶特意为她定做了小戏装，小红袄小红裤，绣着漂亮的花色图案，包上头，贴上鬓，插上花，打扮好。上台前，奶奶拉上她去给文场和武场的师傅们分别磕了头，请师傅们多多关照。否则，万一打板的"忽闪"一下，小演员没有道行，就唱不成了。这些规矩和细节，奶奶都想得很周到。

小貂蝉一出场，刚说了句上场诗"生奴三载花未开，各样的鲜花奴带来"，把观众就逗乐了，那么小的小不点儿，那么认真的做派，引得观众趣味盎然，话音刚落，就迎来了大家的叫好。个子不高的王爱爱，看上去是那样玲珑可爱，说完开场诗，转身她要坐到椅子上去表演，可是她个子小，坐不上去，奶奶从侧幕条走出来，把她抱到椅子上去，然后走下场，王爱爱再接着表演。观众看见这个奶声奶气的小姑娘，这般可爱，再加上奶奶对她这种保姆式的爱护，爱得不行，高兴地互相转告："快看，快来看，这是筱桂花的孙女子，这娃娃大了可了不得！"观众的眼睛是雪亮的，他们说对了，这个小女娃娃后来真的就成了山西晋剧界了不得的戏剧人物。

王爱爱9岁那年，中华人民共和国成立了。新社会新风貌，人民生活发生了翻天覆地的变化。王爱爱的爷爷王金奎是一名商人，经常出门做生意，接受新思想，观念能够跟上时代发展，比较开明，他认为女娃娃应该读点书认点字，做新社会的有用之人。1950年，利用练功的间隙，开始让王爱爱认字学习。从这一点来说，王爱爱比同龄的艺人具有先天的优越性，能识字，会读书，有了这样的文化基础，她自然能从书中得到很多知识，对人生就有了许多的思考。而与她同龄的从旧社会走过来的大部分艺人，都是中华人民共和国成立后政府组织演员们集中学习进行"扫盲"才开始认字。

王爱爱最初是在爷爷承办的自家剧团演出，和二姑、三姑及刘改英四个小姑娘，分别主工青衣、须生、小旦、小生四个行当，能演出不少剧目。王爱爱13岁那年，奶奶筱桂花得病去世后，她已成为晋中市晋剧二团（青年团）的主要演员。

王爱爱出生在旧社会，加入新生剧团时还是一个小女孩。中华人民共和国成立后，她随团进入国营团体，经历了两种社会制度、两种文化体制的演变。国营剧团代替了旧体制下的戏曲班社，艺人的社会地位、社会价值发生了改变，得到了提高。过去唱戏艺人被视为"下九流"，新社会成为新文艺工作者；过去艺人唱戏，戏园子里有无赖流氓捣乱，新社会观众尊重艺人，称赞演员表演艺术精湛，开始文明地鼓掌；过去演出的剧目为了演出市场，不得不演出一些思想内容消极的剧目，新社会演出的都是经过"推陈出新""戏改"（即

榆次县新生剧团成立一周年合影

"改制、改人、改戏")后去其封建糟粕,取其艺术精华的剧目,精神面貌昂扬向上的传统戏、新编的历史剧和新创作的现代戏。王爱爱眼睛里看到的、亲身感受到的,都让她对自己所从事的这项艺术事业充满了敬重,充满了期待,充满了向往。

那时的报纸上每天都有演出海报,《樊梨花》《游西湖》《螺女传》《梅绛袄》《杨八姐游春》等,很多演出剧目的主演都是王爱爱的名字挂头牌。她虽然只有十五六岁,但已经挑起剧团的大梁,演出重头戏了。在团里,她的演出行当是小旦,但也演出刀马旦的戏,如《新樊梨花》,这是许石青新改编的剧本,高瑞云导演给她排的戏,她在唱功上音色甜美清脆,在腰功、腿功、把子功上也十分出色,樊梨花这个人物,身扎靠旗,手上表演各种枪花,身段表演很多,是很吃功夫的戏,她演得得心应手。

在《游西湖》里她饰演李慧娘,剧中有"喷火"特技表演,她的表演令

1959年9月27日、28日晋中专区晋剧二团在尖草坪文化宫演出

同行惊讶不已。为什么？这还有一个故事。最初，这出戏是导演许石青给团里的著名晋剧小旦演员程玲仙排演的。一次，《游西湖》演出海报已经贴出去了，开演前，程玲仙突然肚子疼得上不了场。怎么办？团长急得团团转，试探着问王爱爱替程玲仙演行不行？她说："能行。"团长又惊又喜又有点疑惑，因为之前并没有给她排练过，她啥时候学下的呢？来不及多想，救场如救火！团长忙说："快！快换服装！"导演许石青相信王爱爱既然敢这么说那一定错不了，但是，考虑到她毕竟是第一次演，还是大概说说戏交代一下更妥，于是他抓紧时间让和她搭戏的演员、乐队简单地合了合，对了对词，又对她简明扼要地说了注意事项。许石青的临场指导很关键，使她增强了信心。

身着白衣白裙的王爱爱，在侧幕条内唱导板："远远望见火光一片！"王爱爱上场了，她饰演的李慧娘的鬼魂行走在营救裴生逃走的路上，为掩护裴生，她表演扇子功用力将廖寅扇走，不料在与之搏斗中和裴生走散，她着急地在阴阳两界飘忽游走，四处寻找，圆场跑得又细又快又稳，这也真是用上了她从小练就的扎实的基本功。廖寅再次扑来，李慧娘急忙吹火，此时，表演"喷火"特技，随着剧情的进展，李慧娘有三次"喷火"，喷火的技巧次数逐渐增多，从连吹几口至连吹十几口，观众一片喝彩声。李慧娘为了掩护裴生逃走，舍身扑倒，表演"五龙搅柱"，起身唱道："生死关头在眼前，裴生快快把墙上。"裴生越墙而过，廖寅赶来，慧娘连扇三扇，廖寅倒地。慧娘唱道："一扇扇尔倒尘埃。"王爱爱的演出成功了！这让团长一直悬着的心终于放下了，长出一口气，连说："真不错！真不错！"许石青也夸她演得很好。至于王爱爱什么时候学会了这出戏呢？她咋就会"喷火"特技呢？人们都想知道背后的故事。因为团里没有给她分配过这个角色，也没有给她排演过，谁也没有看见她练过，有人问她，王爱爱始终笑而不答。可见有心者事竟成，年轻时候的王爱爱就是一个事业上的有心人。人们猜想，可能是程玲仙在台上演这出戏的时候，她就悄悄地用心默记下了吧，认真观摩，用心学习，然后自己悄悄苦练，或许还有高人指点过。这就像鲁迅先生说的那样，他只是把别人用来喝咖啡的时间，用在了学习上。总之，机会总是给有准备的人的。她这次救场，令同行服气、敬佩、尊重，令观众开心、满意、喜欢。救场实现了自我价值，展现了自己的实力，之后，这出戏她也能演出了。

　　这出晋剧《游西湖》在20世纪五六十年代演出很多，当时的演出效果影响很大，但随着"文革"的到来，传统戏被禁演，作为"四旧"被砸烂，这出戏也被停演。1978年党的十一届三中全会召开之后，随着人民群众要求恢复传统戏的呼声越来越高，《游西湖》再次上演，再度成为最受观众欢迎的优秀晋剧经典剧目以及戏曲学校的教学剧目，并被很多剧种移植。

　　王爱爱自从9岁上台演出后，就在晋中观众心中留下了印象，榆次周边县区的戏迷朋友对她开始熟悉。有一位观众说，20世纪五十年代，他有一天到榆次出差，正赶上榆次新生剧团演出王爱爱的《茶瓶计》，剧场内人头攒动，长条凳前排的观众坐着，后排的都站着，再往后面，观众都是站在凳子上看，过道上站得满满当当的，他挤不到前面去，看不见，干着急。等到最后挤到前面的时候，演出结束了。听到观众边散场边议论："哎呀！真不赖！王爱爱年纪不大，一副脆灵灵的好嗓子，唱得真好听。"另一个说："王爱爱唱得好，是她奶奶筱桂花教得好。听说她奶奶对她可严了，不对就是板子打了。"

戏迷们边走边聊。另一个戏迷说，他在 1954 年看过晋中地区的戏剧会演，看的是王爱爱演出的《红梅阁》，她扮演李慧娘，唱得真好，天生的一副脆灵灵的好嗓子，观众不断地给她鼓掌。说王爱爱功底也好，特别是"喷火"，动作麻利，技巧娴熟，在桌子上下腰，落地后绵绵的，赢得满堂彩。

王爱爱在晋中专区晋剧团青年团是出类拔萃的，那时，著名晋剧表演艺术家程玉英在一团，王爱爱在二团，也就是青年团。开始时她与程玉英接触并不多，后来省里或者区里经常组织各种调演汇演活动，每逢参加这类演出活动时，领导总会把两个剧团合并到一起，集中艺术骨干排演新戏去参加演出，争取拿奖。于是，王爱爱有缘与程玉英同台演戏，在艺术上有了更多的观摩学习机会。虽然在那个年代不时兴拜师，没有举办过拜师仪式，但是，程玉英的声腔很受观众欢迎，她开创的"嗨嗨腔"对王爱爱影响很大。

程玉英（1920—2015），女，汉族，出生于山西平遥，国家一级演员，晋剧青衣流派程派"嗨嗨腔"创始人。10 岁入"锦梨园"，师从高文翰学须生，13 岁因串演《二进宫》中李艳妃，在北平一举成名，后改学青衣。16 岁大胆改革晋剧老式拖腔，独创"嗨嗨腔"，风靡剧坛，在山西民间留下了"宁可跑得丢了鞋（hai），也不能误了程玉英的嗨嗨嗨"，"宁肯误了吃饭，也不能误了程玉英的《情探》"，"宁可跑得厥煞，也不能误了程玉英的哭擦（指悲剧）"等佳话。抗战爆发之前，她曾几度同师姐丁果仙联袂演出于北平，被北平观众誉为"山西的两位戏王"。

中华人民共和国成立后，她历任山西省平遥县群众剧团、晋中晋剧团、晋中文化艺术学校、山西老艺术家演出团负责人。从艺 80 多年来，塑造了数以百计的古今妇女舞台艺术形象，演活了一批剧目，培养出以王爱爱、王万梅、李桂香等为代表的一批晋剧优秀人才，弟子遍及晋、陕、冀、蒙等。代表剧目有《教子》《秦香莲》《火焰驹》《情探》《武家坡》等。同弟子李桂香将程派名剧《打路》改编为英语晋剧，为晋剧走向世界迈出了可喜的一步。

晋剧表演艺术家程玉英剧照

电台、电视台为其录有音像剧目数十部。出版有《程玉英剧目选》《程玉英舞台生活五十年》《程玉英谈嗨嗨腔》等著作。

20世纪五十年代，程玉英三次荣获山西省演员奖（当时全省演艺界最高奖），两次获"全国先进文艺工作者"、两次获"全国三八红旗手"称号，是山西省著名表演艺术家和杰出的戏曲艺术教育家。中国戏剧界权威翁偶虹、郭汉城等盛赞程玉英的艺术成就，"程腔趋向于柔韧婉约的意境，大可与程砚秋的程腔媲美"，"悲壮青衣，剧坛绝唱"；"这样精湛的艺术是山西人民的骄傲，也是中国戏曲艺术的光荣"。2008年，程玉英被文化部授予"国家级非物质文化遗产（晋剧）项目代表性传承人"称号。2011年，晋中市委、市政府举行纪念程玉英从艺80周年大会，授予她"人民艺术家"荣誉称号。

王爱爱与老师程玉英

其生平被载入《中国艺术家辞典》等十余部辞书。

程玉英在晋中非常有名，无人不知，无人不晓。她创造的"嗨嗨腔"是其"程派"最有独特性的艺术成果，是晋剧青衣唱腔领域具有代表性的艺术流派。20世纪三十年代创腔，中华人民共和国成立后"嗨嗨腔"得到进一步发展。在20世纪五十年代，晋剧传统唱腔"拖腔"经常带衬词"哪咿呀哈嗨"，为了丰富拖腔的表现力，程玉英在唱腔板眼的眼上加强了表现力，形成了节

王爱爱与老师程玉英

奏明快、流畅多变、音色悦耳的特色，她比较注重在"怀来"韵辙上发挥"嗨嗨"音韵之长，使得唱腔依字拖腔，更加科学规范，她创造的独具特色的"嗨嗨腔"影响了晋剧青衣唱腔半个多世纪，至今仍然在晋剧舞台上传唱。（摘自《人民艺术家程玉英》）

　　王爱爱与程玉英在一个剧团工作，自然看过不少程玉英的演出。当时，只要在晋中唱晋剧，都要唱程玉英的"嗨嗨腔"，这是程玉英开创的一种新的唱法，非常受观众欢迎。王爱爱能够近距离接触程玉英，观摩她的表演，品味老师的唱腔，学到了程派"嗨嗨腔"演唱艺术，掌握了"嗨嗨腔"的演唱精髓，这一点，对她后来"爱爱腔"的开创性发展产生了深远影响。程玉英的唱腔在当时晋中的影响力很大，王爱爱掌握了程派"嗨嗨腔"的韵味，加之自己有一副得天独厚的脆灵灵的好嗓子，将"嗨嗨腔"唱得十分甜美。工作中，程玉英发现王爱爱的音色极好，是一个非常优秀的青年，十分喜欢，夸她真是一个好苗苗。

1958 年，晋中晋剧团创作排演了一部现代戏《朝阳烈火》，青年团与一团联合排演，使王爱爱有机会在艺术上进一步领略"嗨嗨腔"的独特韵味。程玉英在剧中饰演党支部书记，王爱爱饰演青年团支部书记，剧中有一段青年团书记的唱段，编剧兼导演的许石青别有一番创意，他让王爱爱在这段唱腔里借鉴了"嗨嗨腔"的声腔风格，又发挥了王爱爱的艺术特长，因此起到了非常好的艺术效果。虽然当时唱的什么词，至今王爱爱已经不记得了，但是，这是她第一次在剧中演唱"嗨嗨腔"，印象很深刻，因为她这一唱，观众特别喜欢，一下就唱火了。

王爱爱学唱的"嗨嗨腔"，大有青出于蓝而胜于蓝的意思，人们纷纷称赞她是"小程玉英"。这在当时表面上来看，仅仅是一个年轻小旦晚辈对艺术前辈的演唱模仿，从实质上看，这是王爱爱艺术人生的一个重要起点，她在将程派的"嗨嗨腔"进一步发扬光大的同时，唱出了自己的艺术特色，脆灵灵的甜嗓子，的确具备唱青衣的好条件。自此之后，王爱爱开始偶尔兼演青衣角色，但仍然主工小旦行当。

王爱爱感恩许石青导演对她艺术上的指导，她说：

20 世纪五十年代后期，我有幸结识了许石青先生。当时我是榆次地区青年晋剧团的一名小演员，而许先生虽然仅比我年长十多岁，但他已经是一名佳作丰硕、名闻剧坛的编剧、导演了。剧团的人都尊称他为许导、许老师。初识许先生的时候，印象中他是个相貌平常、衣着朴素、不擅言谈的普通人。接触时间长了，才逐渐知道了他是一位满肚子学问和才华，却从不张扬、从不显山露水的高人。有一位阅历丰富的老者对他的评价是"大智慧大智若愚，大才华朴实无华"。

许先生性格内向，谦虚憨厚，为人随和。眼睛不大但很有神，走路急匆

1994年王爱爱与许石青合影

匆的，办事可靠踏实、有条不紊。逢人见面不论老少，不笑不说话。一副笑眯眯的表情，满口地道的孝义方言，轻言慢语，给人以和蔼慈祥的亲和力。

许先生对工作一贯严肃认真，一丝不苟。尤其是在排导戏的时候，他一反平时笑容可掬、和颜悦色的常态，正颜厉色像一尊铁面无私的煞神站在场上不怒而威。我们一帮平日里爱嘻嘻哈哈的小姐妹，在排练场上都变得老老实实、规规矩矩，谁也不敢乱吭一声。许先生视戏如命，对艺术精益求精，要求极为严格。他最不能容忍的是对艺术不认真的人，他在导戏时只要发现有不按照剧本要求排练，或者是记不准台词的现象，不管是谁，也不管是名演员还是一般的演员，他毫不顾忌情面，当下喊"停"，喝令"重来"。一遍不行，再来一遍，直至达到要求为止。这种严格、严谨、严厉且使人敬畏的工作作风有时让人难以接受，下不来台，但往往能收到好的效果。同时，又能潜移默化地熏陶和影响了现场的人，使大家从中学到了许多有用的东西。

　　许先生不但是能编擅导的艺术家，而且是一位甘为人梯、满腔热情培育接班人的好师长。他经常对我们说："你们要趁年轻时好好学戏、好好练功、好好学文化，要多向老艺术家请教，多看他们的戏，剧团将来就靠你们了。"他不仅给我们传授文化和历史知识，而且还深入浅出地给我们讲解剧本的时代背景、主题思想、人物性格及如何更好地刻画人物等，他为我们年轻一代的成长付出了大量的心血和汗水。我和侯玉娥、魏梅兰、张玉英、苗巧兰等师姐妹，以及张鸣琴、侯玉兰、王万梅、文井等许多名家，都得许先生亲炙，终身受用不尽。我非常幸运，得到许先生格外关心与呵护。我当时在剧团主工小旦，许老师对我演出的《螺女传》《樊梨花》《杨八姐游春》《游西湖》《朝阳烈火》等都给予悉心指导。时至今日，五十多年过去了，依然记忆犹新、历历在目。有一次，我"临场救火"替程玲仙老师演出《游西湖》，我之所以自信能完成任务，是因为平时我就比较关注这出戏，对程老师在这出戏中的唱、念、做、打等都已基本掌握，并在私下里经常练习揣摩。许石青先生也知道我能演好这出戏，但他考虑到我毕竟是第一次演，生怕出什么差错。于是他抓紧时间组织有关演员和乐队人员，简单地与我合了合戏、对了对词，又简明扼要地给我临场指导。他对我说，要演好这出戏首先要在总体上把握李慧娘这个人物的特征，即先柔弱后刚烈。其次要注意几点：一是唱腔、道白要讲究抑扬顿挫、轻重缓急，《鬼怨》一场戏中的"我好冤也"的"冤"字和"夜深沉恨绵绵冤魂不散""仰面恨苍天，不平在人间"的唱词，要发自内心，尽全力唱出，表达出李慧娘怨天怨地、满腔悲愤的情感。二是圆场要跑得轻盈飘逸，给人以美感。三是在《救裴》一场戏中与廖寅搏斗时，动作要果敢有力，不拖泥带水。"吹火"的表演要干脆利落，不单纯看表演技巧，也不在乎吹多少口火，主要突出表现李慧娘对邪恶势力的反抗和斗争精神。许先生对我的临场指导，不仅使我对人物的基调有了明确的把握，而且还进一步增强了我的信心。在全体演职人员的通力合作下，我顺利地完成了领导交办的"救场"任务。许先生非常高兴，连声夸我演得很好。之后他又多次给我讲解剧情，剖析人物，从此，《游西湖》这出戏也成了我常演的剧目。1958年，剧团排演现代戏《朝阳烈火》，我在剧中扮演年轻的妇女队长。一开始我对这个人物把握不准，不知怎样去表现。又是许先生及时给我指点迷津，对这个人物进行了仔细剖析。他告诉我，这是个新时代的新青年，性格开朗、思想进步、政治泼辣。因此在表演上要突破传统戏程式化局限，从唱腔、念白、身段、台步等各方面都要放开演。他还特意根据我的嗓音特点，为我设计了一段具有程玉英老师"嗨嗨腔"韵味的唱腔。演出后受到观众的交口称赞，更重要的是，如果说我以后对"程派"唱腔的继承和发展上取得了一些成就的话，那么许先生就是我的引路人，是让我转型发展终身受益的恩师。

许先生的学识才华为世人称道，他的人格品质更令人敬仰。他以一个正直的艺术家的良知和气节，坚持原则，坚持真理，坚持实事求是，他宁肯自己蒙冤受屈，也绝不为开脱自己而诿过于人，更不会趋炎附势违心地揭发检举他人，彰显了许先生做人的准则和高尚的品德。1980年，晋中市晋剧团赴京演出许先生主创的《下河东》，获得了极大的成功。我回榆次探亲时恰巧遇到许先生，我由衷地向许先生表示祝贺，我说："许老师，《下河东》的演出成功，您当推首功。"许先生连忙向我摆摆手，用地道的孝义话对我说："呀得哩（可不能这么说的意思），是大伙的功劳，大伙的功劳。"平淡的一句话，掷地有声，超然物外，高尚的人格风范，顿时让我肃然起敬。有句古话说"人无完人"，意思是世界上没有十全十美的人。但在我的心目中许先生就是一位学问深、境界高、有胆识、有骨气、不图名、不为利的完人，是值得我永远敬仰、永远学习的典范和楷模。

光阴荏苒，岁月无情。不知不觉许先生离开我们已经十多年了。随着时光的流逝，许多亲身经历的人和事已经从我的记忆中渐渐隐去，然而许先生杰出的才能、高尚的人格、辉煌的业绩，以及许先生的音容笑貌、言谈举止依然深深地铭刻在我的脑海中，永远不会抹去，永远滋养着我的人生和心灵世界。

许石青先生是山西省乃至全国戏剧界著名编导，他一生勤奋耕耘、硕果累累，创作、改编和排导了 100 多部传统戏、现代戏和历史剧。不仅数量多，而且质量高，其中大部分作品被搬上戏剧舞台，成为观众百看不厌、剧团久演不衰的剧目。尤其是他主创的《三下桃园》《三上桃峰》《游西湖》《下河东》等，享誉三晋，蜚声全国，堪称我国戏剧艺术宝库中的经典佳作，他对戏剧艺术作出的贡献将永载史册。王爱爱 20 世纪五十年代在晋中能与这样优秀的编导在一起从事艺术工作，是人生一大幸事。

王爱爱是一位积极要求上进的革命青年。她从 1952 年进入榆次新生剧团，直到 1960 年离开调往省城太原，一直是剧团重点培养的对象。1957 年 4 月 20 日至 5 月 19 日，参加山西省文化局在太原举办的全省第二届戏曲观摩演出大会，获得青年学习奖；1958 年演出《螺女传》饰演神女，获晋中地区调演优秀青年演员奖；1957 年至 1959 年，每年都被剧团评为先进工作者、模范演员，王爱爱渐渐成长为一名出类拔萃的青年新秀。

业务上优秀的王爱爱，在政治上也积极要求进步。1958 年 3 月 6 日，她向剧团共青团组织递交了入团志愿书，经团支部书记郝根全和杨玉婷介绍加入了中国共产主义青年团。

入团申请书

王爱爱，女，现年 18 岁。籍贯是榆次市南关人，家有土地 80 多亩，房 28 间，家庭成分地主，个人成分是学生。

在近几年来我不断地受到党对我的培养和教育，团支部对我的帮助，在我自己学了团章以后，深深地认识到共青团是先进青年的群众组织，是党的有力助手，所以我志愿加入共青团，做一个共青团员是无上光荣的，做一个共青团员是贫贱不能移、富贵不能淫、威武不能屈的，我要拥护中国共产党的主张，永远跟着共产党，站稳无产阶级立场，要服从组织调动，执行团的决议、团的纪律，一定要积极工作，努力学习，密切联系群众，要做一个青年的知心好朋友，为建设社会主义和共产主义做一个又红又专无上光荣的优秀的共青团员而奋斗。

希组织上审查。

申请人：王爱爱

1958 年 3 月 6 日

共产主义青年团组织经过对王爱爱的表现考察，认为她符合加入中国共产主义青年团的标准。1958 年 8 月 29 日，王爱爱再次递交了入团申请书：

入团志愿书

誓词：我志愿加入中国共产主义青年团，坚决拥护中国共产党的主张，忠实执行团的决议，严格遵守团的纪律。我一定努力学习马克思列宁主义，积极劳动，紧密联系群众，吃苦在前，得利在后，为保卫祖国，为在我国建成社会主义和在将来实现共产主义而奋斗。

申请人：王爱爱

1958 年 8 月 29 日

同时，共青团组织还收到了王爱爱申请加入共青团组织的思想汇报：

为什么要求入团

在近几年来自己不断地、经常地受到党对自己的教育和培养，自我学习了《团章》以后，又不断地受到了团支部对我的帮助，自己认识到共青团是先进青年的群众组织，共青团又是党的有力助手，所以，自愿入团。我要坚决拥护党的主张，服从组织的调动，努力学习，积极工作，执行团的决议，

王爱爱和刘惠生调离晋中时与程玉英合影

遵守团的纪律，密切联系群众，为建设共产主义社会做一个又红又专的共青团员。

　　王爱爱的入团介绍人郝根全和杨玉婷对她作出了考察鉴定。

　　入团介绍人：

　　郝根全：榆专二团音乐组长

　　杨玉婷：榆专二团女演员组长

　　对被介绍人的了解和意见：

　　对本人的了解：虽然生在一个地主的家庭里，却没有沾染地主家庭的教育，本人从九岁离开家中，不在地主家庭生活，同时本人九岁参加了剧团，学习一贯忠诚老实，尤其在近几年来不断地受到党的培养，一贯的工作积极，努力学习，团结群众，特别接近党的领导。

支部大会的决议：

该同志虽是地主出身，但是并没有享受过地主的什么，自从全民整风以后，对工作很积极，经常靠近党的领导，服从组织的调配，该同志一贯工作积极，学习好思想进步。经支部讨论同意她成为一个团员。

中国共产主义青年团国营榆专人民晋剧二团支部委员会（章）

支部书记郝根全（签名盖章）

1958 年 8 月 29 日

批准机关审查意见：

经团地委研究，批准入团。

中国共产主义青年团山西省晋中地方委员会组织部（章）

1958 年 11 月 18 日

王爱爱在晋中工作的时候，对自己的地主家庭出身从来没有过任何思想负担，在业务上她优秀，在政治上积极要求进步，还担任了青年团宣传委员，获得过各种奖励。尤其在业务上，担任青年团的主演，在晋中小有名气，是晋中晋剧界优的青年名家。她在艺术上的出色表现被省里关注到，1960 年省里准备成立山西省晋剧青年演出团，面向全省选调优秀青年演员，王爱爱就是省里从晋中市选拔出的青年新秀。晋中市舍不得放王爱爱调走，可是又不能违背省委的安排，于是提出了一个要求，请求省里调一位优秀花脸演员到晋中，等于以一个优秀演员换另一个优秀演员，省里答应了晋中市的请求，这才把王爱爱从晋中调到了省城。

当时从晋中选调到省城的还有晋中各县剧团的一些演员，他们都统一到晋中市集中，然后由晋中市文化局人员带队亲自送到太原。与王爱爱一起从青年团调走的还有一个优秀男小生，他就是王爱爱心中的恋人刘惠生。临别晋中之际，同事们纷纷送祝福，赠送笔记本，写临别赠言，合影留念。俗话说：人往高处走，水往低处流。这毕竟是要调到省级院团去了，全省晋剧最高艺术殿堂，王爱爱对未来充满了幸福向往。

　　但是，调到省城后，这里的政治气氛相比晋中似乎浓厚一些，王爱爱心里感受到了压力，她觉得自己来自基层，又是地主家庭出身，凡事都要极其小心谨慎，慎独、慎言。

燈

之卷

晋剧圣殿的陶冶

晋剧最高艺术殿堂

　　1960 年 2 月 10 日，王爱爱怀着对未来的美好憧憬，从晋中专区晋剧团来到省城最高艺术院团 —— 山西省晋剧青年演出团报到。

　　在山西省委、省政府的有力支持下，山西省晋剧院从全省 26 个市县的晋剧团选调了一批优秀的青年表演艺术人才，又从剧院的老团抽调了部分青年艺术骨干，组成了这个省级晋剧青年演出团，王爱爱正是其中被选中的青年优秀人才之一。2 月 11 日，即她来到省城的第二天，就投入紧张有序的新生活中。

　　为什么省里要成立一个晋剧青年团？而且还要从全省各市县晋剧团中选拔优秀人才？这还得从成立山西省晋剧院缘由说起。

　　山西省晋剧院的前身是 1953 年成立的山西人民晋剧团和华北人民晋剧团从北京回省的省晋剧一团。中华人民共和国成立初期，在中国共产党和人民政府领导下，山西对戏曲改革创新逐渐有了明确的方针政策。由于山西是革命老区，是抗日战争和解放战争时期的革命根据地，对戏剧工作已经有了思想上

的领导。1949年7月，中央人民政府文化部成立"戏曲改进局"和"戏曲改进委员会"，实行"改人、改制、改戏"的"戏改"政策，以后逐渐形成"百花齐放，百家争鸣""推陈出新""古为今用，洋为中用""传统戏、新编历史剧、现代戏三者并举"的"三并举"等一系列方针，以及各种汇演制度。省晋剧院的雏形"山西省戏曲剧院"就是在1956年这种历史背景下，为加强对戏曲团体的领导与建设成立的。那时，由著名晋剧小旦表演艺术家冀美莲和王亦宇、李守祯领导的省晋剧一团，由著名晋剧青衣表演艺术家刘俊英和方冰、苗雨稚领导的省晋剧二团，都是山西省文化局直属的剧团，1957年两个剧团合并成立了山西人民晋剧总团。

　　1959年年初，山西省政府组织了包括晋剧总团在内的庞大的"山西人民福建前线慰问演出团"赴福建前线进行慰问演出，慰问团返程时路经上海，为正在此地召开的中央工作会议进行了演出。山西籍的中央领导彭真等都在上海开会，去剧场观看了家乡戏。作为山西人，他们热爱自己的家乡，热爱家乡戏；作为中央领导，他们对山西的工作格外关心，有一份家乡情结。所以，当他们看到了山西省戏曲剧团的演出阵容、实力及装备后，认为山西戏曲剧团存在演员老化、剧目和服装陈旧等问题。于是，在会议期间就给时任山西省委领导的陶鲁笳、王谦等提出了一个建议，说："剧团是一个省的门面，要花点钱，把戏搞上去"，"山西戏曲剧团演员老化，行头陈旧"，"要集中花点钱，招收一批青年演员，把戏搞上去。"

　　从中央领导提出的建议来看，的确是山西当时存在的实际问题。那时，就连外省其他剧种的业内人士，也对山西的晋剧有过很多言论，认为山西晋剧的家底薄、没有多少优秀剧目等。有些晋剧老演员听了心里不服，很为晋剧的现状发愁，为晋剧的前途担忧。比如，1957年春天，程砚秋去晋祠疗养院看望36年没有见面的老朋友乔国瑞（艺名狮子黑），尚在养病的乔国瑞对晋剧的前途充满了担忧，他说："过去反动派把中路梆子摧残得太苦了，行当不全，剧目丢了，现在老一辈的唱不动了，年轻的还没成长起来，在这个节骨眼上，就有人说我们家底薄，没好戏，我真不服气！"可见，那个时候晋剧的发展现状的确不容乐观。

有了中央领导的指示精神，山西省委领导决心要"戏剧过关，要打翻身仗"，决定乘着这股东风，把山西晋剧的工作好好抓一抓。当时正赶上即将举行迎接中华人民共和国十周年重大演出活动，省委决定将晋剧著名表演艺术家"须生大王"丁果仙、著名青衣牛桂英、著名小生郭凤英领导的太原市晋剧一团调到省里，与省晋剧院一团、二团合并成山西人民晋剧总团，将省歌舞剧团、省戏曲学校、省戏剧研究室等单位统一归属山西戏曲剧院。省晋剧院遵照"排出好戏、培养人才、重点实验、典型示范"的工作方针，形成了一个实力较强的艺术群体，形成了以"丁、牛、郭、冀"（须生丁果仙、青衣牛桂英、小生郭凤英、小旦冀美莲）为代表的老一辈表演艺术家，以及拥有刘俊英、乔玉仙、任玉珍、梁小云、任玉玲、刘仙玲、李素英、冀萍、李爱华、马玉楼、王艮柱、任礼、刘致和、宋胜科、赵月楼、付荣贵、段玉明、刘柱、冯万福、程汝椿、陈晋元等一批实力雄厚且在全省知名度很高的优秀演员的表演艺术队伍和戏曲乐队队伍。

艺术室和各创作组，形成以张一然、洛林、王辛路、胡频秋、陈志昂、赵步颜、刘元彤、李登午、靳国贤、董新良、沈毅、温明轩等一批具有相当实力的编剧和导演，以及以方冰、李守祯、石岩、林凡、林咸祉、赵森林、郑重、魏水安等一批具有相当实力的音美艺术创作人员的骨干。这是省晋剧院成立之初创建的艺术室，是省晋剧院有史以来文化艺术素质最高、创作经验最丰富、实力最雄厚的艺术创作最强团队，他们为省晋剧院的剧目建设作出了最显著的成绩和贡献 [摘自《山西省晋剧院院志（1952—1992）》]。

有了这样强大的艺术创作队伍，山西省委领导信心满满，制定了一系列强有力的具体措施，其中，规划组建一个全省一流的晋剧青年团，在晋剧事业发展上打一个翻身仗。因此，在广集人才方面给予省晋剧院最大的支持力度。同时，省委也给各个地市领导提出明确要求，要求高度重视此次工作任务，积极配合。经过一年多的精心准备，晋剧院除抽调了晋剧总团的刘仙玲、冀萍、李爱华、郑忠贤等一批优秀青年演员和演奏员外，还从全省 26 个市县剧团选调了包括王爱爱等一批优秀青年艺术表演人才，共同组建了一个朝气蓬勃的省级晋剧青年团。1960 年 2 月 11 日，"山西省晋剧青年演出团"正式成立了。

山西省委、省政府不仅在人才建设上大力支持，在物资建设方面也给予有力扶持，为省晋剧院投资 30 万元人民币，调拨 4400 平方米地皮兴建新院址（太原市新建南路 12 号），拨款人民币 60 万元，黄金 60 两、白银 200 两，为省晋剧院特制了整套全新的戏箱。

在省长王谦的亲自过问下，这支由全省各级晋剧团优秀青年演员组成的优秀团队，仅仅一年时间，就在艺术建设上取得了显著成绩，并在省内外产生了极大的影响。在 1961 年晋京演出节目单的简介上这样写着：

建国以来，党和政府大力培养了晋剧的新生力量。目前各剧团培养的青年演员占演员总数的 60%，成为晋剧队伍的骨干。山西省晋剧青年演出团于1960 年 2 月成立。全团平均年龄 20 岁，文化水平大体是初中一二年级程度。党团员占人数的 43%，演出团的小旦：冀萍、田桂兰；青衣：李爱华、王爱爱；老旦：阎金凤、石春香；刀马旦：郭桂香；须生：刘汉银、马玉楼；小生：刘惠生、王宝钗、王桂叶；武生：冉小豹；大花脸：郑忠贤、陈云龙；二花脸：金世耀；三花脸：姬荣生，都在山西广大观众中有一定的影响。一年多来，全体演职员在政治、文化和艺术方面都有提高，在名老艺人的指导和兄弟团体的支持下，已排出《含嫣》《玉堂春》《为了六十一个弟兄》《卧薪尝胆》《打金枝》《明公断》《杀宫》《小宴》《算粮》《卖画劈门》等数十出新老剧目（节选自山西省晋剧青年演出团 1961 年赴京演出节目单《山西省晋剧青年演出团简介》）。

山西省晋剧院制定的方针和发展方向是正确的，很快就形成了老、中、

王爱爱在晋剧《算粮》
中饰演王宝钏

王爱爱在晋剧《算粮》中饰演王宝钏

王爱爱在晋剧《算粮》中饰演王宝钏

青三代表演阵容，明星荟萃、高手云集。为了更有利于青年团演员的成长，在省委领导指示下，"丁牛郭冀"同时还兼任青年团的艺术指导，专门负责辅导青年演员表演的重要任务。剧院规定：须生行当的刘汉银、马玉楼等归丁果仙辅导；青衣行当的李爱华、王爱爱等归牛桂英辅导；小生行当的刘惠生、王宝钗、王桂叶等归郭凤英辅导；小旦行当的冀萍、田桂兰等归冀美莲辅导。于是，老一辈表演艺术家把更多的精力放在了培养青年演员的工作上，使这一批青年演员的艺术表演水平得到迅速提高。剧院还会聚了众多全省一流的编剧、导演、作曲家、演奏家、舞台美术专家等，全力以赴搞创作，形成一个剧院发展史上最辉煌的强大艺术阵容。

王爱爱从晋中市晋剧团到省晋剧院青年演出团一路走来，走进了省城这个人才济济、朝气蓬勃的年轻演出团队，置身于这样一个优越的艺术环境中，她的艺术视野开阔了，艺术修养增强了，艺术表演和演唱水平提高了，环境和机遇，为她在艺术上的发展提供了丰富的营养和更多的展示平台。特别是，她直接得到晋剧青衣表演艺术家牛桂英的悉心教诲，表演上更加娴熟，吐字上愈加规范，唱腔艺术上发生了很大变化，行腔吐字归韵都更加科学讲究。她的唱腔刚柔相济、音律优美、声音甜脆，进北京演出时，给观众和专家均留下了深刻印象。

王爱爱演出行当从小旦改唱青衣，是在来到省晋剧院青年团以后。

在晋中晋剧团的时候，她主工小旦，青衣角色的戏演出很少。当他们这一批从基层被选调到省城的优秀青年演员集中在一起时，省领导并不十分了解每个人的艺术功底到底如何，于是，让每个演员汇报演出一出自己的拿手戏，展示一下各自的本领，让省领导们检阅。王爱爱演出了自己的拿手剧目《洞房》，饰演胡凤莲，王宝钗饰演小生田玉川。这是一出小旦和小生的"两小"爱情戏，是晋剧优秀传统剧目《游龟山》中的一折。本戏故事说的是：明代，江夏知县田云山之子田玉川偶游龟山，恰逢总兵芦林元帅之子混世魔王芦世宽打死渔夫胡彦。田玉川打抱不平，失手将芦世宽打死，遭芦府追缉，逃至江边被胡彦之女胡凤莲相救，患难之中的两个年青人在舟中产生爱情，订立婚约而别。胡凤莲携田玉川所赠传家之宝蝴蝶杯至江夏县二堂认亲，为父鸣冤。经过一番曲折的过程，两人相爱成婚。

演出那天，各级领导都来观看青年演员们的展演。演出结束后，有人提议王爱爱不如从小旦改唱青衣。从那以后，也就是来到省晋剧院青年演出团之后，王爱爱就由小旦正式改唱青衣了，于是，与老师牛桂英结下了一段师徒情缘。

晋剧表演艺术家牛桂英剧照

　　牛桂英（1925—2013），著名晋剧表演艺术家，女，汉族。国家一级演员。中共党员。历任中国戏剧家协会理事，山西省戏剧家协会副主席，第四、五、六、七届全国人大代表，第四届全国文联委员，山西省对外友协理事，山西省妇联执行委员，山西省晋剧院名誉院长，山西省戏曲学校校长等职。

　　牛桂英出生于山西省榆次县小张义村。9岁拜李庭柱（艺名二牛旦）为师，后入祁县韩国华的娃娃班，先学须生，后改青衣。1940年起随戏班在张家口、包头、归绥等地演戏，先后与晋剧名伶丁巧云（盖天红）、刘宝山（十二红）、乔冬元（十四红）、王云山（毛毛旦）、筱桂桃、王玉山（水上漂）、丁果仙等同台演出，崭露头角。1947 年至 1951 年随戏班在北京演出，名扬京津。后应丁果仙之邀返回太原参加太原市晋剧一团。1952 年参加第一届全国戏曲观摩演出大会，同丁果仙合作演出《打金枝》《蝴蝶杯》等戏获演员二等奖。1956 年参加中国人民赴朝慰问团到朝鲜演出。1957 年获山西省戏曲观摩演出大会个人奖。1959 年同丁果仙一起调山西省晋剧院任剧院艺委会主任，随后参加了赴福建前线慰问团，同年加入中国共产党。1974 年至 1976 年出任剧院革委会副主任。1978 年被任命为山西省晋剧院副院长。1979 年任山西省戏曲学校校长。1984 年 5 月回剧院被聘为名誉院长。

在近 60 年的舞台生活中，聪颖好学，勇于创新，曾向诸多艺术名家如盖天红、五月鲜、十二红、丁果仙，以及蒲剧尧庙红、秦腔孟吾云、评剧小白玉霜和红巧兰，河北梆子李桂云等交流学习，并亲得艺术大师程砚秋、晋剧名家李子健的指教，博采众长，创造出清柔婉转、韵味醇厚、依腔贴调、吐字真切、自成一家的牛派唱腔。在戏曲舞台上塑造了许多具有代表性的妇女形象，如《打金枝》中的沈后（1955 年由长春电影制片厂拍摄舞台艺术片）、《三击掌》中的王宝钏，《蝴蝶杯》中的田夫人，《骂殿》中的贺后，《重台》中的陈杏元，《百花点将》中的百花公主，《走雪山》中的曹玉莲，《坐楼杀惜》中的阎惜姣，《芦花》中的闵夫人，《教子》中的王春娥，《二度梅》中的陈杏元，现代戏《小女婿》中的香草，《龙江颂》中的盼水妈，等等。她表演细腻、稳重大方，同丁果仙大师合作演出近 30 余年，为晋剧表演艺术的继承和发展作出了重大贡献。尤其在原山陕梆子唱腔的拖腔衬字等的改造和改蒲白为并州方言念白上，即所谓"普通话咬字和山西话音韵"，她的改革是带有很大自觉性的。

1988 年退休后，仍不断参加老艺术家联合的舞台演出。1986 年随本院青年团赴香港参加过中国地方戏曲展览演出活动。1989 年参加山西省第二届民间艺术节演出获得表演荣誉奖。[摘自《山西省晋剧院院志》(1952—1992)]

山西省晋剧青年演出团成立的时候，牛桂英 36 岁，她遵照山西省委领

王爱爱与老师牛桂英合影

导对老一辈艺术家的指示："把舞台让给孩孩们吧！"和丁果仙、郭凤英、冀美莲一起，从前台退到后台，较少演出，潜心教学，一招一式、逐字逐句地给徒弟们下功夫辅导演唱。在晋剧院创作室集体改编（赵步颜执笔）的历史剧《含嫣》中，王爱爱饰演刘雪梅，《采桑》一折中"四月里南风吹动麦梢黄"，这段不足 7 分钟的唱段，牛桂英给王爱爱一字一句认真地抠了半年多。由于王爱爱生长在晋中榆次，方言比较重，"发花"辙与"江阳"辙区分不严格，如"麦梢黄"的"黄"字，王爱爱总是把"黄"字发音成"hua"，牛桂英强调字头字腹字尾"huang"，一遍一遍地抠。牛桂英在晋剧的道白归韵上，强调声母按普通话发音，韵母按太原话归韵，使晋剧道白更加统一规范，为山西晋剧的声腔发展作出一定贡献。当时从全省各地选调来的青年演员中，都在道白唱腔上不同程度地带着方言，如，孝义话、盂县话、介休话、灵石话，等等。统一晋剧道白不仅仅是一个剧团的事情，而是一个剧种的共性问题、发展问题。牛桂英的表演理论，无论是在剧团统一道白，还是她后来去戏校任教，都是规范教学，对晋剧道白的规范性发展起到了重要的作用，产生了深远的影响。省晋剧院特意为这批年轻演员开设了道白课，集中纠正方言，统一晋剧道白。除了在课堂上讲授，课下牛桂英还要单独给王爱爱抠唱腔，牛桂英性子非常慢是出了名的，再加上教学认真，给王爱爱抠唱腔也自然是不厌其烦的，甚至在表演上也是一遍又一遍地反复来做，比如，《算粮》中王宝钏的一个出场就得出来好几回方才能过关，王宝钏上场背朝观众，这个出场，牛桂英说王爱爱身上没戏，王爱爱刚走出场，她慢悠悠地说："回去。"王爱爱再一次出场，"不行，回去。"反复几次都不行，那么怎么就行了呢？"牛老师，甚是个背上就是有戏了么？"王爱爱焦急地问，她心里没谱，发愁得找不到感觉。牛桂英呢，她也不具体讲，而是让王爱爱自己去感悟，去体会王宝钏这个人物应该有的仪表举止。她给王爱爱讲王宝钏的身份、心态、性格，出生在这样家庭的女子与《含嫣》中的刘雪梅有什么不同，如何把握好人物，自然就会刻画人物。可见，牛桂英是授之以渔。王爱爱通过不断探索，细心琢磨，终于，她这一个出场经过多次练习，得到了牛桂英的认可，感到满意。牛桂英的教学，给王爱爱留下了终身难忘的印象。王爱爱说：

谈到我的恩师牛桂英老师，对我来说，终身感恩！牛老师在我身上，确

渐慢　　　　特慢　　　还原

2 523　21 76　⌃5 5　55 ⌃32176｜2　　5 ．（5 ．6　5652｜

i ．7　676i　55　6765｜2 ．3　55　6765　3432｜i ．7　656i　5152　72176｜

还原　　　　　　　　　　　　　　　　　　　　　渐慢　特快

5 ．6）⌃5 ．2　535｜5∨6⌃56i43　3 ．52｜2∨536⌃5♯464　3576｜

　　　　南　　风　　吹　　　动　　　　麦　　梢

还原

⌃761．（i ．i　i7｜67　52　76i｜556　72｜i ．7　6765｜

黄，

实下了很多心血，每天早晨带我们去练功。我是晋中榆次的，榆次人说话可硬了，作为一个演员来说要讲究辙，特别是言前辙，我就不行，太傻太笨太土，方言比较重，方言太厉害，牛老师说不行。你比如说，我们现在家喻户晓的《四月里南风吹动麦梢黄》，就这么一段，我从晋中来太原，可以说我在晋中就是小有名气了，但是我来了太原以后，拜在牛老师门下以后，就这么一段唱，牛老师狠狠地教了我八九个月，为什么了？她就是要改我这个字眼儿，你比如说那个《采桑》吧，"四月里"，一般通常人唱了，她唱成"四月里"（"里"是"依欺"辙，应按"依"字拖腔），牛老师这就不行，她说，爱爱呀，变了，就说唱了四月里你的舌头不能动，嘴唇不能动，牙齿不能动，这样才能把这个"里"贯穿到底了。还有就是"南风吹动麦梢儿黄"，这里面还掺杂的什么呢？这里面还掺杂着评剧了，你比如说"南风吹动"，我们晋剧就没有，它糅得还非常自然，比较美。牛老师说："爱爱呀，你的声音好，这是你的本钱，但是，声音好，一定要把它用好。一个演员站在舞台上，不是卖弄声音，那有的人声音比你还好，不要卖弄声音去，我们要靠什么去征服观众呢？要靠我们的艺术，要靠我们的技能，不要靠声音去征服观众"这点教导非常重要。所以说，牛老师对我就这一段儿唱，就这个"四月里南风吹动麦梢儿黄，妇女把蚕养，双手攀尽陌上桑"，就这么两句，两个月也过不去，就是因为什么？因为我的字眼儿不行。

完了以后么，这又开始排《明公断》呀，我（饰演）的秦香莲，"秦香莲放大胆走出堂前"，榆次话不是这样说，榆次话是"走出堂前（qie）"。这就不对，又是方言，"放大胆"，这个"胆"（dan），榆次话是"胆"（de），我一来了唱是什么呢，"放大胆"（de），这个很明显就不对，唱得味道都变了，声音变，字也变。所以说，我现在回想起来，牛老师的字正腔圆，我觉得我老师的这一点，不愧观众给她的荣誉。牛老师分析人物也可细了，你比如这个"走出堂前"，她又告我说，'爱爱呀，这个《明公断》和这个《采桑》又不一样，《采桑》的人物她是个什么呢？她是个很贫穷的中年妇女，她的生活要靠什么呢？要靠养蚕来维持我的生活。秦香莲她又不一样了，秦香莲她是满腔悲愤来找陈世美，陈世美不认，她有一腔怨气该找谁说呢？这是两个人物性格，你不能把她唱成全是那样柔软的，所以说这个"走出堂前"必须用这个满腔来唱。

牛桂英深沉委婉、如诉如泣、吐字真切的牛派唱腔和雍容大气的表演风格，深深地影响了王爱爱。同时，学习青衣行当的王爱爱，已经下意识地将青衣行当的端庄、沉稳体现在她平时的言谈举止中。

与"丁牛郭冀"等前辈艺术家在一个剧院工作，王爱爱观摩学习了前辈艺术家的示范演出，对她艺术上具有润物细无声的深远影响。如，她观看了丁果仙演出的《卖画劈门》、牛桂英演出的《走雪山》、郭凤英演出的《小宴》、冀美莲演出的《赠剑》等剧目之后，深深为前辈艺术家高深的艺术造诣惊叹。她在观看了丁果仙的《卖画劈门》后，和同事们一起讨论丁老师的艺术，感觉美妙极了，真是找不到可以形容的语言，一个劲儿地说着这两个字："绝了！绝了！"丁果仙在剧中对饰演人物的艺术处理，一举一动，一招一式，一唱一白，以及前辈为人处世的大家风范，都深深地烙在了她的脑海里。虽然，由于那时她太年轻，还不能完全消化吸收前辈们的表演精华，也不能进行更

晋剧须生表演艺术家丁果仙

深刻的理论赏析，但这种潜移默化的艺术熏陶，渐渐地对她的演唱和表演产生了深远的影响，使她在艺术修养上、表演方法上和做人做事上，都渐渐变化，形成了自己的气质和风格。王爱爱对丁果仙的演唱艺术极其钦佩。

丁果仙 (1909—1972)，女，艺名果子红，晋剧须生表演艺术大师。1909年3月5日出生于河北省束鹿县一钱姓贫苦农民家庭。4岁被卖给太原丁凤章做养女，改名丁步云，小名果果。1915年（7岁）被送入太原"双胜和"女科班学戏，是晋剧第一位杰出的女须生演员。1917年至1918年在泰山庙票班唱票。1918 年起，先后搭"荣梨园"（1918—1920）、"庆和园"（1921—1922）唱戏。1923 年在"众梨园""聚梨园"挂头牌班主。1918 年入"锦梨园""锦艺园"任承事。到 20 世纪 30 年代，她已誉满三晋，驰名京津，被上海百代唱片公司誉为晋剧"须生大王"。1938 年在太原自组"步云剧社"。

1949 年太原解放，她组建起"民众晋剧团"。中华人民共和国成立后，她在太原新新晋剧团，招收学员 30 余人，捐出戏箱一副，动用 35700 元修盖房舍，创办了演员训练班。历任太原市晋剧团团长，太原市戏校校长等职。1950 年加入中国共产党。

1959 年由市调省，先后任山西实验剧院副院长、山西戏曲剧院副院长、山西省戏曲学校名誉校长等职，并兼任中国戏剧家协会山西分会副主席、山西省文联副主席等职，第二、三届全国政协委员，山西省第一、二、三届政协常委，山西省第一、二届人大代表。

丁果仙在继承与发展晋剧中路梆子表演艺术上可称是承前启后的一代宗师。她吸取了前辈名伶"盖天红""十二红""十三红""说书红"等人的演唱特色，同时吸取了京剧及其他地方戏曲、曲艺的音调和演唱方法，大大丰富和发展了晋剧须生唱腔。在表演艺术上她功底深厚，注重刻画人物，极富创造性地在晋剧舞台上塑造出许多性格鲜明、栩栩如生的艺术形象。如，传统戏《打金枝》中的唐代宗、《蝴蝶杯》中的田云山、《空城计》中的诸葛亮、《清风亭》中的张元秀、《日月图》中的白茂林、《走雪山》中的曹福、《将相和》中的蔺相如、《双罗衫》中的姚达、《八件衣》中的杨知县、《反徐州》中的徐达、《芦花》中的闵德仁、《四进士》中的宋世杰、《醉写》中的李太白、《屈原》中的屈原；现代戏《丰收之后》的五保户老太太、《小女婿》中的陈快腿、《红旗下的花朵》中的女校长；等等。在晋剧念白上，她创造性地将"普通话的母音和太原普通话的声调（实为并州方言调值）相结合，适当吸收糅合了蒲白的念法"。因而从唱腔、表演、念白诸方面创立了风靡剧坛的"丁派"艺术。1952 年 10 月获得文化部主办的第一届全国戏曲观摩演出演员一等奖。

1960 年与著名京剧表演艺术家尚小云先生、著名晋剧表演艺术家丁果仙等在一起（后排左二为王爱爱）

1957 年获山西省第二届戏曲观摩演出大会个人奖。

丁果仙不但在晋剧表演艺术发展史上树起一座光辉夺目的丰碑，在她担任省晋剧院副院长期间，为晋剧院的艺术建设也作出了重大贡献。然而，"十年动乱"的凌辱与折磨，使她的精神与身体受到了致命打击，不幸于 1972 年 2 月 15 日晨 4 时病故于太原。[摘自《山西省晋剧院院志（1952—1992）》]

艺术前辈丁果仙给王爱爱留下了深刻的印象，在省城举办纪念晋剧艺术大师丁果仙诞辰 100 周年活动时，她深情地回忆了当年的情景。她说：

或许和我奶奶筱桂花有关，我很早就听说过丁果仙这个响亮的名字了，但我和丁老师最早的接触是在1960年。那时省里决定成立一个青年团，把我和刘惠生从晋中调来，从那时候起认识了"丁牛郭冀"等艺术前辈。

我在晋中的时候，就知道唱戏，每天就是下乡演戏，看到的和听到的都十分有限。调到省里以后，觉得眼界变宽了，世界变大了，懂得了什么才是艺术，内心充满了对艺术的热爱。我们每天除了唱戏，还学习文化课，训练基本功，参加各种艺术活动，不但能看到"丁牛郭冀"等艺术前辈们的演出，还能得到她们的具体指导，在艺术修养和素质上都有了显著提高。当时的省长王谦等领导同志都非常重视对青年团演员的培养，领导把我们这些青年演员按行当进行了划分，不同行当有不同的艺术前辈辅导：唱须生的归丁果仙老师，唱青衣的归牛桂英老师，唱小生的归郭凤英老师，唱小旦的归冀美莲老师。耳濡目染，我们在艺术表演和唱腔上进步很快。那时每天的一切活动，包括吃、住、练功、学习、演戏等都集中在南宫（太原工人文化宫），生活忙碌又紧张，非常充实。我是唱青衣的，跟牛桂英老师学习，所以和丁老师的接触并不多，但丁老师却给我留下了深刻的印象。

我们这些青年演员来自省里的四面八方，当时的基本功都不行，为了提高我们的艺术表演水平，领导特意请来著名京剧表演艺术家尚小云先生收徒授艺。记得当时尚小云先生给我们上课，讲身段和表演，比如，讲兰花指的运用，并示范怎样使用兰花指看起来才更美。按说尚小云先生讲的是旦角的表演内容，与须生的表演关系并不大，但是，丁老师却坐在那里认真倾听。当时丁老师已经是艺术大师了，却还那么勤奋认真、孜孜不倦地学习，给我留下了难忘的印象。

我最早看丁老师演出第一出戏就是《卖画劈门》，那时我20岁。过去我们这个年龄的演员，不像现在十八九岁的青年演员什么都懂，毕竟时代向前发展了。记得当时我们看了丁老师的《卖画劈门》后十分感慨，觉得丁老师演得真好，一个女同志，完全脱了女相，把人物能演得这么好！好在哪？绝在哪？精在哪？尽管我们一群年轻人很想把丁老师之所以演得这么好的原因给分析总结出来，可是大家光会发感慨，就是说不出来，就会说："哎呀，就是好！绝了！"

现在回想起当年丁老师的表演，认识自然就更加深刻。丁老师那的确是在演人物。剧中她饰演的白茂林这个人物很难演，白茂林是个有文采但又不愿攀高结贵的卖画人，所以气质上自有一种傲骨，但又表现得不卑不亢，仅仅"卖画来，卖画来！"三个字的道白，观众就要叫了好呢。丁老师的表演非常细腻，当白茂林听到敲门声，以为是胡林来抢亲时，丁老师在音乐中表现人物的着急慌乱，情急中突然发现"桌案上明晃晃一把菜刀，我这里取菜刀开柴门……"边唱边表演，将菜刀往腋下一夹，拉开门插，一刀猛劈下去，表演得层次分明，刚劲有力，人物心理刻画得清晰细腻，观众又是叫好。待到白茂林弄明白眼前站的这个人竟是他的甥儿时，如同大旱适逢及时雨，刹时激动地说道："来得好！来得妙！刚刚凑巧！"这一句道白观众又是喝彩声一片，丁老师演得真是精彩到位。手眼身法步，融合完美，让人看了觉得特别舒服顺畅，那真是艺术达到了一定高度的体现，人物的感情脉搏和观众的脉搏是同时跳动的。

白茂林和《空城计》中诸葛亮是完全不同的两种性格和人物，但丁老师演啥像啥，都刻画得那么生动，当时不知道丁老师怎么就能将人物体会得这么深，现在想来，丁老师真是艺术天赋极高，艺术悟性极好。丁老师的眼睛特别有神，演《空城计》中的诸葛亮时，有时闭着眼睛演唱以示军师的胸有成竹，一睁眼，目光如炬，炯炯有神！她在《蝴蝶杯》中和牛桂英老师、郭凤英老师的配戏也非常默契，比如，田夫人（牛桂英老师饰演）对儿子田玉川（郭凤英老师饰演）的埋怨、儿子依母亲的庇护表现出的少年轻慢，以及田云山（丁果仙老师饰演）内心的悲喜交加，都是无声配戏，三位前辈将不同的人物情绪刻画得十分细腻感人。

丁老师不愧为晋剧界的泰斗，她个子不高，一出场却能把台压得稳稳的；她没文化，但对艺术精益求精。有一年在北京演出了40多天，周总理还看过演出。每场演出丁老师对服装化妆认真仔细，演出绝不马虎。丁老师的所作所为，就像电影《舞台姐妹》上面人物说的"认认真真的演戏才对得起观众"。丁老师演戏非常认真，不管观众是多还是少，是领导还是老百姓，她都一样地认真对待，可以说，"丁牛郭冀"这"四大名牌"，给我们晋剧界留下了优良的传统。

丁老师对青年团的年轻人非常关心爱护。当年我们每天六点就起床练功，60年代正值国家经济十分紧张的时期，我们吃的那点早饭本来就没什么营养，还要练基功，坚持不到中午12点就饿了。我从晋中来到太原，特别想家。丁老师就给我们贴补一些吃的，就像亲生母亲一样，让我们觉得特别温暖。

丁老师无论对谁都很仁慈宽容，没有架子。记得当时省里给丁老师派了一部上海牌的小车，我们就和丁老师说："丁老师，我们就没有坐过小汽车，我们可想坐坐呢！"丁老师说："没坐过？好，那你们就上去坐坐。"她叫剧院的司机开车，把我们一堆年轻人都给"撖"了进去，在剧院的大院子里转呀转，我们在里面笑成一堆，她在外面笑成一团。这些欢喜的情景至今回想起来似乎都历历在目。有了丁老师这样的前辈对我们的关心和照顾，我们暗暗下定决心，好好用功！好好演戏！一心一意要把青年团打造好。

丁老师的为人和艺术，可以称得上是一位名副其实、德艺双馨的艺术家。她常常教育我们："红花还得绿叶配呢。可不敢横行霸道，要不，你就是干枝梅。"丁老师在现代戏《丰收之后》里甘当配角，虽说戏不多，却至今让人们难忘，观众评价说："一本戏都让丁老太太唱了。""一台戏都让她给夺了。"可见丁老师的艺术是多么的感染观众。我没有看过丁老师演的《芦花》和《渭水河》，但听戏迷们说非常好。丁老师演戏，演的是剧中人物而不是丁果仙本人。

遗憾的是，丁老师走得太仓促了，她演了那么多的好戏，塑造了那么多的优秀人物，留传下来的东西却并不多，只有电影《打金枝》。有很多人都在学习丁派艺术，但也只能说是模仿，要想真正掌握丁派表演艺术的精髓是非常不容易的。丁老师把好多宝贵的东西都带走了，人走不能再回来，她的去世，对晋剧艺术是很大的损失，不是一般的损失。今天我们隆重纪念丁老师诞辰100周年，是应该的，这实际上也是对后人的安慰，希望这个纪念活动能搞得红火热闹一些，毕竟丁老师是一位晋剧大师，举办这样的纪念活动是非常值得的！

目前戏曲不景气，这不是我们一个剧种存在的问题，而是全国普遍的现象。但我相信随着时代的发展、戏迷的需要，晋剧会更好地发展起来的。祝愿晋剧的未来如雨后彩虹，绚丽多彩！

郭凤英是晋剧"丁牛郭冀"四大名牌的著名晋剧小生表演艺术家，她给青年演出团小生行当的刘惠生等辅导艺术，传授给刘惠生《小宴》等戏，刘惠生在晋京演出时获得很高赞誉。郭凤英很喜欢刘惠生这个徒弟，认为他人机灵、艺术悟性好，由于晋剧小生行当男演员很少，所以她很器重刘惠生。

在晋中时，王爱爱和刘惠生是彼此有好感的朋友，一个唱小旦，一个唱小生，一起练功，一起演出。两人一起从晋中晋剧团调到省晋剧院青年团，徜徉在晋剧艺术的最高艺术殿堂，经常在一起探讨艺术，经过多年了解相处，正式确定了恋爱关系。

郭凤英传授给刘惠生的《小宴》是晋剧小生代表剧目，赴北京演出前，晋剧院编剧王辛路对剧本进行了改编，郭凤英在艺术技巧上做了艺术加工，使之更加生动。

郭凤英（1921—2005），女，汉族，中共党员，艺名"十一生"。出生于山西榆次郭家堡村。国家一级演员，专工小生。中国戏剧家协会会员、省剧协理事、省文联委员、省政协第一届至第五届委员。曾任阳泉市新声晋剧团团长，太原市晋剧一团副团长，省晋剧院艺委会副主任，省戏曲学校副校长、

晋剧小生表演艺术家郭凤英

名誉校长等职。

　　郭凤英 1931 年（10 岁）开始学艺，拜艺名为"万盏灯"的王英锦为师。11 岁登台演出《小别母》获得成功，故艺名"十一生"，从此挂牌，走红中路梆子正兴盛的晋中城乡。1933 年随师加入"兴盛班"后，又英姿勃勃地扮演了《射戟》中之吕布、《杀府》中之伍员、《女写状》中之赵宠、《锋剑头》中之陈伯玉、《双锁山》中之高君保、《打金枝》中之郭暧、《破洪州》中之杨宗保等角色。1935 年首次闯入太原新华茶园演出。1936 年随师加入"二报班"后，与董小楼、筱桂花等名伶同台演出，她的演出剧目又增加了《富贵图》《日月图》《美人图》《戏叔》《错中错》《汲水》等晋剧传统名剧。有幸与梆子小生泰斗三儿生（孟珍卿）合演《黄鹤楼》《蝴蝶杯》（前后部田玉川）。以后三儿生向郭凤英亲授了他的代表作《折桂斧》《赵云截江》《五郎出家》等剧目。五年出师之后（时年 16 岁）她入了由盖天红掌班的"十股班"，从此开始了她独立闯荡的演剧生涯。

　　1938 年郭凤英再闯太原，加入了由筱吉仙组织的"集股班"。之后又随不同班社辗转于张家口、内蒙古、北平、天津等地巡回演出。这个时期她又与晋剧名角刘少珍、筱桂桃、水上漂等合作演出过《悦来店》《洞房》《狮子楼》《翠屏山》《少华山》《红霞关》《虹霓关》等传统名剧。中华人民共和国成立后，1950年她由外地重返晋中，先在阳泉市新新晋剧团担任团长。她积极执行党的戏曲改革方针，在阳泉剧团主演过《四杰村》《万花楼》《三滴血》《钗头凤》《嫦娥奔月》《孟姜女》等众多新剧目。

1952年，郭凤英随山西省戏曲观摩演出团赴京参加全国第一届戏曲观摩演出大会，她同晋剧表演艺术大师丁果仙、牛桂英、乔国瑞（狮子黑），以及刘仙玲等合作演出了《打金枝》并荣获演员三等奖。1953年又同丁果仙、冀美莲、王银柱等组成中国人民第三届赴朝鲜慰问演出第六分团到朝鲜前线为志愿军慰问演出。慰问演出结束后，郭凤英即由阳泉调回太原市晋剧一团任副团长。从此与丁果仙、牛桂英等名家开始了长期的艺术合作。1955年与丁果仙、牛桂英、冀萍等赴长春电影制片厂联合拍摄了晋剧首部舞台艺术片《打金枝》（饰演郭暖）。1959年随丁、牛一并调入山西实验剧院晋剧总团（后改名山西省晋剧院一团），组成了以"丁牛郭冀"四大头牌为主的最佳演出阵营，常年参加省内外巡回演出，同时兼任省青年团艺术指导，为剧院艺术建设赢得了极大声誉。

1980年她调入山西省戏曲学校任副校长，专门从事教学工作。她将自己的代表作《小宴》《土祖庙》《坐窑》《详状》《洞房》《黄鹤楼》《小别母》《汲水》《苏秦激友》等优秀传统剧目都无私地传授给下一代。当今晋剧舞台上已功成名就的小生演员郭彩萍、张智等都称得上是她的得意门生。[摘自《山西省晋剧院院志（1952—1992）》]

郭凤英给刘惠生排导了她的代表剧目《小宴》，刘惠生在剧中饰演吕布。郭凤英强调，吕布的性格是好色轻狂，但不能演得流里流气，毕竟他是一位古代的将军。

王爱爱对著名小旦表演艺术家冀美莲印象很深，她说：

在晋剧院青年团，看过'丁牛郭冀'老艺术家的演出，见冀美莲老师主要是在 1960 年至 1961 年。我看过冀老师的《洞房》《梵王宫》《赠剑》，冀老师化上妆那可实在是漂亮了！现在，再也找不到那么一个美人了。小小的脸庞，大大的眼睛，人家的那个眼睛可真是会说话了，真好了！冀老师告诉那些唱小旦的那个指头儿一"指"，就要把台下的观众给勾回来了。那会儿虽然是看过了老艺术家的表演了，但是，当时由于自己还年轻，有些表演

著名晋剧小旦表演艺术家冀美莲剧照

还是没有全部悟性过来。

冀美莲（1921—1979），女，汉族。出生于山西省文水县县城。晋剧著名花旦演员。中国戏剧家协会会员，山西省戏剧家协会理事，山西省第一、二届政协委员。历任华北人民晋剧团团长、山西人民晋剧一团团长、山西人民晋剧总团团长等职。

1935年从艺，拜王有福（一点红）为师。1937年至1939年，先后入太原"同梨园""唐风剧社"、临县"二庆班"任演员。这时期曾与盖天红（王步云）配演《坐楼杀惜》，与曹秀英合演《日月图》《富贵图》《百花亭》等戏，特别是随筱金枝、筱桂梅等到上海百代唱片公司录制唱片，在上海演出后，她已享誉剧坛。

1939年至1941年曾参加抗日决死队四纵队前线剧团和115师"七月剧社"担任演员。1942年返回太原参加了"六大股"戏班（即班主邱德才、股东张宝魁、丁巧云、刘春祥、贾万云、王有福）在新民戏院担任演员。该班的主要演员有张宝魁、张美琴、筱桂芬、丁巧云、王有福、冀美莲、李素英、任玉珍、赵月楼、筱桂梅、李炳华、刘路华等。这时她主演的主要剧目有《玉堂春·三堂会审》《日月图·洞房》《百花亭》《戏叔》《拾玉镯》等。1943年至1952年，她转入太原新化剧院、张家口解放剧院，同丁果仙、乔国瑞（狮子黑）、梁小云、刘俊英、筱桂花、郭凤英、郭兰英、董小楼、董翠红、董素红、段玉明、任玉玲等名伶合作。凭着她扎实深厚的台步功、优美卓绝的身段功，以及忘我进入角色、善于刻画人物等表演艺术的优势，在晋剧舞台上进入最佳状态，享誉省内外。她的戏路子很宽，闺门旦、彩旦的戏都演得拿手好看。她经常上演的剧目有《美人图》《国公图》《富贵图》《吉庆图》《凤仪亭》《祥麟镜》《赠剑》《朝凤》《炮烙柱》《戏叔》《拾玉镯》《双巧配》《双罗衫》《琥珀珠》《溪皇庄》等。她的《溪皇庄》表演非常出色，台步跑得满台飞，真可谓红极一时。

1953 年 8 月，新化剧院奉命改编为华北人民晋剧团，冀美莲首任团长。1954 年华北人民晋剧团撤销，剧团回归山西，更名为山西人民晋剧一团，她继续任团长。这个时期冀美莲为贯彻戏曲艺术推陈出新，"改人、改戏、改制"的文艺方针，付出了许多心血。积极参与《新九件衣》《乞巧图》《梵王宫》《赠剑》《贞节坛》《三滴血》《风筝误》《白蛇传》《邵巧云》《文嫣》，以及现代戏《一个志愿军的未婚妻》《刘巧儿》《漳河湾》等新剧目的排演工作。1957 年筹建山西戏曲剧院，省晋剧一、二团合并成立山西人民晋剧总团，她出任总团长。1959 年山西实验剧院成立后，她与丁果仙、牛桂英、郭凤英等组成晋剧一团再次同台演出，形成中华人民共和国成立后晋剧发展史上"丁牛郭冀"四大头牌联袂合作的最佳阵营，为剧院的艺术建设作出了重要贡献。

由于她在表演艺术上取得的独特成就，先后获得过全国第一届戏曲观摩演出二等奖，山西省第二届戏曲观摩演出个人奖。

1979 年出席全国第四次文代会归来不久，因突发心肌梗死，抢救无效，不幸于同年 12 月 16 日黎明病逝，终年 58 岁。[摘自《山西省晋剧院院志（1952—1992）》]

以"丁牛郭冀"为主的众多艺术家云集的省晋剧院，是其历史上最辉煌的一个时期，此时，王爱爱来到了这个晋剧名家荟萃的最优越的环境中，开始了紧张又充实的新生活。

剧院领导为晋京汇报演出精心筹备，同时，也为了使这批年轻的演员们尽快成熟起来，采取全方位封闭式培训和排练。青年演出团 100 多个年轻人，被统一安排到太原工人文化宫，演员们每天的任务就是练功、学习、排练。所有人员，除了已经结婚的人员每周末可以回家一次之外，其他时间全部住集体宿舍。二层楼住了一二十个女演员，小旦组、青衣组都住在一起，每天特别热闹。王爱爱来到这个新集体，充满快乐。年轻人在一起的生活充满朝气，她们每天在一起又说又笑，朝气蓬勃，团里规定晚上九点熄灯，但是爱说爱

1961 年 7 月 16 日，京剧表演艺术家尚小云率陕西省同州梆子剧团来太原演出，省及市文化局为尚小云先生主持了收徒典礼，本院王爱爱、田桂兰、冀萍、李爱华、张友莲、肖桂叶及太原市高翠英、薛林花八人拜尚小云为师。——摘自山西省晋剧院《院志》（1952年–1992 年）。

图为拜师仪式现场：从右至左为王爱爱、冀萍、李爱华、田桂兰、高翠英、张友莲

笑的年轻人，经常十一点多也不能关灯睡觉，每天都有说不完的笑话，笑不够的趣味事。

剧院领导请来著名京剧表演艺术家尚小云先生为青年团演员授课，省、市领导还隆重举办了尚小云先生收徒仪式，共有 8 名旦角女演员拜师尚小云先生。这 8 名女演员除了有王爱爱之外，还有冀萍、李爱华、田桂兰、张友莲、肖桂叶，以及市团的高翠英、薛林花。

省晋剧院与四川戏剧院常有艺术交流，请来了著名川剧表演艺术家邓渠如（影视剧演员邓婕的父亲）、易增祥来给青年演员们授课。

剧院有时在周六、周日晚，组织丁果仙、牛桂英、郭凤英、冀美莲等艺术名家给青年团作示范演出，让青年团演员们观看前辈们的表演，开阔艺术眼界。王爱爱观看了"丁（果仙）牛（桂英）郭（凤英）冀（美莲）"前辈演出的《打金枝》《蝴蝶杯》，丁果仙演出的《卖画劈门》《捉放曹》，丁果仙和牛桂英演出的《走雪山》，等等。从晋中调到太原后，王爱爱感觉自己的艺术视野开阔了，亲眼看见艺术大师的表演，亲耳聆听艺术家的演唱，并

右起为王爱爱、冀萍、李爱华、刘惠生

且得到名家示范指导，心境焕然一新，无论是在艺术审美鉴赏方面，还是演唱表演技巧上，产生了一个飞跃。

剧院的领导为青年演员们科学高效地安排生活和工作，每天他们除了练功、排戏之外，还给他们开设了文化课、乐理课、道白课，让他们读书学文化，识简谱，从多方面给予艺术提高，盼望着这批尖子人才能够早日成才，为山西争光。

首次晋京进行汇报演出，是山西的一件大事。省晋剧院准备了三台戏。一台是以《小宴》《杀宫》《算粮》组成的三个折子戏专场，一台是根据传统戏《梵王宫》整理改编的《含嫣》，还有一台是根据《回龙阁》改编的《明公断》。这些剧目，首先从剧本上进行了改编，其次在二度创作上进行了艺术加工。王爱爱在《算粮》中饰演王宝钏，在《含嫣》中饰演刘雪梅，在《明公断》中饰演秦香莲（三个秦香莲扮演者按出场顺序分别是李爱华、王爱爱、刘仙玲）。这三个人物有三种不同的身份，在演唱方面要有不同的演唱风格。经过一年多排练和培训，王爱爱已经在唱腔上有了很大的提高，赴京展演，她的演唱得到了中央领导、北京专家及观众的认可与称赞。

从 1960 年山西省晋剧青年演出团成立，1961 年晋京展演至今，时间已经过去了整整 60 年，岁月走过了一个甲子。回头看，令人不胜感慨的是，当年省委、省政府领导对文化工作多么高度重视，方针政策多么具体有效，他们积极弘扬中华民族优秀传统戏曲文化，他们深深懂得传承好古老的文化艺术就是保护好中华民族的文化根脉。山西省晋剧青年演出团成立后，全省很多剧种相继都成立了青年团，使山西地方戏曲事业后继有人，涌现出像王爱爱这样优秀的戏曲表演人才。

山西地方戏曲是山西人民的精神文化家园，省委、省政府领导都努力成为内行，有些甚至是专家，他们工作很认真，经常抽空到南宫去看排练，事无巨细，样样检点，给予剧院工作很大的支持，给青年团演员们很大的信心，这真是晋剧艺术的福气，也是青年演出团团员们的福气。在省委、省政府领导的正确领导下，在省文化局领导的关心指导下，在剧院以丁果仙、牛桂英、郭凤英、冀美莲等老一辈艺术家的艺术辅导与扶持下，在采取全封闭式的集中培训下，青年演出团的这批年轻人快速成长起来，很快便显示出他们超群的艺术才华和过硬的艺术功底，成为 1961 年首都北京戏曲舞台上的一道亮丽风景。成为山西青年演员们展示艺术才华、展现艺术风采的人生舞台，山西省晋剧青年演出团迎来了黄金般的难忘岁月。

王爱爱的艺术人生道路，也从此迈上了更高的平台。她从 7 岁学戏到 20 岁站在省城舞台，她经历了从家庭启蒙教育到晋中晋剧团崭露头角，再到省晋剧院青年团初露锋芒的人生三级跳。吸收了三位老师的专长：一位是表演技艺娴熟、对她进行启蒙教育极其严苛的奶奶筱桂花；一位是以热情奔放、刚劲有力为演唱特色的程派"嗨嗨腔"创始人程玉英；第三位就是以行腔委婉、吐字讲究、韵味浓郁，唱腔被誉为"云遮月"的"牛派"创始人牛桂英。王爱爱艺术人生的每一个台阶，遇到的每一位老师，都是她人生路上的缘分。俗话说：人生得一良师足矣，受益终身，何况是三位？从此，王爱爱的艺术演唱水平，开始一步一个台阶地向前发展。

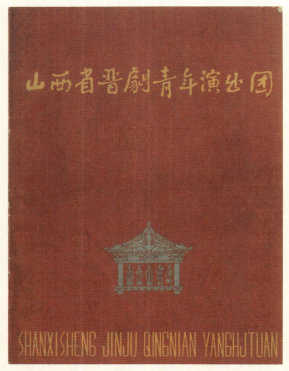

山西省晋剧青年演
出团节目单封面

↑王爱爱：女
21岁共青团员
山西榆次人。演
青衣小旦。

↑刘惠生：男22岁共
青团员山西汾阳人。演文
武小生。

节目单内演员王爱爱、刘惠生剧照

不过，让王爱爱心里感到压抑的不是艺术，而是当时的政治环境。20 世纪六十年代，全国政治气氛越来越浓厚，说话做事都很注意。虽然领导对她很重视，各方面给予她关照，但是，她感受到了家庭出身在唯家庭成分论的年代给她带来的压力。她说，她在晋中的时候从未有过这种感受。自然她凡事都得小心，逐渐地在她沉稳的性格中，又增添了寡言干练的气质。

晋京演出的难忘岁月

从 1960 年 2 月 11 日山西省晋剧青年演出团成立，至1961 年 8 月晋京演出，在一年多的全封闭集中培训下，青年演出团的这批年轻演员迅速排练上演了一大批经典剧目，包括《小宴》《杀宫》《算粮》《明公断》《含嫣》《打金枝》《断桥》《卖画劈门》《见皇姑》《金水桥》等 16 个剧目。出发前，省委领导和省文化局领导作战前动员，剧院领导事无巨细，全团人员在省文化局领导带领下，精神抖擞地晋京去向首都人民作汇报演出，在首都舞台上纷纷亮相，以最佳状态展示山西戏曲人的精神风貌，展示晋剧青年演出团的阵容，展示山西戏剧事业后继有人。年轻演员们不负众望，以超群的艺术才华和过硬的艺术功底征服了首都观众，一炮打响，轰动京华。首都舞台，成为晋剧青年团演员们展示艺术才华、展现艺术风采的舞台，成为京城最大亮点之一。青年演出团 9 次被邀请进入中南海，为中央领导演出，与国家领导人联欢。党和国家领导人毛泽东、刘少奇、朱德、周恩来、彭真、贺龙、罗荣桓、李先念、徐向前、乌兰夫、习仲勋等，都先后观看了演出，给予热情鼓励，演员们激动万分，作为青年团演员的自豪感油然而生。

晋京演出 70 天，山西省晋剧青年演出团被首都报界誉为"全国两朵花之一"，即山西省晋剧青年演出团和天津市河北梆子小百花剧团。获得演出成功之后的青年团，没有返回山西，而是直接转赴天津、内蒙古自治区演出，至到 1962 年 1 月载誉而归。

这是山西省委落实党的文艺方针"百花齐放，推陈出新"的最好实际行动。山西省委、省政府高瞻远瞩，继承弘扬中国优秀传统文化，大胆开拓创新中华民族优秀传统戏曲艺术，走出了一条正确的道路，取得了突出的成绩，青年演员们没有辜负山西人民寄予的厚望，在山西戏曲要打翻身仗信念的激励下，为山西人民争了光。自此，青年演出团开始频繁担负重要招待演出任务，农村、厂矿邀演包场者络绎不绝。晋剧青年演出团迎来了艺术发展的黄金时期。

山西省晋剧青年演出团这次在北京演出取得了很大的收获。作者从已故剧作家王辛路先生珍贵的遗留手稿中，看到他 1961 年 11 月 18 日为山西省文化局领导起草的山西省晋剧青年演出团晋京演出总结发言 ——《北京演出工作总结发言》，从文章中可以看出山西省晋剧青年演出团 1961 年晋京演出时的概貌，可以看出省委、省文化局对青年团演员语重心长的深情。手稿内容如下：

今天我作个人发言，不算总结，作艺术总结，不是我力能胜任的，我是外行，不懂戏曲。艺术创作是要靠"百家争鸣"来解决，不能以少数代替大多数。我现在把大家讨论的发言做个综合，提出个人看法供大家讨论，以期达到统一认识。不同意的还可保留个人意见。

一、演出情况及收获

演出 61 场戏：公演 16 场，招待演出 45 场（部队 17 场，机关 14 场，钓鱼台中南海首长演出 8 场，文艺界 6 场）。九进中南海，在中南海演了 6 场。

61 场戏中，演出了 16 个剧目：《杀宫》18 场，《小宴》17 场，《算粮》16 场，《打金枝》15 场，《金水桥》10 场，《含嫣》9 场，《见皇姑》8 场，

关于山东省吕剧工作总结发言——会议汇报

1.

1961.11.18.

今天我作个人发言不带总结，作总结还不够我所了解的，我也不敢妄想。艺术创作也要靠百家争鸣来解决，不能以少数代替大多数。我只是把大家讨论的意见作个综合，也把群众意见大家谈谈……以期引起讨论。不妥的地方……请更正。

一、……反映报

（1961年好戏：公演16场，招待45，演出17，机关14，的线中南海演8，文艺界6场，……）

在中南海演了6场，也是中等曲。

61场戏中演出大……每日教学18次，十字17，革16，打15，全10，会9，史8，批8，启7，网6，双4，会战4……

报纸 23篇文章，革命……剧协开会戏剧研究……研究院……团体多……以下……表演……团体……我们……的作……开国……时，我好……的……。

设一批……大我们……材料……代表……型……我们的……服装。

我们青年团代表……1600万人口，代表山西样……菁华，为山西人民立功。我们……高……水平……强大。

剧作家王辛路先生总结青年团演出情况遗留手稿

《挂画》8场，《卖画劈门》7场，《明公断》6场，《双锁山》4场，《杀惜》4场，《断桥》《教子》《走山》《吃瓜》各1场。

宣传报道文章23篇。

王昆仑主持召开了座谈会，中国剧协召开了戏剧界座谈会，与中国戏曲研究院等单位座谈，向兄弟团体学习了《八仙过海》《双下山》《表花》等戏。兄弟团体向青年团学习了翎子功、帽翅功等。参观了十三陵、颐和园等。向首都领导汇报了山西省晋剧院青年演出团的工作，展示了青年团的阵容实力，政治影响力很大，为山西争了光。同时，也使青年团演职人员增长了见识，开阔了眼界丰富了知识，提高了欣赏水平。

我们青年团代表山西1600万人民，代表山西梆子集体荣誉，为山西人民增了光。我们这次进京，政治上影响很大。对北京市戏剧界，以及全国都有震动，能不能进步提高，已经受到全国戏剧界的关注。今后，我们的担子更重了，需要加倍努力。

二、艺术上的评价

首都各界对我们有什么看法？如何评价？我们对这些评价作何看呢？归纳起来大致有三句话——

一是路子走对头了。

什么是路子走对头了？就是正确地贯彻党的"百花齐放，推陈出新"的文艺方针，也是正确地继承和发扬了传统，方向走对了，路子对头了。首先，继承了山西梆子的传统，保持山西梆子的风格特点，而且有所发展。中央和山西省领导，以及曾在山西工作过的，如，贺龙元帅等，感觉到青年团的演出没有走味儿，保持了山西梆子的传统而有所发展。

二是培养了一批青年演员。

队伍比较整齐，行当比较齐全，有一定的基本功，有一定的政治素质。有苗头。特别是培养了一批男演员。

三是改变了以往对山西梆子的印象。

过去对山西梆子印象并不好，或者不太好。这次出乎意料之外，说明青年团在比较短的时间进步是比较快的。有些民主人士如傅作义、程潜、张治中看了不下十次。他们反映也比较好。

北京文艺界戏剧界对我们的反映，归纳起来有三条——

（一）青年团的演出新鲜，表现在有风格、有特点、有传统、有特技，不一般化，这是普遍反映。全国300多个剧种都进过北京，北京文艺界是经得多、见得广。一般说看戏是个苦差事，但这次他们叫喊看不上戏。

（二）青年团的演员都有嗓子，男演员女演员都有本钱。特别提出梆子戏嗓子好有本钱是很不容易的事，再三再四提出，保护这批"嗓子"而使之有所发展。

（三）演出作风一般地讲还是严肃的、认真的。

在北京演出的60多场中，比较受欢迎的是《杀宫》《打金枝》《算粮》《金水桥》等。

山西专家认为：北京领导和文艺界只是基本上肯定了我们的成绩，是从鼓励和肯定我们这方面出发的。对我们来说，不足之处还有：

1. 我们的戏路子不宽，有些传统剧目继承得还不够。对梆子戏丰富的传统技艺掌握得不多。我们这次单独的花脸、丑、老旦、老生的戏没有。

2. 演出不稳定。同样一个戏，今天可能好一点，明天可能不如昨天。说明我们的戏火候不够。舞台经验不丰富，功夫不深。一般地讲，还是演情绪，演本钱。

3. 功底还不扎实，有的演员有嗓子但是不会唱，不会巧唱，不会运用。

4. 有薄弱的行当。

5. 服装道具还不考究。

6. 对我们具体的戏有具体意见：《含嫣》河南、四川都有《梵王宫》，在所有的本子里是比较好的本子，试图加进红巾军起义提高思想性，勉强，不自然。这个戏有很多经验值得总结一下。其中，最主要的是思想性和艺术性的结合问题。思想性是贴上去的而不是融化在艺术创作之中。这个戏有长处：首先，功夫没有白费。是越搞越好了，还是越搞越坏了呢？如，表演细腻，特技如翎子越用越结合得好。其次，通过排练给演员打了些基础。通过这个戏全面地讨论了我们在艺术创作上的重大问题，方针、路线，继承传统，技术运用，配器等，使我们明确了很多问题。风格不统一，正剧喜剧问题不统一。我认为不是风格不统一的问题，而是政治和艺术性的关系。提意见的人想让《含嫣》爱情方面加大发挥。对吕布的性格、郭暖的性格、韩琦的性格的意见，都值得我们研究探讨。

三、研究几个问题

（一）关于正确执行党的文艺方针问题。

我们对于正确执行党的文艺方针，在我们团也是走过一段曲折道路的，对于正确执行党的文艺方针从不全面走向全面，从不自觉到逐渐自觉。对正确执行党的文艺方针，在我们这段工作是经过一番斗争，或者说付出一番代价的，并不是路子从来就对的，毛病从来就没有的。我们是走了逐渐提高、逐渐认识的路子的。

近两三年来，对待传统的态度，对待继承和革新的态度是有过斗争争论的。山西梆子有没有传统？有人说有传统，但是说不出来，意识中山西梆子家底丰富。还有是口头上承认山西梆子有传统，但是缺少办法，停留在口头上一般的面上。有组织地继承下来，向老艺人学习，缺少具体工作。口头上多，实践上少。严格地讲，研究传统、继承传统我们做得不够，到现在我们有很多戏没有学下来。

有一部分同志对中路梆子的传统、风格，过去接触不多，掌握得不够，学习得不够，自觉或者不自觉地否认山西梆子的传统。有人说过"看过1200个山西梆子剧本，没有什么可取的"，这不是典型的虚无主义吗？

我们对于贯彻"百花齐放"方针，过去理解得不深刻。党的"百花齐放"方针是在充分发挥了剧种的特点，继承了传统，保持并发展了剧种的风格的基础上，才有百花齐放。百花齐放意味着戏剧的丰富多彩、多种多样、万紫千红，如果都向京剧看齐、河北梆子看齐，那还有什么百花齐放呢？

我们要研究我们剧种的特点、风格、传统，才能贯彻"百花齐放"方针。继承和革新问题，我们是处于以下几种情况：否认传统，或是非礼传统是错误的。但是，只是把传统原封不动拿过来，并不都是好的。继承传统应是继承精华，对糟粕应是摒弃。对贯彻"百花齐放，推陈出新"方针，我们是经过一番斗争才逐渐走对了。一个剧种保持和发扬了传统、风格、特点，才有生命。

政治上有很大的收获，在文艺思想上，上了一次大课，如果说过去我们处于半自觉，或者自觉但是处于口头上多、实践上少，经过北京的70天的演出，领导、群众，以及文艺界的认识才逐渐明确，更加坚定信心。

（二）保持和发展一个剧种的特点是我们的责任。

什么是山西梆子的风格、特点、好传统？

风格和特点：梆子戏是北方的一个大剧种，有共同点也有不同点。宋元以后北曲怎样了？梆子戏从哪里来的，至今还无定论。形成的剧种的风格、特点和人民的风格语言、性格分不开。戏剧是反映人民生活斗争，反映人民思想感情的，特别是和人民结合很密切的戏曲，梆子戏和广大人民很密切，反映了人民的思想感情。它随着人民生活的前进而前进，硬要扭转群众的品味、欣赏水平，是办不到的。梆子戏带有北方人朴实淳厚、激昂慷慨的特点。拿我们梆子戏和越剧来说有两种不同风格。越剧有温柔典雅的细线条的特点，梆子戏别有燕赵多悲歌之士的特点。山西梆子没有进入城市之前，在广场和广大人民结合得很密切，那时朴实纯厚、激昂慷慨的特点很浓厚。中路梆子在近五六十年进入城市以后有很大变化，和阎伪日寇的摧残、山西商人的爱好是分不开的。慷慨特点代之而起的小生小旦戏《布换花》的剧目，这不是中路梆子的主流，而是畸形，山西梆子主流则是和广大人民密切结合，其特点：带有很浓厚的生活气息和强烈的民间色彩，如，北京反映《算粮》《杀宫》《小宴》《挂画》《打金枝》有着浓厚的生活气息、浓厚的山西地方色彩，和宫廷的戏曲不同。《杀宫》之所以受欢迎，除特技之外，更多的还是强烈地表现人物的性格、色彩。《打金枝》都演不过小戏，除音乐特点之外，虽是表现宫廷生活但是具有深厚的生活气息。区别每一个剧种最主要的还是表现手法。

区别一个剧种，一个是音乐，一个是语言和独特的传统剧目。它的独特的表现方法，我们的特点是：

A. 唱工是梆子戏一般的表现方法。

戏曲都讲究唱工。形成我们剧种的特点，用唱来表现人物、情节、思想有我们独到之处。我们讲究唱工，是特别值得发挥的传统风格。如《打金枝》和别的剧种不一样，比别的剧种唱得多。我们的唱工属于板眼而不是曲牌小调，盖天红、说书红、丁果仙都很注意唱，自成一格。唱是山西梆子十分独特的表现手法，却还没有引起我们青年的重视。我们现在多半注重行腔，而不注重音色。《杀宫》中汉王吩咐宫人趱车辇的几句唱，我老不满意。表现方法抑扬顿挫。我们要善于抓我们山西梆子的特点，善于抓住我们的长处。每个同志都应该下功夫研究。现在我们还谈不到音色如何表达人物、性格、感情。每个人应找一找在这方面的长处和短处，保持并发扬这个特点是十分重要的。

B. 语言问题。

地方戏的特点一个表现在音乐上，一个表现在语言上。这一两年，我们对语言作过几次讨论。中央同志指出不要担负推广普通话的任务，意思是说，不能用普通话来代表中路梆子的戏曲语言。我认为，中路梆子语言既不能说土话也不能说普通话，应该形成中路梆子的戏曲语言。现在我们比较注意语言的统一。这次反映我们吐字比较清楚，发音比较准确，但是，要防止用普通话代替山西梆子戏曲语言。要想保持一个剧种的风格，就要不断加工和提高戏曲语言的表现力。

C. 表现方法细腻。

表演的细腻。表演是作为戏剧表现手段出现，刻画人物感情、性格。北京评论我们表演细腻。细腻和粗犷不矛盾，表达剧情一个是用唱、一个是用表演，这是我们的长处，我们要发挥这个长处。

D. 北京反映，我们有许多特技。

我们的特技一般地说和剧情结合起来了。这也是我们的长处。保持我们的长处，是否是每人的特技都结合得密切呢？有些结合得密切，有些结合得差些。有的熟悉些，有的还不太熟悉，还有很多特技如"喷火""甩发"等。

E. 传统剧目、独特的角色、独特表现方法。

《打渔杀家》我们花脸演。《六月雪》窦娥，我们有独特的表现方法。《杀宫》我们也有独特的表现方法。我们要使这些特点、风格、传统保持并继续发扬。

我们的基本功很差：唱、表演的基本功是很不够的。青年采用偷巧的办法（捷径），缺什么补什么，真正成为艺术家人民演员这样做是不行的。作为经验是不好拿出来介绍，但这样做也不能说是错。我们还要两条腿走路，一是严格的基本功训练，一是根据戏的要求缺什么补什么。

F. 音乐在表达人物情感性格方面够用不够用？

青衣、花旦原来的唱法并不相同，青衣和老生更不同。但是，因为是女演员唱就分不太清。丁院长就有很多青衣腔，别人更不行了。

乐器的使用，《含嫣》除了四大件加进了提琴、琵琶等，但究竟行不行？存不存在问题？乐队位置放在什么地方，过去也有争论。我只是提出来，请乐队也提出来，如何保持并发扬我们的音乐传统。

（三）关于重点剧团的培养和建设问题。

贺龙元帅说，我们是"投机团"，如不是中央青年会演还成立不了这个团。如果没有提高团、重点团，在剧目表演、演唱上集中力量，人才、时间就不可能普及起来。我们集中力量、人才、时间，搞几个剧目的做法是对的。

大家在原来的剧团都是尖子，站在当中，来了以后，站在边上了。当然有矛盾。人才集中也带来副作用，如工作安排不妥会影响一部分人的进步。但绝不能因为有这个副作用，而不集中了，那是工作方法问题，还要搞重点团。

我们很像临时凑起来的班子。人员来自各方面，人员不合套，没有经验，缺少长远打算，缺少长期建设，因此组织机构、做法是不健全的。

在北京这方面的工作，政治思想工作没跟上去。剧团怎样做政治工作？对思想工作虽然有三十多年的经验，但是一直没有认真总结。因为剧团的思想工作主要是反映在业务上的，等时间、开会、单独做思想工作是不行的。

在北京开始时我们很被动。我们剧团在过去有很好的制度，如唱腔、基本功的训练等。但是，这次出来没有坚持下去。

中央文化部"八字方针"特别指出巩固提高问题。评断一个国家、省、地区的文学作品要看几部作品，如《水浒》《三国演义》等。在戏剧中有《西厢记》《桃花扇》。俄罗斯文学达到文学顶峰时有高尔基。代表文学艺术的是质量不是数量。代表戏剧水平的不是看剧团多少，而是看是否有名演员，没有"四大名旦"就代表不了20世纪30年代的戏曲水平。数量是普及的，没有提高的尺度（带头的）就很难提高。山西梆子过去来过北京，为什么这次青年团来影响比过去大呢？我们这里并没有什么出名的演员，但是来京文化部、剧协各剧团来接来送，是把我们作为提高山西梆子尺度来看的，说改变了山西梆子的印象。

据说有的青年同志说"我在这个团没什么发展，过去我在我的团里是主角，到了这里演不上戏，我还不如在我们团里好"。这一方面说明组织工作上有问题，但是我们应该总结一下，把在过去剧团里的几年和在青年团一年来的进步比较一下，究竟哪里进步得快。中央领导让每一个省都有一个代表作，陕西有《赵氏孤儿》《梁秋燕》，江西有《还魂记》，我们有什么？是《杀宫》《打金枝》，还是什么？

我们所说的重点和丁玲的一本书完全不同。我们还没有足以代表一省质量的重点。我们的《打金枝》还不到相当的水平。我们需要进一步集中人才，提高质量，把我们的团搞好。我们的团初步打下了一个基础，明年我们青年团可能拍一部电影，有可能准备出国，准备拿出山西梆子代表作，下功夫培养几个有很高政治文化艺术修养的艺术家。我们应该向这个目标前进，能否达到要看我们的努力。

怎么样达到不断提高质量的要求呢？我想要解决下面几个问题：

1. 练功的组织工作不好。从建团至今，有计划有组织地根据不同行当、每个同志的条件进行练功，组织得很不好。聘请老师教员来教做得很不好。建团以来，我们的老师下了很多功夫，但是问题不在他们，而是在我们领导上，如果抓得很紧很有计划，情况比现在好得多。我们只是大体上处于漂流状态，表现在冷几天热几天，领导上抓就好一点，松一点就差一点。同志们自觉性高的练得好一点，自觉性差的就差一点。不是自觉地有计划地进行练功，光凭本钱吃饭是不行的，不刻苦努力一辈子也上不去。这是我们的中心问题。

2. 政治学习和文化学习如何和业务结合起来？这也是我们团没有解决的问题。排练、演出一忙，首先挤掉的是政治文化学习。我们有这种心理：什么时候正规了什么时候才能学习。如果等就是长了胡子也不可能按部就班。哪一天才能像我们想象的那样正规化了呢？剧团什么时候也不能像机关学校那样正规化。计划赶不上变化，这是现实情况。我们还没有解决政治文化和业务结合的问题，也是确实需要解决的。严格地讲还是对政治文化学得不够。排三个钟头的戏可以马上有成绩，不学习政治文化马上看不出来，是否有这种想法。小百花剧团每人都会背十首唐诗，会雕塑，这是提高欣赏水平的办法。我们应该向他们学习。我们政治文化业务学习，也是没有过关的问题。

3. 我们有些制度如鉴定制度（道白、唱腔……）、学习制度、导演看戏（边看边改）制度，这些都是行之有效的制度。但是没有坚持下去，做过一次两次不坚持，怎能算是制度呢？因此需要把过去的一些制度加以研究，好的必须认真坚持，不适宜的可以修改后实行。

（四）关于青年演员的培养问题。

1. 中央领导贺龙等人都说过，哪一个剧种没有下一代，哪一个剧种就没有前途，没有接班人，就不能发展提高。有下一代指两方面讲的：一方面是要行当齐全，人数很多，要有政治文化艺术修养都很高的优秀的青年演员，没有就不可能高。还有一面，不能忽视而且还是很重要的，即是：在这一批中要有几个出类拔萃的代表人物，这是辩证的关系，两者缺一不可。代表一个剧种水平的要有几个优秀的剧团，代表一个剧团水平的要有几个优秀演员。

这里我重点谈谈培养人才问题：一个演员确实有他的条件，有他的才能，我们不能忽视天才，把什么人都培养成优秀演员是不可能的；但是否光凭条件就能成为重点演员呢？不行，天才是基础，更重要的是运用条件勤学苦练。每个人不能绝对地讲都可以成为伟大的艺术家，也不能绝对说成某人成不了伟大的艺术家。问题在于，如何发挥自己的条件，弥补自己的缺点，重要还不在于是否天才，而是需要勤学苦练。戏剧艺术的提高在很大程度上要通过一个人在艺术上的创造来表现，都半斤八两那也不行。对待这个问题，我们从整体出发，就每个人讲都有被培养成伟大演员的可能，关键在于我们有没有强烈的事业心，强烈的愿望使自己成为伟大的艺术家。

怎样才能成为代表这一代的伟大的演员呢？问题在于有没有这个事业心，如果不是成天把全部精力集中在提高政治文化艺术修养上，即使再聪明，条件再优越，也是浪费。因此，对我们青年来讲，党的戏曲事业需要培养一批优秀的演员，关键在于自己的努力，发挥优点，克服缺点。首先要有坚强的政治信念，政治上的责任感，使中路梆子在我们这一代继往开来到新的水平，否则就会有"冷热病"。旧社会是个人成名鼓舞他，而我们仅有个人成名鼓舞就会不巩固，遇见挫折就会心灰意冷。事业也是政治的责任感，是给我们条件环境，我们就必须努力。

2. 要想成为优秀的演员，要具有自我牺牲的精神，既然为了党的事业，对个人就要有牺牲。一般人要结婚早，有幸福的家庭，过着天伦之乐。作为演员就要有点牺牲。法律规定女的18岁结婚，我们为什么提倡大家晚婚呢？因为过早的结婚就会分散精力。又如抽烟喝酒，作为演员为了保护嗓子，对人民负责就要有点牺牲。伟大的人物，自己不能有所牺牲，事业就做不成。冬天本来很冷，为了练功练嗓要早起练习。作为演员要树立坚强的事业心，有自我牺牲精神是十分重要的。

3. 增强文化艺术政治修养，对提高艺术水平是很重要的。一个演员从不会演戏到演戏进步很快，从会演戏到演好戏进步很慢，要费很大劲，到了一定时候有饱和。我们的演员处于一般的饱和状态，再要提高就很困难。唱腔还处于傻唱阶段，如果用声音表达一定的人物、性格、环境，就需要具备多方面的知识了。我们青年演员如何突破这种饱和状态，很重要的问题是开窍的问题。怎么开窍？在现有情况下提高一步？从会演戏到演好戏？现在的演员比老一辈有很优越的条件，梅兰芳开窍在于他周围有很多文学家、秀才在培养他。到了三四十岁，有了一定的知识经验才开窍。现在党给我们提供了这么好的环境条件，目的就是让我们开窍。过去演员看戏还不是偷着看吗？今天党为大家组织专场让大家学习，还组织大家浏览参观。如果没有开阔的视野怎能开窍呢？

我们看戏要从中看到东西来丰富自己的知识。再一方面要从书本上丰富知识，间接体验。任何一本书都是总结了生活、总结了经验的。从《水浒传》上就可以知道宋朝的农民起义，从《红楼梦》上就可以知道古代的贵族生活，从《儒林外史》上就可以知道古代的读书人。做一个演员不懂三皇五帝，不懂三教九流，怎能演好戏呢？你们大部分是成长在解放以后，懂的东西太少，怎样懂得东西呢？就是要从书本上学习。

如何向老一辈学习继承传统也很重要。看的剧目多了，往往认为没什么向老演员学习的了。京剧再好，也学不到山西梆子的传统。要懂得，借鉴是一方面，更重要的是学习传统。

最后，北京对我们有好评，如何对待？山西梆子有接班人，演得还不错，可以看出我们有条件、有前途，但是还需要我们继续努力。（手稿不全，结尾佚失。）

从这份珍贵的写作手稿，可以看出山西省晋剧青年演出团晋京演出的情况，他们展示了山西晋剧的无限魅力，展现了晋剧青年团的风采，使山西梆子后继有人，为山西人民争了光。正如讲话稿中所说的："在这一批中要有几个出类拔萃的代表人物……代表一个剧种水平的要有几个优秀的剧团，代表一个剧团水平的要有几个优秀的演员。"王爱爱就是其中的优秀演员，是青年团的"五朵金花"之一。她的艺术天赋在此次晋京演出中得到了展示，从当时的评论中可以看出，王爱爱获得了较高的艺术评价，首都各大报纸都给予热情报道，许多著名戏剧家都撰文给予认可好评，其中，李健吾、吴雪等名家对王爱爱的演唱艺术给予赞扬：

李健吾在《可喜可贺 —— 看晋剧青年演出》文中，表扬王爱爱，他说："《算粮》是一出热闹戏，有场面，有变化，有人物，有情趣，和《金水桥》一样，对合作和青衣演员要求极严。王宝钏苦守寒窑十八年，好容易盼到丈夫回来，心中欢喜，自不待言。另一方面，尽管扬眉吐气的日子到了，她有伺机报仇的打算，还必须时时顾及青衣的行当限制。不瘟不火，轻盈而又凝重，分寸在这里需要细心掌握。眼睛要亮，动作要鲜明，处处恩怨分明，似守实攻，所以眼睛不能太活，动作不能太碎。苦尽甘来的少妇，是非心强，斗争性强，在这里带动整个戏剧进行。能否演好这样一出戏，对青年演员来说，确实是一种考验。王爱爱和全体演员的卓越成就，说明他们在学习上非常努力认真。""晋剧继承有人，可喜可贺，忝为家乡人，也分到光彩。"（《人民日报》原载 1961 年 9 月 9 日）

吴雪在《新葩异彩 —— 为山西省晋剧青年演出团的演出欢呼》文中说："晋剧虽然素称唱做并重，许多著名演员的确也是表演入神、唱腔迷人的。但在比较之下，我以为晋剧还是更着重唱腔。从他们比较流行的几个保留剧目的剧本来看，如大幕戏《满床笏》《明公断》，以至中型戏《算粮》，都有一个共同特点，即场次不多，矛盾冲突很集中，在戏进行到最尖锐部分的时候，总是运用歌唱来抒发心情，表现性格，解决问题，充分发挥唱腔的作用，而且不该唱的就不唱，到节骨眼上该唱了，一唱就唱个够，这时候作为一个歌唱演员有充分发挥的余地，观众听起来也就更能得到艺术上的满足。比如《算粮》中王宝钏在酒席宴前责问父亲嫌贫爱富那段唱词，长达三十六句，《满床笏》中沈后劝驸马郭暖也是一气连唱四十句，而《明公断》中秦香莲见皇姑一场加上同皇姑的对唱，竟达五十八句之多。这就要求演员必须有一副好嗓子，还要在唱腔上下一番功夫，才能运用自如吸引观众。所以为什么晋剧能出现那么多有唱工的好演员，这恐怕是一个重要的原因。""她有一副清澈圆润的嗓子，又掌握了行腔运调、吐字传神的技巧，她是继承程玉英别有风味的'嗨嗨腔'，又增添了她唱腔上的色彩。她到北京不久，凡是看过她戏的，都喜欢听她的唱，只要她一开口，大有余音绕梁，三日不绝之势。她分别在《算粮》《含嫣》《明公断》中饰演三个不同性格和遭遇的妇女形象。《算粮》中的王宝钏，虽是出身贵族，却是一位贫贱不移、有胆有识的女子，她在责问父亲逼她改嫁那一段唱儿中，唱得真是落落大方、慷慨陈词、不卑不亢、情真理直，实在令人敬爱。《含嫣》中的刘雪梅则是一个虎口余生、孤苦元告的弱女子，她在丈夫韩枚被官府抓去、自己避居花母家中、深夜不能入睡挑灯独坐时的那一段慢板，唱出了她愤懑凄怆、辗转反侧的心情。你真忍不住要与她同声一哭。最精彩的还是《明公断》中秦香莲见皇姑那一场，一出马门则放第一腔，就举座皆惊，人声如潮。之后每唱一句你可以感觉到人们都屏着呼吸，真是鸦雀无声。只要一落腔，观众的议论又像海浪一样，此起彼伏，几乎代替了丝竹的伴奏。这一段唱词也写得特别精彩。如：'别看她锦衣盛装多娇艳，转眼间春日去柳败花残。别看我荆钗布裙衣素淡，却好似雪里梅花耐霜寒。'这些是非常生动的句子。等她唱到'她富得为什么贵？我贫得为什么贱……你休仗人多势众威风八面，这威风吓不住我秦香莲！'这时观众的掌声突起，犹如裂帛碎玉，震荡心田。岂止痛快淋漓而已，我们已不由自主地被这位不畏权势、正义凛然的妇女形象所吸引，同时也被王爱爱的唱腔迷住了。我不知道当年晋剧在毛毛旦以前的万人迷究竟是个什么样子，我想也不过是这样的境界！"（《中国青年报》原载 1961 年 9 月 22 日）

常芝青在《逗人喜爱的一朵花 —— 谈谈晋剧青年演出团在京公演以来的一些观感》文中说："王爱爱的唱腔，大家非常欣赏。用真嗓（本音）来唱，吐字比较清楚，情感比较饱满和逼真，也比较容易结合表演，这是晋剧唱腔的一个特点，是好传统。"（《光明日报》原载 1961 年 9 月 10 日）

华粹深在诗中称赞青年团：

古树新枝茂，秋来赋远征。

京津初告捷，声誉动九城。

在北京的岁月是难忘的，这是山西戏剧史上一段具有历史意义的演出纪录。如今半个多世纪过去了，九进中南海的辉煌成为山西省晋剧青年团的荣耀。

这九进中南海指的是：山西省晋剧青年演出团进怀仁堂演出 5 次，紫光阁演出 2 次，国务院小礼堂演出 1 次，外加 1 次联欢。

在京演出期间，中央领导观看演出，请青年演出团的演员做客，在中南海进行了联欢活动。青年团演员们与中央领导一起唱歌跳舞，一同欢乐，最后还参加了丰盛的晚宴。晚宴之前，有几个演员分别为中央领导清唱，王爱爱清唱的是《见皇姑》中秦香莲的一段唱"包相爷他与我讲说一遍"。

最令王爱爱激动的是，联欢时，毛主席走到演员们中间来，和他们亲切交谈。当问到王爱爱多大年纪的时候，由于毛主席说的是湖南话，当时头脑激动得有些发晕的王爱爱，光是兴奋地笑和大家一起拍手，耳朵嗡嗡的什么也听不见，这时，站在她旁边的牛桂英赶紧告诉毛主席说："她十九了。"毛主席拍拍她的肩膀，说："好好学。"

那个场面实在是太激动了，她不敢相信这是真的，如同在梦里神游……伟大的领袖毛主席！全国人民敬爱的毛主席！她除了激动，什么也不会说了，太幸福了！这是王爱爱人生中最难忘的记忆了。

当时，留给王爱爱深刻印象的，还有朱老总的棉袄。当戏演完了，朱老总上台接见演员时，他身上的棉袄有好多补丁，演员们都亲切地笑了，那么高级别的国家领导人，居然穿得这么朴素！朱老总的棉袄上，领口、袖口、口袋全都打着补丁，这让剧团的演员们惊讶不已，再看看自己身上，穿着剧团给每人新做的棉衣，比朱老总的还好呢！由衷地感到自己作为新中国的一名文艺工作者是多么的幸福和自豪，国家领导人如此平易近人，幸福的笑容荡漾在每一个人的脸上。

去北京前，剧院统一给青年演出团 108 个演职人员新制作了服装，每人一身毛蓝布的衣服，布料比现在的牛仔布的布纹略粗，男同志是上衣和裤子，女同志是上衣和裙子，这身衣服就成为山西省晋剧青年演出团员的标志。团里人穿着挺神气，外人也容易认出来，所以，时任北京市市长的彭真对中南海站岗的士兵说："看见穿毛蓝布的就往进放，那是我们山西的演员。"

彭真市长这句亲切的话语，代表着多少山西籍老干部对家乡人民由衷的热爱之情！这其中就有傅作义，他于 1895 年 6 月出生在山西临晋县（今临猗）安昌村，戎马一生，名声显赫。作为国民党高级将领，他积极响应中国共产党提出的"停止内战，和平统一"的主张，于 1949 年 1 月 22 日对外宣布《关于和平解放北平问题的协议》，31 日北平宣告和平解放，毛泽东主席曾评价他说："你是对人民有大功的人！"

这位慈祥的老人，曾经的著名将军，把青年演出团的年轻演员们当成自己的孩子一样，经常和他们在一起，又说又笑，开心不已。那时，剧团的演出地点在吉祥剧院，傅先生经常在开演前和演出结束后去后台看看演职员。有一天，团里的演员们远远地看见老将军来了，高兴地喊着："傅老！"傅老先生高兴地边抬头答应边上后台的台阶，一不小心摔倒了，身边的工作人员慌忙上前搀扶，老先生挥手笑着说："没事，没事。"下来迎接的人们赶紧将他迎到后台，他马上被正在化妆的穿服装的演员们团团围住了，大家关心地询问摔着没有，那份真诚朴实、充满真切的关心，让老先生很温暖，他深情地望着这些来自山西家乡的年轻人，百感交集，自己多年在外一直追求革命，不能经常守在家乡亲人的身边，在他心中始终挥之不去的，就是那份魂牵梦萦的故乡情。

老先生用自己的方式款待家乡人。他在人民大会堂宴会厅为青年演出团安排了宴席，请来了北京各界的名流为家乡戏捧场。老先生激动地举着酒杯高声说请大家多关照他家乡的孩子们。质朴的语言，真诚的情感，说得在场的演职人员心里热乎乎的、眼睛湿润润的。他把家乡戏看成宝贝，只要有空就到剧场看演出，他希望北京人民喜欢山西，喜欢山西的戏曲。演出结束后，老先生和大家一起合影留念。

这次晋京演出，令山西青年演员们眼界大开，他们当中很多人都是第一次进北京，看见什么都新鲜好奇，没有看见过富丽堂皇的高楼大厦，更别说能进高档宾馆去吃高级的饭菜了。彭真市长给予山西青年团很高的待遇，山西的这些年轻人给山西人在北京争了光，他在北京的华侨大厦宴请了青年演出团的年轻人。

华侨大厦建成于 20 世纪五十年代，是当年"北京十大建筑"之一，集历史传承与文化元素为一体，散发着独特的魅力。由周恩来总理提议建造，陈毅元帅亲笔提书"华侨大厦"四字。这座承载着丰厚中华文化的大厦，主要是接待政要贵客，以及海内外华人华侨的，青年团演职员们享受了一次贵宾待遇。

那天演出结束后，大轿子车把演员们接到了华侨大厦。餐厅里洁净明亮，演员们十人一桌坐好，领导简短讲话之后，服务员们给每人分别端上来一小碗很精致的面条，用惯了大碗吃面的山西人，看着这些精致的陶瓷小碗，纷纷欣赏了一番，两三口就把碗里的面吃完了。接下来，每人一个包子、一个饺子、一个小馒头，大家又很快吃完了，等着上菜，但是，没有了。这就是一顿饭？很多人疑惑地问。饭是吃完了，可是人们都坐着不走。青年演出团团长方冰说："孩子们，起来走吧！""不！"演员们七嘴八舌地回答。"咋了？"团长又问。"我们还没有吃饱了。"很快，晋剧青年演出团的演员们没有吃饱的消息传到了彭真市长的耳朵里，"没有吃饱？快！快！赶紧再上，再上！"彭真市长的叮嘱很快变成行动，服务员们又端上来大盘炒菜和馒头。这下，大家伙可是实实在在地吃饱吃好了，笑着站起来往餐厅外面走。王爱爱回忆起当时的情景时笑着说："那会儿，我都快20岁了，可就是那么单纯。吃不饱？团长叫站起来走，就是不走，'我们还没有吃饱了呢'。哈哈！"王爱爱开心地笑了起来。

可见，当年这些从山西太原去首都演出的青年演出团的演员们有多么质朴、多么实在，也足以说明，当时我们国家的经济还不是很发达，人们能吃上一顿饱饭好饭就已经是最高的物质生活享受了。

晋京演出成功了，演员红了，见了世面了，还正赶上了迎接国庆典礼。彭真市长设法让全团人员都登上了天安门观礼台，演员们能比较近距离地看见毛主席了，这简直跟做梦似的。天安门前的广场上人山人海，到处红旗飘扬，欢腾的人们，欢呼声响成一片。这些难忘的经历，永远地印在青年演出团演员们心里，他们那年轻的心，激动地跳动，"我们有多少贴心的话儿要对您讲，我们有多少热情的歌儿要对您唱。千万颗红心剧烈地跳动，千万张笑脸迎着红太阳，我们衷心祝福您老人家，万寿无疆！"置身在这欢乐的海洋里，有什么能比这样幸福的时刻更令人兴奋和快乐呢？王爱爱陶醉在幸福里。

进中南海演出《打金枝》那天，周恩来总理观看了演出。周总理是全中国人民敬重爱戴的好总理，他的威望很高，鞠躬尽瘁，日理万机，和蔼可亲，平易近人。当《打金枝》演出结束后，周总理上台接见演职人员，演员们都站在前排，排好队整整齐齐地等着领导接见，周总理上台后，先不和演员们握手，而是先跟舞台两侧乐队的演奏员们握手，然后再和演员们握手，并让请出后台的全体工作人员，于是，后台管服装的、管灯光的这些平日里都在幕后默默奉献的工作人员全都走出来了。周总理说，"你们今天演出的效果非常好！这个好是怎么得来的呢？是他们这些幕后英雄扶持你们，你们的戏今天才能演好。所以说，我要对这些幕后英雄道一声：辛苦了！"在场的人都激动得热泪盈眶。周总理，他把平日演出在舞台后面观众看不到的工作人员都请出来，并向他们表达敬意，真是伟大的总理啊！总理考虑得这样全面周到，在场的演职人员都激动地鼓起掌来。王爱爱回忆起这些，禁不住对周恩来总理充满深深的敬意。

往事如烟。60 年前晋剧青年演出团的成功经验，传承了三代青年团，基本上每过 20 年左右剧院就成立一个青年团，培养一批青年演员，每一批演员中都有几个出色的青年新秀，使得晋剧艺术得以发扬光大。传承发扬 20 世纪六十年代青年团成功经验，是山西文化艺术工作取得成就的法宝。

首先，挖掘整理传统剧目，使晋剧传统剧目通过重新加工整理，古树开新花，旧貌换新颜。用改编的经典剧目培养青年，既保留了剧目，也出了人才，是一条可行之路。60 年的实践证明，经过专家加工修改过的传统剧目，重塑了人物性格、调整了人物关系、重新创作了唱词，经过优秀演员的演唱，能够代代相传，如，王爱爱演唱的《含嫣·采桑》《算粮》《明公断·见皇姑》《金水桥·绑子上殿》等剧目的经典唱段，传唱至今，从 20 世纪传唱到 21 世纪。改编剧目得以保留，新人传唱代代辈出。继承传统经典剧目，排演改编剧目，取其精华，去其糟粕，老剧目焕发新光彩是成功经验之一。这次晋京演出的《小宴》《杀宫》《算粮》《明公断》《含嫣》《金水桥》《打金枝》等，剧作家唱词写得精彩，演员唱腔动听优美，才能使之得到观众喜爱，流传至今。

其次，剧院建立了导演制度，所有剧目都经过导演重新排导，他们给演员启发，有些导演甚至亲自示范使演员得以模仿。当时剧院著名的导演有刘元彤（见第五章第四部分）、赵步颜、董新良、沈毅、温明轩等，《小宴》《算粮》由董新良导演，《含嫣》《明公断》由刘元彤导演，《杀宫》由温明轩导演，形成了良好的编导演合作机制。

其三，青年演出团组建之始，各表演行当就很齐全，"三大门"（青衣、须生、大花脸），"三小门"（小旦、小生、三花脸）都有比较突出的优秀演员。关键是须生和小生，还有比较突出的男演员，丰富了演出剧目，改变了民国以来晋剧女演员演唱须生较多的艺术现象。女演员扮演小生、须生，其弊端就是有些只能男演员才能胜任的剧目，由于男演员缺少使剧目也失传了。青年团培养了一批优秀男演员，也为演出现代戏培养了人才。

其四，迎进来送出去，邀请全国其他剧种的著名表演艺术家来山西授课，同时，把团里有潜力的青年演员送出去进修。如，聘请京剧著名"四大名旦"之一的尚小云先生为青年团演员授课，收徒弟 8 名，王爱爱是其徒弟之一。聘请川剧表演艺术家邓渠如等专家来剧院教学。1964 年，王爱爱嗓子长了小结，去北京治疗嗓子的同时，顺便到中国音乐学院进修近一年，使她在演唱方法上受益终身。

其五，非常注重加强青年演员们练功，艺术指导"丁牛郭冀"每天分别带上自己的徒弟们进行重点辅导，使晋剧艺术不同的艺术表演流派后继有人。为了丰富演出剧目，提高表演水平，还向兄弟剧种学习经典剧目，如，向陕西阿宫剧团学习《打神告庙》，向川剧学习《射雕》《放裴》，向京剧学习《武松打店》《罢宴》，向蒲剧学习《观阵》《挂画》等。有些剧目在全国不同剧种都有演出，青年团都分别学回来在剧院内部进行展览演出，比较研究，选择最适合晋剧的剧目进行排练演出，这种科学的艺术学术态度，可以说是比较超前的，如《断桥》，当时就演出了好几个剧种的版本，最后确定移植京剧剧本。这些学习移植剧目，均经过艺术再加工，使之更具有晋剧剧种的特点，因此，积累和丰富了一批晋剧保留剧目。

其六，晋剧青年团是一个样板，带动了全省剧种的发展。1960 年成立的这个晋剧青年演出团，在山西戏剧史上占据了重要的地位。它是中华人民共和国成立以来山西省成立的第一个青年剧团，是一个剧种、剧团、人才、剧目等各方面均成功的典范。推陈出新，培养新人，在这两个方面成绩是最为显著的。它的成功经验、艺术价值和影响作用是巨大的，给山西戏曲界的影响力是深远的，使晋剧得到了很好的继承，并发扬光大。山西晋剧成立青年团，在全省带了一个好头，起到了示范作用，山西的其他剧种也相继成立了青年团，使山西各地的剧种得以繁荣发展。至20世纪八十年代，经全省戏曲剧种普查，发现山西有56个剧种，成为全国剧种最多的省份。这与多年来对戏曲人才的培养、剧目的推陈出新密切相关。

这种成功经验，传承到20世纪八十年代，省晋剧院又成立了青年演员培训班，简称青训班，传承1960年晋剧青年团的成功经验，出人、出戏，还把晋剧带出了国门。

新时期以来，面对市场经济的冲击，多元文化的影响，文化体制的改革，戏曲面临着新的考验。省晋剧院又组建了第三代青年团，一批朝气蓬勃的青年演员，站在了历史的潮头。就在戏曲院团面对生存，遇到发展瓶颈的时刻，国务院2015年颁发的国办〔52〕号文件《关于支持戏曲传承发展的若干政策》，被戏曲界人士形容为"戏曲的春天来了"。晋剧事业，得到进一步传承发展。经2016年全国地方戏曲剧种普查数据平台统计，山西晋剧有85个剧团，居全省剧种之首。山西的戏曲剧种、剧团、从业人员，仍然位居全国之首。所以说，1960年青年团的成功经验，对山西戏曲和省晋剧院影响深远。

最后，是青年演出团的台风非常好，演员们做戏极其认真。毛主席说过：世界上怕就怕"认真"二字。毛主席在1948年与《晋绥日报》编辑谈话时曾讲到边区晋剧团的演出，以剧团"认真做戏"勉励编辑要学习剧团认真做戏的精神，认真办报，报纸才能办好。说明任何事情，只要认真去做，就没有做不好的。

山西省晋剧青年演出团九进中南海，包含了演出、联欢等不同的艺术活动。这在山西戏剧史上史无前例。

王爱爱在北京演出期间，观摩了京剧表演艺术大师梅兰芳先生等表演艺术家的演出，目睹京剧艺术大师的表演风采，京剧艺术的大气、讲究，让她在感叹之余增添了对晋剧表演的信心。王爱爱是一个很用心的人，经常回味琢磨观摩过的优秀剧目，这些潜意识里的艺术积累，逐渐地被她吸收到演唱艺术上，这种不断进取的精神，贯穿了她一生。

　　王爱爱与恋人、青年团小生演员刘惠生，在演出之余，两人得空时，也会上北京的大街转商场游览名胜古迹，虽然院团管理严格，出去玩得不多，但是，皇城墙下，留下了他们青年时一起走过的足迹，抬眼望去，古都显得那么神秘，让一对恋人对生活充满了美好的憧憬和向往。

汾河流水哗啦啦

　　1962 年，王爱爱在北京电影制片厂拍摄的电影《汾水长流》中，演唱了电影主题曲《汾河流水哗啦啦》，1963 年电影一上映，她演唱的这首歌曲就成为脍炙人口的流行曲。如今，60 多年过去了，这首歌就像它的歌名一样，仍然"汾河流水哗啦啦"，广泛流传，成为经典。当年唱戏已经唱得出了名的王爱爱，又因演唱了电影歌曲，名气更大了，从山西唱向了全国。这是她艺术人生中第一次为电影配唱插曲，也是人生中的一个机遇。

　　《汾水长流》是根据山西著名作家胡正同名小说改编的黑白电影，故事说的是 1954 年在全国农业合作化运动中，党支部书记依靠党团员和贫下中农，智斗不法分子，教育了落后分子，取得了斗争的胜利。电影的主题曲《汾河流水哗啦啦》由著名词作家乔羽作词，著名音乐家高如星作曲。关于请谁担任这部电影主题曲的演唱者，机遇选择了王爱爱。这部反映山西故事的电影，有人提议主题曲最好由山西演员来唱，能唱出山西味儿来。王爱爱是一名晋剧演员，自然比民歌演员演唱得更具有浓郁的山西味儿，这是影片想要追求的艺术效果。果然，电影一上映，她演唱的这首民歌就迅速流传开了。

这首歌共三段歌词：

汾河流水哗啦啦，

阳春三月看杏花，

待到五月杏儿熟，

大麦小麦又扬花。

九月那个重阳你再来，

黄澄澄的谷穗好像是狼尾巴。

九月那个重阳你再来，

黄澄澄的谷穗好像是狼尾巴。

夸的是汾河好庄稼，

喜的是咱们合作化，

千家万户一条心，

集体思想发新芽。

新家那个新业新天地，

再不困守那单门独户旧呀旧篱笆。

新家那个新业新天地，

再不困守那单门独户旧呀旧篱笆。

打开小门旧篱笆，

社会主义前程大，

一马当先有人闯，

万马奔腾赶上他。

人心那个就像汾河水，

你看那滚滚长流日夜向前无牵挂。

著名作曲家高如星先生

　　王爱爱唱得质朴清纯，嗓音甜美清脆，非常生动，她那带有浓郁晋剧韵味的歌声，独具特色，与电影剧情完全融合为一体。这首歌也成为我国民歌演唱者喜欢演唱的一首歌曲、民歌学习者的一首教学曲目，几代歌唱家都进行了不同的演唱，风格各异。依山西人的欣赏趣味来看，还是王爱爱演唱得最有地域特色，为人称道。在王爱爱从艺50周年纪念演唱会上，当她再次唱起了这首《汾河流水哗啦啦》，台下观众与台上艺术家产生共鸣，全场随着王爱爱的手势，共同高唱《汾河流水哗啦啦》，场面非常热烈壮观。

　　《汾河流水哗啦啦》的作曲是著名作曲家高如星 (1929—1971)，山西兴县人。1929 年高如星出生在晋西北的兴县，兴县是革命老区，是人民生活比较贫穷的地方。在这块贫瘠的土地上，却蕴含着丰富的民歌资源。高如星从

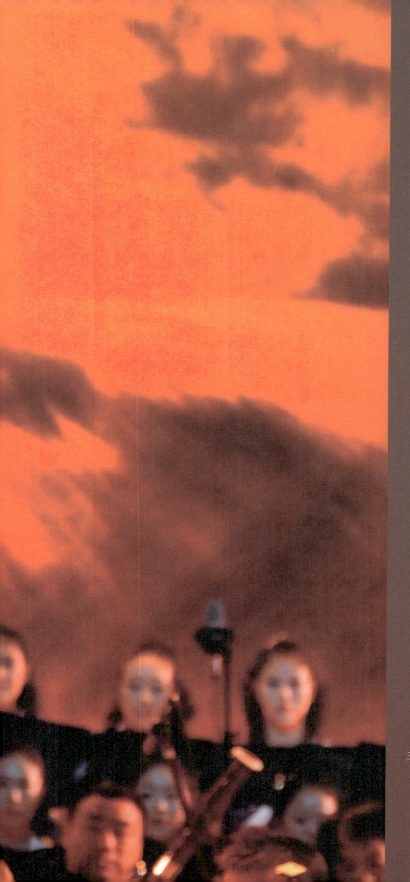

王爱爱演唱《汾河流水哗啦啦》

小就会唱很多民歌，他不仅记得民歌的歌词，还记得同一首歌词几种不同的音调、几种不同的唱法。这种音乐土壤滋养了他，成为他宝贵的精神财富。1944年，14岁的高如星参加了一二〇师"战斗剧社"。1953年，随总政歌舞团以解放军歌舞团名义出访苏联和东欧各国。后在八一厂工作，写了《柳堡的故事》《汾水长流》《江山多娇》《回民支队》《野火春风斗古城》等20多部电影音乐。24岁写的《柳堡的故事》电影插曲《九九艳阳天》，1962年创作的《汾水长流》电影插曲《汾河流水哗啦啦》，传唱至今。

王爱爱与高如星因电影《汾水长流》有了一次难忘的艺术合作。那是1962年的一天，她第一次见到高如星，只见他穿一身军装，非常精神，微笑着说让她为一部正在拍摄的电影《汾水长流》演唱主题曲《汾河流水哗啦啦》。王爱爱挺惊讶，说自己是唱戏的，没有唱过歌，还说自己不识简谱，高如星说，没关系，咱们试试看。并给她介绍说，这部电影以山西农村为背景，歌曲要突出山西的地域文化特色，王爱爱是唱晋剧的，具有独特的音色，最符合歌曲的音色要求。虽然王爱爱应承下这项工作了，可心里还是有点打鼓。高如星就一句一句地教给她唱，可是当她来到北京电影制片厂录音棚正式录制歌曲时，走进录音棚看到坐着100多人的大乐队，顿时心里就发怵了，依她自己话说就是"头就炸了"。她紧张地跟高如星说："高老师，我一看见大乐队就头晕得不行了。哎呀，这么大的乐队，我咋地就给插进嘴了？"（意思是她不知道什么时候起唱）。高如星和蔼地说："你不用看乐队，看我。你看我的手势就行了。"王爱爱就站在高如星的对面，看着他的手势唱，他给她拍着节奏，让她知道什么时候起唱，什么时候停顿，就这样，终于完成了录音工作。王爱爱如释重负。

王爱爱的演唱完全是真嗓子，好像一块未经雕琢的玉，纯净质朴，与电影里面人物纯纯的精神面貌高度一致。

这次为电影《汾水长流》演唱主题曲的唱歌录制经历，留给王爱爱的是一次崭新的艺术体验，重要的艺术启迪，使她从多年唱戏的演出状态，体会到了唱歌的感觉，特别是，晋剧的音乐伴奏是以"四大件"为主（晋胡、二弦、三弦、四弦），而歌曲是以如此庞大的西洋乐与民乐伴奏，气势如此恢宏，使她感到既新奇又紧张。她对这种大型音乐伴奏的艺术演唱形式懵懵懂懂，顾不上享受歌曲创作的美好和其他，只是想着怎么能圆满完成演唱。这种电影歌曲的演唱方式，对王爱爱后来的影响是与日俱增的、深远长久的。

戏曲演员的唱念做功夫很费嗓子，唱段多，晋剧调门又很高，G调或者升G调，王爱爱能唱到A调。如果演员嗓音条件不是高音，演唱起来吃力得很。而主要伴奏乐器晋胡又是钢弦，琴师拉琴时手指是戴着手帽的，否则手指受不了。那么，如果琴师有表现欲的话，他使劲拉，观众会感觉晋胡（也叫呼胡）在和演员赛高低，演员娇嫩的肉嗓子，怎么能比得过金属做的钢丝弦呢？戏曲不同于歌曲，不是唱一两首歌就下场了。戏曲演员唱念做打都要有，又唱又说又表演，一出戏好几个大唱段是家常便饭。戏曲院团又经常下基层演出，经常是露天舞台，演员迎风冒雪，一个台口不是7场戏就是9场戏，主要演员的戏不能不唱，超负荷演唱，嗓子疲劳充血，感冒也得唱，这是戏曲演员最繁重的工作。王爱爱这个时期的演出很多，嗓子疲劳也得不到休息，渐渐地嗓子出现不适。

由于过度疲劳、超负荷工作，1964年王爱爱的嗓子出现了问题，声带长了小结。对于本身嗓子天赋条件这样好的青年名家，嗓子出现了问题，文化局和剧院的领导给予充分关怀，送她去北京治疗。省文化局局长芦梦对王爱爱说："既然去北京了，治病之外，没事就到中国音乐学院听听课，学习学习。"并给她开了介绍信，她可以选择任何老师的音乐课旁听。

在中国音乐学院学习近一年，回到剧院，通过这段时间聆听不同老师的授课，她在发声方法、气息训练、唱歌技巧和演唱技巧方面，都开始尝试学以致用。通过医学治疗，嗓子得到了恢复，演唱也讲究了科学性。这个时候，她的戏并不多。一是政治大环境的影响，使她这个地主家庭出身的子女不能演主角。二是她怀孕了。真是天意，老天让她的嗓子得到了充分的休养，使她娇贵的金嗓子得到了保护。对于王爱爱的一生来说，这段时期没有超负荷地演唱，没有在嗓子没有得到恢复就继续演唱，是"不幸中的万幸"。

声乐训练很讲究方法，讲究科学发声，很多著名歌唱家，例如，刘秉义、吴雁泽、蒋大为、叶佩英、于淑珍、邓玉华、李谷一，等等，他们即使年龄大了，但音质丝毫没有受到影响，登台演唱，气息饱满，声音洪亮。说明声乐发声的确是科学的，正确调节共鸣位置是很关键和重要的。不讲究演唱方法的人，不到60岁声音就沙哑了。

用声乐的科学发声方法唱戏，这一点，对王爱爱的启发非常大，影响很深。当时在中国音乐学院旁听的时候，对有些音乐理论的领会不一定立刻到位，有些仅仅是一听而过，但后来她慢慢悟到了不少。从音乐学院回来后，尤其是在排演现代戏时，她在唱腔上就明显受益了。

例如在现代戏《龙江颂》中她饰演的江水英，基本上每场戏都有唱段，有些甚至都是大唱段，很累，而且音乐唱腔设计调门很高。怎么唱？气息如何控制？注意哪些技巧？等等，她都能从以前的无意识状态变为有意识状态，自己主动思考演唱方法。在唱段结尾处音调往高走，越走越高时，她提前控制好气息，保持演唱位置不变，如"让革命的红旗插遍四方，插遍四方，插遍四方！高高飘扬！"她就很注意运用丹田气，头腔共鸣，科学发声，很好地控制气息，她发现，注意演唱方法控制好气息的结果是，唱腔的高音部分轻松地上去了，而且唱出来的声音还非常圆润好听，声音很有穿透力。如果像以往那样完全凭真嗓子用力唱，时间长了必定唱坏嗓子。她这些主动的、有意识的探索，都是她在中国音乐学院学习了声乐课程之后，对她晋剧演唱艺术产生的重大影响。

不知道有多少人都惊叹羡慕王爱爱有一副银铃般的金嗓子，都认为是她爹妈给的，唱不坏嗓子是人家的本钱好。实际上，戏曲演员长期超负荷使用嗓子，怎么能不出现问题呢？戏曲演唱必须借鉴声乐科学发声，进行有益结合才行，这是王爱爱从中国音乐学院学习后最大的心得。她总结出一条，学

王爱爱演出剧照

唱戏必须先学科学发声！这一点极其重要！后来她把这种科学方法运用到了教授徒弟和学生们的演唱上，运用到了戏曲唱腔教学的实践中。她自身更是受益者，如今80多岁了嗓子依然清脆甜美，这就是最好的例证。

《汾河流水哗啦啦》，具有独特韵味的民歌，在歌曲中包含有晋剧的音乐元素，王爱爱的歌声独具特色，甜美迷人，成为20世纪六十年代的流行歌曲之一，直到今天依然是专业民歌演员和业余歌手们，以及戏曲演员经常演唱的曲目。在民间就更加流传广泛了，特别是在新时代建设中，山西注重打造环境优美城市建设，多年不见的汾河水又欢快地流淌起来，人民生活环境得到了极大改善，这首《汾河流水哗啦啦》的歌声，更加成为文艺晚会的首选曲目。王爱爱经常也被特邀出演，这首代表歌曲，她唱得清澈清丽，那纯净的音色，与新时代中国社会主义建设是如此的贴切吻合，她纯朴的歌声，是时代的歌声，更是人民的心声。

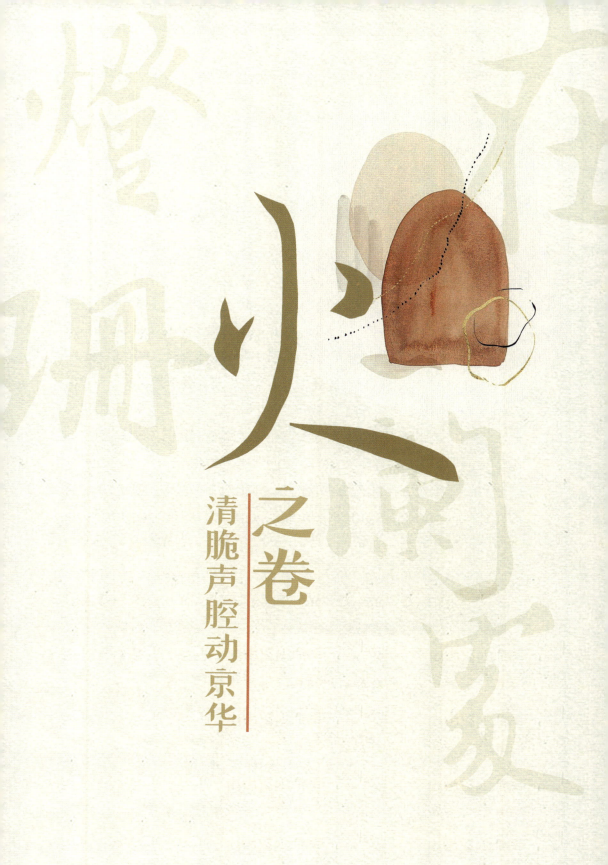

火

之卷

清脆声腔动京华

精彩《含嫣》

　　1961 年 9 月 7 日，山西省晋剧青年演出团在北京市工人俱乐部演出了根据传统剧目《梵王宫》改编的历史剧《含嫣》。

　　这出戏以元末红巾军起义作背景，说得是在春光明媚的清明时节，含嫣随着嫂嫂到郊外踏青，遇见年轻英俊的猎人花云，彼此产生爱慕之情。但回家后得知，她的异母兄长耶律速为求河防提举的职位，竟将她许配给宰相的弟弟、年近五十的都御史做妾，含嫣严词拒绝。耶律速骄傲蛮横，我行我素，还欲霸占韩枚之妻刘雪梅为妾。含嫣为了摆脱家庭的专制，追求自己的幸福生活，与花母设计，让花云乔装刘雪梅，乘坐迎亲花轿混入耶律府中与含嫣相聚，并惩处了耶律速。在农民起义的风暴里，含嫣跟随花云任凭前途风波险，比翼齐飞共翩跹。

　　王爱爱在剧中扮演刘雪梅，一个勤劳美丽的年轻少妇。这个人物属于配角，虽说戏份不多，但是在第五场《传信》有一段刘雪梅相对较长的唱段。

　　（导板）一阵阵风掠残烛烛影儿摇晃，

　　（平板）一声声村犬狂吠得这人心慌；

　　　　　　一重重愁与恨好似那潮水涨，

一串串泪珠儿打湿我的布衣裳。

孤灯独对遣不去满怀惆怅，

惦念夫君寸断了百结离肠。

我丈夫被抓去治黄，

谁知他今夜晚宿在何乡？

他身上衣单少遮挡，

怎敌这春寒透骨凉。

（夹板）闻说河上苦，

苦楚非寻常；

河工十余万，

背井又离乡。

（二性）夜来露宿无营帐，

纵横枕借道路旁；

日头未出皮鞭响，

驱入泥沼终日忙；

贪吏如虎复如狼，

层层克扣饷与粮；

饿死累死就地葬，

尸骨堆成河堤长。

（流水）我丈夫吉凶祸福难设想，

只落得俺魂梦两茫茫。

可叹我命中多魔障，

偏遇着元贼起不良。

耶律速太狂妄，

调戏民妇礼不当。

有理该向何处讲，

谁又能与我拿主张？

由于王爱爱的嗓子好，唱腔有特色，时任省委书记的王谦看了《含嫣》演出后，认为还可以让王爱爱再多唱一段，建议让编导再给王爱爱加一段唱腔，于是剧组编剧们赵步颜、王辛路、陈志昂集体创作，赵步颜执笔，段成明作曲，又增加了一段"四月里南风吹动麦梢黄"的唱腔，这段唱腔一唱而红，流传至今，成为王爱爱的经典代表唱段之一：

（平板）四月里南风吹动麦梢黄，

妇女们把蚕养双手攀尽陌上桑。

（夹板）看起来庄户人与那春蚕一样，

也不知为谁辛苦为谁忙。

蚕生才如蚁，蚕成两寸长，

（二性）早晚长厮守，移箔避热复避凉。

（十三咳）喜蚕肥，忧蚕瘦，盼得是蚕儿长，

蚕眠人不睡，蚕饥人更忙。

好容易新蚕把簇上，

抽丝织锦顶皇粮。

只有那朱户豪门添锦绣，

谁见那养蚕的人儿换新装。

老天生人何两样，

贫的贫富的富太不应当。

闷悠悠过荒庄，

手提竹篮穿羊肠。

猛抬头桑田在望，桑田在望，

望绿树成荫排成行。

排成行要把那日光遮挡，

我只得挽起袖儿多采桑。

王爱爱在《采桑》中饰演刘雪梅

《采桑》这场戏的作曲是段成明。段成明说："当时我是测了王爱爱的音高的，王爱爱的声音特别高，比一般演员高，能达到高音 A，我就根据王爱爱的嗓音创作了这段唱腔。现在，好多演员达不到她声音的高度，演唱时候有的地方就省略了，不唱了。比如，'四月里'的'四'字装饰音就不唱了，直接就唱主旋律。所以，王爱爱的唱是有她的音乐特色的。'四月里'这个唱段的成功，汇聚了很多人的心血，千锤百炼，才锤炼成了现在的'四月里'。

"剧本创作上，是赵步颜、王辛路、陈志昂同志集体创作；音乐创作上三个人，张沛同志写《挂画》《洞房》两场戏，李守祯同志写《射雕》一场，我写《采桑》一场。

"省委王谦书记特别重视，省政府王中青副省长亲自抓，宣传部江萍副部长专门找我们谈话，鼓劲打气。江部长说：'写唱腔就是要当好电焊工，要焊得光溜、无痕。'领导的关心，给了大家无穷的力量，几个人的合作又是那样的默契，这就使得创作有了成功的保障。

"那时，我才 30 多岁，年轻气盛，领导给了任务，别提多么高兴，不睡觉也要把它完成好。晚上，我反复默诵唱词，脑海里闪烁出一幅幅画面——四月艳阳、麦浪滚滚、杨柳成行、桑杏点头，好一派田园美景呈现在眼前。顿时，四月里……那优美的旋律喷涌而出。我一鼓作气，趁热打铁，通宵达旦，洋洋洒洒，一挥而就。音乐语言里，我还糅进了晋剧'十三咳'和祁太秧歌《卖烧土》的音调，使整段唱腔更加新颖别致，优美动听。当我洋洋得意地唱给赵步颜同志审听时，他却提出：'猛抬头，桑田在望'这句唱词的曲调一定要往上扬，牵一发而动全身。从头再来。这下，可难坏了我。晋剧音乐是以民族徵调式为主的多调体系组成的，其曲式结构多以下行为主。而且，旋律在进行中，终止或半终止中用咪音很少。戏曲本身的程式很严格，但又不是僵死的、一成不变的，写唱腔不是旧瓶装新酒，也不是填词，写唱腔是写人物、写情、写环境了，要大胆创新，突破过去的一些传统模式，于是，就出现了现在的唱腔。整段唱腔反反复复，修改了五六遍才成了今天的'四月里'。

"现在，社会上流传的'四月里'至少有四五个版本，有管弦乐伴奏的，有电声伴奏的，有混合乐伴奏的，等等。仁者见仁，智者见智。应该说各有千秋，出发点都是出于对这个唱段的热爱。但万变不离其宗，都没有脱离开'四月里'的影子。可见，'四月里'这个唱段影响之深。50多年前写的曲子，至今并不落伍，证明这个唱段艺术精湛，意识超前，演唱到位。

　　"创作是艰辛的。这个戏是集体创作的，赵步颜写出唱词来，王辛路、陈志昂润色，他们的唱词写得好。我负责把唱词变成立体的、有声有色的唱腔。"

　　戏曲是综合的艺术创作，编剧、导演、音乐、舞美，以及剧团的领导，他们都是幕后英雄，他们在幕后默默地付出辛劳，无私奉献。在当今热唱"四月里"的时候，不知道有多少人能够想到那些为之付出辛劳的词曲作者和幕后英雄呢？

　　王爱爱那甜美的"四月里"唱腔，给首都观众留下深刻印象，《北京晚报》评价她："嗓音清脆嘹亮、字正腔圆、婉转动听。几段唱腔的不同变化，丰富了角色的性格，也深深地激动了观众的心。"（《北京晚报》1961年9月10日《青年演员身怀绝技，表演细腻生动 —— 晋剧《含嫣》同观众见面》）

　　一个演员成功的因素有很多，除了艺术天赋和个人努力奋斗之外，还有一个外部重要条件，就是有领导的支持与关爱，尤其是专家型领导的关心爱护。在王爱爱的艺术成长过程中，遇到的最令她难忘的省级领导之一就是德高望重的省委书记王谦。王谦对青年演出团的每一位演员、导演等基本上都能叫上名字来，对王爱爱也不例外。他非常关注山西晋剧的未来，关注青年演员的成长，在刚刚成立晋剧青年演出团的时候，他就对晋剧以"丁牛郭冀"为代表的这些艺术家说，让她们把精力放在辅导青年演员上，把舞台留给孩子们，就是希望年轻人能够有更好的环境和条件，尽快成长。

　　王谦是人民群众称赞的好领导，他努力弘扬中华民族优秀传统文化，对我国优秀传统戏曲文化了解深刻，在排演《含嫣》时，他到场观看，不但在

山西省原省委书记王谦

工作上给予支持，还对戏曲非常内行。如，他说，刘雪梅是贫穷人家妇女，她的装扮既要符合剧情又不能太华丽，更要使人物立在舞台上给观众呈现出一定的审美感受。因此，针对刘雪梅穿什么服装的问题，剧团做了9件衣服请省委书记王谦选定，最后，确定穿青衣褶子，风格内敛，既端庄又大气，既素雅又不华丽，既符合剧情又端庄美丽，非常漂亮得体。再如，有一天，青年团彩排《杨门女将》，王爱爱扮演柴郡主，她穿着素花帔刚一上场，王谦书记就说："错了错了，孩子，快回去换衣服！你的衣服穿得不对，你应该穿团花的，柴郡主可不能穿这个。"

王谦不光是在艺术表演上给予指点，他在演员的艺术修养上也给予启发，他跟王爱爱说："孩孩，演戏不要计较你是站的了他是坐的了（意思是演员排名谁靠前谁靠后），有时间多读点书，和有文化的人在一起，慢慢地你也就提高了。"领导语重心长的话语，王爱爱记在了心上，以后，每天读书一个小时，努力提高自己的文学素养，她读了巴金的《家》《春》《秋》，以及《红楼梦》等，从中找到人物形象及性格塑造艺术表现手法。老领导关怀青年演员成长的事例有很多，这就是 20 世纪五六十年代老一辈领导人的文化素养，令后人敬佩不已！激励了晋剧青年一代的幸福成长。

王爱爱成功的外因还有一个就是艺术环境和老师的培养。

王爱爱说，牛桂英老师给她认真抠"四月里"这段唱腔就好几个月，从人物性格上进行分析，从吐字归韵上反复强调，从表演上细说，不厌其烦。比如一个出场的动作，她说："爱爱，你那是着急甚了？跟着人家后边？"王爱爱明白了，这是批评我出场太急，她忙说："噢，再跟得慢点。""爱爱，你咋不上了？等甚了？"牛桂英慢腾腾的话音又响起来。王爱爱感觉自己就掌握不住、拿捏不好，到底应该怎么表演呢？她弱弱地问道："牛老师，甚会儿就行啦？"牛桂英说："听音乐的。"王爱爱答应着："噢。""快上哇。"牛桂英又催她快上场了。王爱爱谈到牛桂英当年对自己的教导，说："牛老师总是笑眯眯的，从来不生气，你要是再来不了（即表演不符合她的要求），不搭理你了。"从王爱爱回忆中看来，老演员也有她自己的一套教学方法，就是她让你自己去悟，半天了你还是悟不到，那她就让你自己慢慢琢磨琢磨再说吧，绝不脸红脖子粗地训斥徒弟，这或许是艺术大师的一种教学风范吧，抑或是牛桂英性格的一个特点吧。总之，牛桂英慢腾腾的个性，遇到王爱爱虚心虔诚，师徒对脾气。

牛桂英在王爱爱唱腔的吐字归韵方面，是狠下了功夫的，牛桂英的辅导使王爱爱的演唱走上规范化的道路，克服了榆次方言，吐字归韵讲究，达到了吐字清晰，字正腔圆，韵味淳厚，这些对她最终形成"爱爱腔"起了重大作用。当然，在气息控制方面，在科学发声方面，与王爱爱后来去中国音乐学院学习有非常大的关系。

在音乐板式的严谨性与行腔的规范性方面，当时省晋剧院有一大批音乐作曲家，遇到创排新剧目，有时还不断地从省歌舞剧院、省音协外请，这些作曲家在王爱爱演唱方面分别给予很大帮助，教她熟悉简谱，在演唱上要求她严格按照谱曲上的标注完成演唱，使她受益终身。

牛桂英在王爱爱唱腔道白方面的严格要求，使王爱爱的吐字归韵日益规范，音乐家为她普及乐理知识，使她的音乐素养得到提高。在表演艺术上王爱爱也取得了极大的进步，这主要得益于我国著名导演刘元彤先生对她在表演艺术上的精心指导。

刘元彤（1924—1997），男，汉族，1924年3月15日出生，天津市人。著名导演。中国戏剧家协会会员，剧协山西省分会第三届副主席，省文联三、四、五届委员。中共党员，曾任晋绥平剧院导演、研究员、总政文工团舞蹈队副队长、京剧团艺术室主任、中国京剧四团导演，山西省晋剧院艺术导演组副组长、青年团副团长、山西省文化局副局长等职务。离休后，任省文化厅艺委会副主任、省京剧团名誉团长、省剧协戏剧艺术咨询委员会主任、省老文学艺术家协会副主席、梅兰芳研究会副会长等职。

刘元彤投身戏曲艺术事业的经历丰富多彩。他11岁（1935年）入北京富连成科班学戏，拜京剧艺术大师梅兰芳为师。学艺有成，1936年参加北京童伶选举获银盾、银牌，名传京城，在京剧舞台上站住了脚跟。

1945年受进步思想影响参加了革命文艺工作。先后在晋察冀抗青联宣传队、张家口市实验京剧团任宣传股股长，后来转战晋西北，到晋绥平剧院等团体任职，直到解放战争全国胜利后重返北京。先后在总政文工团、中国京剧四团任职，1949年获得第一野战军颁发的人民功臣奖章。20世纪五十年代末调到山西参加组建山西实验剧院，并担任了剧院导演组副组长。青年团建立后，兼任了副团长。但他主要工作一直未脱离戏曲导演事业。由于他有京剧表演艺术深厚而扎实的功底和丰富的舞台实践经验（曾主演过百余出京剧剧目），为他从事戏曲导演工作奠定了坚实的基础。数十年来他导演过的京剧剧目有《三打祝家庄》《武大郎之死》《乾元山》《铁弓缘》《秋江》《岳云》《闹龙宫》《打焦赞》《猪婆龙》《岳飞夫人》《红线盗盒》《孟丽君》

著名戏剧导演刘元彤先生

等多部。其中，有的剧目参加过国际艺术节交流演出。1954年他随演出团赴罗马尼亚、波兰、捷克斯洛伐克演出，1955年随中国艺术团赴越南演出。他和他所导演的剧目分别获得罗马尼亚三级"金质星勋章"、波兰"银十字勋章"、捷克斯洛伐克奖章和第五届、第六届世界青年联欢节金奖。

来山西工作后，导演过（或参加加工整理）晋剧《水母娘娘》（牛桂英主演）、《出水清莲》（王爱爱主演）、《含嫣》（田桂兰主演）、《崔秀英》（杨爱莲主演），以及《玉堂春》《明公断》《三疑计》《杨广逼宫》《杀楼》《走山》《火焰驹》《穆桂英挂帅》《凤台关》《陈三两爬堂》《下河东》《罢宴》《见皇姑》《望江亭》《春江月》《江岸别妻》《红娘子》，还有现代戏《红灯记》《龙马精神》《六十一个阶级弟兄》《芦花淀》《烽火中的三代》《三上桃峰》等众多剧目。其中，《芦花淀》获省调演导演二等奖，《崔秀英》（闺趣·上轿一折）获文化部首届导演文华奖。

他除执导过众多晋剧剧目，还执导过耍孩儿《在法律面前》，获 1992 年省现代戏调演导演奖；另一台耍孩儿剧目获全国"天下第一团"调演导演奖。此外，他还为夺取"梅花奖"的晋剧演员田桂兰、郭彩萍、高翠英、王万梅，蒲剧演员武俊英及京剧演员李胜素等参赛剧目进行过表导演加工工作。

由于他在戏曲表导演艺术上取得的突出成就和在全国戏曲界的影响，1991 年、1992 年分别受聘为全国中青年京剧演员电视大奖赛评委及梅兰芳金奖大赛评委。1992 年获"山西省优秀文艺工作者"称号和其他先进个人称号。

刘元彤对戏曲理论亦颇有研究，除在省内外刊物发表过《试论戏曲表演心理技术的基本法则》《谈谈山西梆子与皮黄戏》《科班生活漫谈》等数十篇文章外，还在山西、北京、内蒙古、四川、湖北等地艺术院校和表演艺术团体讲授表导演专业课，对培养一代戏曲新人作出公认的贡献。[摘自《山西省晋剧院院志（1952 年–1992 年）》]

刘元彤是一位表、导演艺术精湛，艺术素质深厚的著名导演，他从北京总政调到山西后，为山西戏曲事业的发展作出了重要的突出的贡献。王爱爱每谈到刘元彤导演对自己的艺术指导，都心怀感激之情。1997 年刘元彤先生不幸病逝后，王爱爱在纪念文章《怀念我尊敬的导师》（收入《刘元彤戏曲文集》）文章中写道：

吃水不忘挖井人。领我进入神圣的更高一级的艺术殿堂的人，就是我的恩师——著名的戏曲表演艺术家刘元彤先生。他已离我们而去，但是他的音容笑貌却时时出现在我的脑海中。

我是 1960 年从晋中地区剧团调到山西省晋剧青年团的。我从小地方来，看到那么多好演员名演员，使我既高兴又紧张，兴奋的是我有更多的机会向

王爱爱与刘元彤先生合影

他们学习，紧张的是自己的水平不高，不知怎样才能演好戏，就在这时我遇到了恩师刘元彤。

《含嫣》是刘导演给我导的第一出大戏，我在剧中扮演刘雪梅。当时只知道唱而不知道怎样做动作，端着花篮站在台上光唱不动。刘导演就说："你这样可不行啊，山西梆子好比民歌，你在那里采桑就要有歌有舞。"于是，他为我设计了一套动作，可是当时我连水袖云步都走不好，刘导演就手把手地教我，一遍不行，两遍、三遍，不厌其烦。从戏曲演员怎样招手，水袖双抛应该多么宽，一指一比从胸前开始打到多远才合适，凤冠霞帔端带两个手心距离间隔多远才美，太宽太窄都不规范，一一进行指点。从这时起，我才真正懂得了戏曲艺术的基本动作，也就是从这时起，我才真正开始迈向新起点的。那时刘导演就告诉我："不要为了演戏而演戏，要多看些书，多写日记，写心得，自己多揣摩。"我遵从刘导演的教导，便开始写日记，一直坚持到现在。每次演完戏都要回顾当天的演出，自己觉得今天演得好，好在哪里，哪些地方还差一些，应该怎样改进……

我的恩师从小学京剧，富连城科班"元"字辈学员，1935年11岁拜师梅兰芳先生，戏曲功底非常扎实，演出过很多梅派剧目，艺术造诣很深。后来又当导演排过不少戏，获得过国际大奖。我能得到刘导演的指导真是三生有幸！

20世纪60年代，省晋剧院青年团演的《含嫣》《明公断》《小宴》《杀宫》《算粮》进京演出，由于刘导演对主要演员表演动作都做过加工和指点，这些戏在北京一炮打响，获得了空前的演出效果。我们九进中南海演出，我们还为毛主席演唱了晋剧选段；在京期间，先后为首都观众演出了近百场戏，不仅使我们得到了锻炼，也让我们大开了眼界。刘导演领我们拜见了京剧界的许多老前辈、名师，让我们观摩他们的演出，这是我们第一次走出娘子关，接受京剧国粹艺术的熏陶。

刘导演虽然是京剧起家，但是来到山西后一直为晋剧排戏，其中，如《水母娘娘》《含嫣》《出水清莲》《红娘子》《崔秀英》《春江月》《教子》《下河东》等剧目，无一不贯穿着戏曲改革的路子。他导演的戏，我们演员心里最清楚也最佩服。他的艺术追求就是在保留晋剧好的东西的基础上，剔除糟粕，让演员在演出中发挥最大的能力，将人物刻画出来，达到让观众赏心悦目的效果。他曾经对我们说过："戏剧的生命在于演出，而演出的中心则是靠演员的表演"；"舞台是表演艺术的验收台，观众的眼睛是标准的公平秤，你的表演是否是戏曲的路子，是否离格，明眼人一看便知。"在他排的上百出戏中，从剧本的选择到演员的表演、音乐布景的运用，刘导演都要求做到精益求精。改革开放后刘导演为我排了《出水清莲》，这出戏剧本写得好，艺术难度较大。首先，他要求音乐创作人员根据剧情创作全部唱腔，把传统曲牌进行再加工再处理，使之更加悦耳动听。其次，他要求演员在舞台表演上必须随音乐的节拍做好唱念动作，这样使演员在舞台上表演也必须随音乐的节拍做好唱念动作。这样使演员在舞台上的表演具有节奏感，从而充满动感、美感，这是以往晋剧所没有的。在排戏的过程中他为我们设计了许多优美的动作，甚至小到丫鬟、书童的一招一式他都十分讲究。

改革开放后我承包了剧团，经费和剧本短缺。就在这时，我拿着一个名叫《绣花女传奇》的越剧剧本找到已经离休的刘导演，他非常高兴，很快就看了剧本，并对我说："这个剧本是南方的，还不完全适合北方戏，咱们晋剧是以唱念见长的，把它改编成适合晋剧的本子，怎么样？"我真是高兴极了。刘导演马上在改本子上下功夫，改成了《春江月》，由原来的一本改成两本，使故事情节更合理感人，颂扬了我国古代妇女善良、智慧的美德和自我牺牲的精神。刘导演又为主要演员编写了新的唱词，在人物的刻画上更充实饱满。在这出戏里，我扮演柳明月，由于年龄的跨度大，从天真烂漫的少女演到含辛茹苦、饱经磨难的妇人，把一个忠良后代抚养成人。刘导演为我设计的是先"花旦"后"青衣"，虽然表演风格不一样，但是这样的跳跃转变却过渡得顺畅、自然。这出戏里生旦净末丑各种行当都有戏，而且都抓人。这出戏成了我们剧团的"保留戏"，无论走到哪里演出，观众都要点这出戏。我现在深感遗憾的是，当时我们经费十分紧张，只是象征性地给了刘导演一点补助，我很不好意思，可刘导演拍着我的肩膀说："爱子做个好演员我就满足了！"

刘导演对艺术的执着追求对我影响很大，在我的艺术生涯中始终以刘导演为榜样，苦苦地追求，不断地进步，逐渐地领悟到艺术的真谛。刘导演不仅是我艺术上的导师，还是我生活中的慈父，做人的楷模。记得"文革"期间我和刘导演一家住邻居，我那时因出身问题，被打成"黑五类"子弟，情绪很低落。可刘导演和师母像父母一样慈善地对待我，那时我刚生了孩子，孩子把他家的床单尿湿了，他们把孩子抱开换了地方坐，一点也不嫌弃，真是亲如一家。而刘导演对待那场运动的态度又使我从心灵上得到了启发和教育。刘导演被"打倒"后住进"牛棚"，他白天挨斗，到晚上在昏暗的灯光下看书学习，就好像白天什么事情也没发生过。他家被抄了两次，把他的西服撕了，皮鞋砍成两半，但是他却十分坦然，不埋怨群众，也不记恨谁，从他脸上从来也看不到悲观失望的样子，造反派要他交代问题，是他的他就说，对于别人的事从来不说。在那个极"左"的年代能坚持做到正直是多么不容易呀！从他的所作所为我看到导演对共产主义的坚定信念，他相信党相信群众，在他的影响下，我也坚定了信念，把嗓子保养好，偷偷练功，将来还要为广大观众唱好戏演好戏。

刘导演是一个讲良心的艺术家，他给我们说戏从来都是无保留地，耐心地，许多动作三番五次地教，直到他认为满意为止。他爱惜人才，爱护演员，不论大演员小演员他都一样对待，而且他是各种行当都教，都精通。我爱人刘惠生是武生演员，刘导演为他排了《含嫣》《杨广逼宫》《三打祝家庄》《三岔口》，将京剧的优秀剧目移植到晋剧中来，使他的戏路和技艺有了很大的扩展和提高。

刘导演是个参加革命多年的老文艺战士，从他身上我们也经常感受到老八路的作风。记得我们第一次去北京演出，和贺老总一起吃饭，刘导演将我们领到贺老总桌旁，把我们一一介绍给贺老总，大家谈笑风生，我们从来没有感受到过这样的亲情。1963年刘导演带领文艺小分队到五台山体验生活，我爱人刘惠生也去了。刘导演带着二十几个年轻人，走进深山村落，为老百姓演出，现在看来应该算"文艺扶贫"了。刘导演走到哪里就宣传到哪里，办板报，访贫问苦，到了五台山尊重宗教信仰，与宗教界人士开座谈会，了解情况，学习佛经知识。演出时告诉演员不要演《双下山》，处处注意党的政策。小分队在五台山老区转了两个多月，刘导演始终与演员们同吃同住同劳动，他那老八路的作风和忘我的革命热情，深深地感染了我们每个演职员工。

1995年，年逾古稀的刘导演又担任了山西省参加全国中老年戏曲演员汇演代表团总导演。规定参赛剧目每个演员15分钟，刘导演为我们22名参赛演员编排说戏，对他的敬业精神，我们演员很感动很受鼓舞。

这几年虽然看到刘导演渐渐地消瘦了，可是他精神尚好，尤其是一说戏就更是神采奕奕，然而我们谁也没有想到他会病倒，住进医院就再也没有好着出来。在刘导演住院期间，我带着我的学生去看望他，他还是像以往一样，问我最近干什么，要保护好嗓子，让我带好徒弟，多下乡演出。可我万万没想到这次探望竟成了诀别，他的谆谆教诲竟成了永远难忘的遗言！现在虽然党给了我很高的荣誉，观众又这样爱戴我，但我不能忘记恩师的教导，要按照邓小平同志的"人民需要艺术，艺术更需要人民"的教导，像刘导演那样，做一个人民的艺术家。

正如王爱爱所言，她遇到了著名导演刘元彤是幸运的。可以说，山西很多戏曲剧种经过刘元彤导演过戏的演员都是幸运的，如果不是时代的阴差阳错，如果不是刘元彤从北京调到了山西，山西哪里能有这样优秀的戏曲导演呢？

艺术是在不断否定中前行的。王爱爱的唱腔之所以动听，是因为她总在不断琢磨钻研自己唱腔。有心的观众可能会注意到，她早期演唱"四月里南风吹动麦梢儿黄"，与晚年演唱有细微区别，那是因为她在无意识中运行着一条成功的哲理，就是不断否定 — 肯定 — 否定 — 肯定，或许她自己并没有刻意去按照什么哲学原理去进行，但她在实际艺术演唱中，践行了这条轨迹。她的艺术人生轨迹就是两个字"钻研"。直到退休了，她还经常反复听自己的唱腔录音，琢磨在哪个地方再如何改变一下，不断尝试新的唱法，再听听观众的反响。这一点不能不令人感慨万千，当多少演员羡慕王爱爱唱得好的时候，有多少人能了解她对事业是怎样用心呢？钻研是每个成功者的共同特点，王爱爱比别人更用心。所以年轻演员要想取得事业上的辉煌，要想在舞台上绽放光彩，都应该像王爱爱这样，用心钻研，才能取得令人羡慕的艺术成就。按说，王爱爱早已经功成名就了，她的唱腔已经家喻户晓了，可是，她从来没有止步不前，她没有满足于已经取得的成就，还在不断地寻找演唱的不足，寻思改进的新唱法。这一点，不得不令人钦佩！

如果说王爱爱在 20 世纪六十年代的几出戏中，以及在早期的演唱中更多的是在使用真嗓演唱，使的是自己的本钱，凭借的是自己年纪轻嗓音冲的话，那么，到了中晚年，她更懂得在声腔上控制使用，根据剧情，阐释人物感情，唱腔轻重缓急的处理、拿捏，更加细腻讲究，跌宕起伏，使美丽的声音就像大海上的波涛，时而浪花翻卷，时而平静流动，气象万千。她演唱的每一个字，字头字腹字尾，清晰饱满，运腔圆润，字正腔圆，韵味绵长。

"爱爱腔"的演唱，最大的特点之一是气息的控制，绝对没有憋气演唱，使观众有喘不过气来的感觉，她每唱一句，都是气息平稳，运气充足，行腔稳健，大气磅礴，她这种"胸腹式呼吸法"，能保证声腔的平稳，拖腔的延长。尤其是她唱腔的气口，把握得相当好，什么时候换气，什么时候偷气，运用自如，让你听上去唱腔是那样的舒服惬意。

在王爱爱的潜意识里，她已经科学地使用了"四呼五音"。每段唱腔演唱到最后，收音干净利落，绝不拖泥带水，好比写文章，结尾总是有力一扫，余韵绵绵。

诚如原山西省文化厅副厅长、著名戏剧理论家郭士星先在《王爱爱流派艺术论》一文中，对其在剧目《含嫣》中代表性唱段"四月里"的评价："突破了传统格局和唱法，像在演唱抒情民歌，给人以新颖脱俗之感。尤其在处理长短句唱词和唱腔设计上，打破传统板式结构——'十三咳'直接转入夹板、二性，这样演唱起来有很大难度。然而经王爱爱巧妙演唱，使人感到清新自然，悦耳动听，像唱戏歌。难怪当年一曲'四月里'，响彻了省城，轰动了京城……"这段被专家肯定、受观众青睐的美妙唱腔，被公认为是王爱爱的成名之作，也成为"爱爱腔"形成的标志性唱段。

这段经典唱段，在山西民间广泛流传，在各种文艺晚会或者比赛活动中、戏迷票友大赛中，都有人在演唱。2015 年，在王爱爱举办的"爱爱腔"演唱艺术培训班上，王爱爱逐字逐句地为学员们传授，不断示范。她让学员们用手摸着她的腰部，感受她呼气、吸气、换气的运气方法，"四月里"的"四"字如何开口唱得响亮，口型如何保持不变，怎样咬字拖腔，不厌其烦地多次

2015 年 5 月 11—15 日，"爱爱腔"演唱艺术培训班（前排左四为王爱爱）合影

2015 年 5 月 12 日 "爱爱腔" 演唱艺术培训班，王爱爱手执晋剧乐器打节奏，辅导学员

示范，为学员们口传心授，悟性好的学员，应该获益匪浅。

王爱爱教导学员说：学戏是艰辛的，真正成为一名表演艺术家是不容易的。不光是能演戏，练功肯吃苦，还要静下心来多读书，读文学，读历史，演历史人物不知道历史怎么行？要会写人物分析，才能塑造人物形象，不能说光是长得漂亮，有个好嗓子就行了，站要有站样，坐要有坐样。你没文化，不懂历史，你演的人物就是苍白的。

时代在发展，社会在进步。在改革开放的今天，已进入融媒体时代，人们的艺术审美情趣、价值取向、精神追求都在发生着深刻变化，但是，对保护传承弘扬中华民族优秀传统文化艺术的精神没有变。一段动听唱腔的广泛流传，背后有为戏曲事业默默奉献的创作者，有出类拔萃的艺术家，有远见卓识的领导者，有热爱传统文化的广大人民群众。感谢那些无私奉献的幕后英雄，为他们送上最真诚的祝福！感谢时代的发展，造就了一代又一代优秀的戏曲表演艺术家。长江后浪推前浪，愿今后山西多创作出像 "四月里" 这样经得起时代考验的好作品。但是，像王爱爱这样里程碑式的晋剧表演艺术家，还不知道在多少年以后才会再诞生……

成功《算粮》

　　1961 年山西省晋剧青年演出团进京演出，有一台折子戏专场，由《小宴》《杀宫》《算粮》组成，这三出折子戏均由剧作家王辛路在演出团赴京之前改编，60 多年来，省晋剧院一直传承的《算粮》版本就是青年团赴京时王爱爱演出的版本，60 多年来盛演不衰。唱词是语言的结晶，唱腔是灵魂的神曲。王爱爱在《算粮》中饰演的王宝钏，在演唱风格和声腔韵味上，在情感表达和表现方式上，均准确刻画出了人物性格，唱得痛快淋漓，唱出了独特的艺术风采，甜美清脆，韵味悠长，观众听得十分过瘾。她在剧中表演细腻，朴实端庄，显示出王宝钏大家闺秀有主见有品格的风范。北京各大报纸纷纷报道，专家撰文给予好评。

　　屠岸在《看晋剧的三个小戏》文中说："《算粮》是另一部民间文艺的杰作。王宝钏名不见经传，但她在民间享有比著名的帝王将相更广泛的声誉。这是因为，她本身就是历代民间艺术家和广大群众共同创造出来的人物。古代的人民群众在王宝钏身上注入了自己的人生观、道德观和美学观。为什么《算粮》这一折如此受到欢迎？因为在这折戏里不仅王宝钏的性格和行为体现了古代人民的某种理想，而且这一切都是通过精妙的戏曲表达出来的。这里有戏，而且特别足。看戏看戏，无非是看人与人的关系，《算粮》一场，字字是人，句句是戏，无一废人，无一废笔。王允和夫人对宝钏的态度不同，三女儿对父亲和对母亲的态度也不同；苏龙和魏虎对宝钏的态度不同，三姑娘对大姐丈和对二姐丈的态度也不同；宝钏和平贵二人的心情虽同而心绪又不尽相同。这里，夫妻之间有矛盾，姐妹之间有冲突，亲戚之间有斗争（有的是内部矛盾，有的是敌对矛盾）。这些人物的关系在发展，占上风的逐渐变为占下风，占下风的再逐渐变为占上风。戏剧讲究'悬念'，它的运用却各有巧妙不同，或'明枪'或'暗箭'，争着去俘虏观众。有的剧作家把谜底放在袖筒里，到戏快结束的时候才抖出来，使观众如读侦探小说；有的剧作家一开始就把谜底公开给观众。《算粮》的作者属后一类，剧中人除王宝钏外全不知道薛平贵已经安全归来，但观众知道。大白脸一出场观众就知道他是坏蛋，戏曲脸谱的这种手法似之。向观众揭开了谜底，却使观众不知如何看到谜底，于是他们不得不聚精会神地看下去，这才显示出作者的高明来，而我们的民间艺术家就有这样的本事。秘密在于：不仅仅是在写故事情节，而是在故事情节的发展中写出人物性格来，写出人物之间的关系来。《算粮》之所以受欢迎，就因为剧中人物特别是王宝钏的性格在吸引和诱惑着观众的心。

　　"王爱爱的唱功和做功有特色。她嗓子宽，嗓音甜润、嘹亮，当得起'悦耳'二字。她的唱腔师承程玉英那有名的'嗨嗨腔'，具有一种山西地方特有的委婉多姿的风格。她的表演朴素而动人，追求一种怨而不怒、熔蕴藉与奔放于一炉的调子。1956年我看过牛桂英演的《算粮》，她的王宝钏更为粗犷、'土气'。据说，后来牛桂英把王宝钏演成温文尔雅的大家闺秀了，理由是王宝钏原是相府千金。其实这个人物是古代人民（主要是农民）的创造，他们按照自己的样子塑造出来的形象，最好是不要去变动它。王爱爱演的王宝钏，特别在《算粮》的后半部，更多地保留了传统演法中的'土'气，是完全正确的。王宝钏一上场就情绪饱满、信心十足，向剧中其他人掩饰，却不向观众掩饰她内心的喜悦。等到她回寒窑去搬薛平贵的时候，这种情绪上升到更强的程度。临行前，她嘱咐丈夫说：'平郎，将你的帽子戴得端端正正的。再将你的衣裳穿得齐齐整整的。再将你这胡须捋得顺顺当当的。'演员说这些道白的时候，还通过眼神，既表现了对丈夫的深情厚爱，又表现了斗争前从容不迫的心情。到了相府，平贵问'这里也有你我夫妻的座位？'宝钏答：'老子养儿个个有份，有他们的座位就有你我夫妻的座位。他们是亲生的，咱们也不是那后娘养的！'她随即给平贵端来一张椅子，拂去尘埃，接着一口气把余灰吹净，头部随着吹灰的动作而转了一个小圈，演来自然清新而饶有风趣，又把人物心中胜券在握的那股劲儿充分表达了出来。词儿充满了'土'气，演员的表演风格也是'土'的，王宝钏这个人物却'土'得美，'土'得可爱。如果去掉了这些'土'气，就等于山西戏的地方色彩的消灭，而这对百花齐放是无妄之灾。"（原载《戏剧报》1961 年第 17、18 期）

张卉中、张忠孝采访王爱爱后，在《晋剧新葩 —— 访晋剧青年演出团的几位演员》一文中说："《算粮》这折戏，差不多许多剧种里都有。但山西中路梆子的《算粮》，更保有它浓郁的地方色彩和民间风味。看了这出戏，如饮醇酒，如品甘饴，后味无穷。在《算粮》中饰王宝钏的青年演员王爱爱，有一副甜润、宽亮的好嗓子，在唱腔上她师承程玉英极富韵味的'嗨嗨腔'，在做派上却接受晋剧名青衣牛桂英的衣钵。在表演宝钏与平贵出了寒窑前往相府的一小段戏时，王爱爱有一段极细腻的表演和极精彩的道白。王宝钏赶紧出窑来，帮她的'平郎'把'帽子戴得端端正正的'，'衣裳穿得齐齐整整的'，'胡须捋得顺顺当当的'。平贵让她摆弄得有点不好意思，用眼神瞟了一下观众对宝钏说：'人家要笑话哩！'宝钏把眼一瞟，抿嘴一笑：'家家都是如此，谁笑话哩！'打扮完毕，平贵刚要迈步，宝钏又把他叫住，亲切地给他弹弹肩上的尘土。平贵笑道：'少来厌气。'宝钏半娇半嗔地说道：'呀！呀！呀！看你说的那话！自古常言道得好来：官凭印，虎靠山，我们妇道人家凭得是你们男子汉，一十八年不在家中，今天回得家来，为妻我才厌气了这么一遭，你倒嫌我厌气哩!'后来到了相府,她看到平贵站在廊下,便说:'相府有座,坐了叙话。'平贵说:'相府有你我夫妻的座位么?'宝钏看看老娘笑着说道:'他们是亲生的(指大姐二姐夫妻),咱们也不是那后娘养的。'一边以很夸张的动作又吹又拂椅子上的灰土,并以眼视平贵。王爱爱说:'这时我心里的潜台词是说平郎,你看我对你多好啊!她告诉我,这段表演本是她师父牛桂英的拿手戏。在学这出戏时,她体会不了宝钏苦守寒窑十八载,与丈夫久别重逢的喜悦心情,感情上不来。师父一点一滴地教,并指点说:'爱爱,在前台就要舍脸,这儿你已经是王宝钏,按你王爱爱的性情演可不行。'现在王爱爱演这段戏,的确紧紧地把握住了一个民间妇女善良真挚的性格和感情。"(原载《光明日报》1961 年 9 月 10 日)

韩俊卿在《贺晋剧新花盛开》一文中说:"王爱爱有一条洪亮、甜润且富于表现力的好嗓子,尤其是她师承程玉英的'嗨嗨腔',在刻画这特定的性格感情上来得刚劲而轻柔,十分恰当。王宝钏在酒席上面对着冷酷无情的父亲,无耻的魏虎和将她百般羞辱的二姐,慷慨陈词,揭露申斥了他们的丑恶行径。"(原载《天津晚报》1961 年 11 月 12 日)

60 多年过去了,《算粮》不仅是"爱爱腔"的代表剧目,也是晋剧的经典保留剧目、全省戏剧院校的教学剧目,《王宝钏离寒窑自思自想》《二爹娘切莫要吵吵嚷嚷》是专业演员、戏迷票友争相学习模仿传唱的唱段。每到一个台口演出,必有此剧目,所以,山西民间有句谚语:"打不完的金枝,算不完的粮",足以说明这出戏有多么旺盛的艺术生命力。

《算粮》是晋剧传统剧目《回龙阁》中的一折,说的是王宝钏与其父王允决裂后,苦守寒窑十八年,其夫薛平贵从军归来,正值王允寿诞,王允及宝钏的二姐银钏、二姐丈魏虎劝其改嫁,宝钏引来薛平贵相见,并向魏虎清算征西路上克扣的粮饷,魏虎不允,平贵与之上朝辩理。

王爱爱在《算粮》中刻画的王宝钏,是一位忠于爱情、贫贱不移的名门

王爱爱在《算粮》中饰演王宝钏

闺秀。她与身居宰相高位、嫌贫爱富的父亲三击掌断情后，苦守寒窑一十八载，终于盼回来自己的丈夫薛平贵。剧中她有几段脍炙人口的经典唱腔，非常动听。她的表演朴实无华，含蓄细腻，塑造的人物性格准确恰当。这一天，趁老父寿诞，王宝钏与薛平贵相随回府算粮。开场王宝钏上，唱：

　　（平板）王宝钏离寒窑自思自想，

　　　　　　十八载真好似大梦一场。

　　（夹板）我只说夫妻见面无指望，

　　　　　　武家坡昨日回来薛平郎。

"王宝钏"三个字，唱得欢快、跳跃，唱出了王宝钏苦尽甜来、喜不自禁的激动心情。"钏"字正好是"言前辙"，"an"依字拖腔、"十八载真好似大梦一场"，"场"字是"江阳辙"，"ang"声音上扬，唱得轻松、爽朗，给人一种大梦初醒、如释重负的感觉。"武家坡昨日回来薛平郎"一句，"昨日回来"四个字用轻声演唱，边唱边对观众示意，她心爱的丈夫薛平贵昨晚可是回来了，那种无法掩饰的喜悦之情溢于笑脸，观众会心会意，此时，王爱爱唱得明快、活泼、俏皮、得意，"薛平郎"的"郎"字低回轻唱，甜蜜欢喜充分表现出王宝钏此时幸福、羞涩、激动、窃喜的复杂感情。

今日里爹爹寿诞我把相府往，

（二性）一为拜寿二为算粮。

行来在相府门用目观望，

（丫鬟上）唱：

小丫鬟迎接三姑娘。

这段脍炙人口的经典唱段，在很多晋剧演出活动场合，都会有人演唱。由于这段唱腔非常受观众的欢迎，是王宝钏一个人的唱段，需要演员单独清唱，于是在清唱演出中，就把小丫鬟的唱词"小丫鬟迎接三姑娘"改为"见相府修盖得金碧辉煌"，结束唱段。

王宝钏回府算粮，最心疼女儿的是她的老母亲，但是遭到宝钏父亲的冷遇，当二位老人为宝钏的事情争吵起来的时候，善良孝敬的王宝钏在此有一段精彩唱段。

（导板）二爹娘且莫要吵吵嚷嚷（唱二音）

"二音"是晋剧旦角特有的一种声腔，音调突然翻高八度，听起来又尖又细，有人形容这种唱法是"东方的海豚音"。为什么会有这样一种演唱，据老艺人讲，是因为过去晋剧旦角都是男扮女装，为了模仿女声，男演员就捏着嗓子学女声，众所周知，男女声线不同，那么男声学唱女声就感觉有些不自然，甚至有的演唱显得"一惊一乍"的，而且老艺人们演唱都是使用的假声，不如真假声混合演唱悦耳。随着晋剧的发展，演唱技术的提高，特别是晋剧吸收了声乐的发声方法后，逐渐过渡为真假声混声演唱。"二音"，既可表现悲愤急促的情绪，也可表现欢快喜悦的心情，此处主要是表现王宝钏内心的欢喜之情。王爱爱的"爱爱腔"的声腔特点是真假声结合非常紧密，融为一体，一般演唱听不出真假声，但"二音"的特殊性，决定了假声运用多一些。

（平板）儿也有不肖语诉说端详。

当年彩楼选夫郎，

都是爹爹你作主张。

你见那平贵是花儿样，

（夹板）反悔前言昧心肠。

席棚赶走薛平贵，

立逼孩儿另配才郎。

孩儿不从父不让，

（二性）你那时全不念父女情长。

为此事也曾三击掌，

儿甘愿寒窑受凄凉。

我夫妻虽贫穷甘苦共享，

我夫妻虽贫穷患难同当。

儿在寒窑受冻馁，

未要过相府的半升粮。

苦日月儿也能妇随夫唱，

常言道人穷志气强。

平贵降了红鬃马，

御封先行征西凉。

最可恨魏虎二姐丈，

屡次暗算把他伤，

平郎夫舍生忘死在疆场上，

魏虎贼冒功领赏昧军粮。

十八载你不管儿寒窑无粮饷，

十八载你任凭魏虎害忠良。

今日拜寿华堂上，

见面就逼儿另配郎。

难道说你忘却了当年击掌，

人各有志何相强！

你不看身旁有人居心不良，他毒如豺狼，

你不信你看我魏姐丈，

魏虎赶忙说："三姑娘，咱们是内亲！""旧服怎比新衣裳，"并劝其改嫁。王宝钏极其鄙视地"哼"了一声，接唱：

魏虎贼讲话不自量，

乌鸦竟敢扰凤凰。

低下头处自思想，

猛想起当年事一桩。

我父女席棚三击掌，

莫非又穿父的好衣裳。

我将这好衣裳与父宽下，

（流板）儿纵然穷死也不沾父的光！

王宝钏是一位性格刚烈的女子，绝不妥协。王爱爱演唱这一段时，唱出了王宝钏的烈女性格，难怪其父怨她"好一个烈性王宝钏！"她的二姐王银钏上前劝她道：

（夹板）嫁平贵原是你错打算，

（二性）哪里如姐姐嫁与魏左参。

你看我穿不尽的绫罗绸缎，

你跟上花儿平贵少吃无穿，破破烂烂受艰难。

咱的父疼爱你好言相劝，

你就该翻把罗裙穿。

面对父亲的冷淡，二姐的奚落，都劝她改嫁，居心险恶的魏虎甚至还想霸占她，王宝钏对此也进行了一番挖苦和嘲讽。此处，王爱爱有一段精彩的唱段：

（二性）他夫妻二人三番五次、五次三番把我劝，

倒叫我王宝钏好不耐烦。

暂去了怒容换笑脸，

你看你那珍珠翡翠在头上戴有多么好看，

红红绿绿在身上穿。

夸富贵打扮得花枝招展，

我看来好比那露水落在草上边。

来来来二姐姐呀，随妹妹咱们到那廊檐以下看，

你先看魏姐丈是哪一副容颜。

当唱到"好不耐烦"的"好"字时，王爱爱在此特别加重音量，延长了半拍，同时，一甩水袖，退后一步再上前，表现出王宝钏此时此刻对魏虎和二姐的厌恶，对世俗的蔑视，令观众感到真实真切。

接下来，王宝钏，连讽带刺地揭露了魏虎的丑恶嘴脸：

（二性）扎扎胡子鸥鸥眼，

且不论他的容貌好看不好看，

无德无才心不善，

全仗着阿谀逢迎、欺上压下他居高官。

（魏虎夹白：唉，糟蹋坏了！）

尘世上只有你见识浅，

（流板）再无人愿嫁魏虎那个狗官。

这一连串风趣诙谐，似唱似说，绘声绘色的演唱，刻画出了王宝钏不恋富贵、不慕荣华，清贫质朴、洁白无瑕的高尚情操。

王爱爱的表演风格沉稳端庄，这已经在观众心目中留下深刻印象。然而她刻画的人物并不是一个面孔，在不同剧目中，根据不同的人物身份和性格，她有不同的表演手段，这是她作为一名表演艺术家所具有的艺术造诣。如，当她唱道"武家坡昨日回来薛平郎"时，低头娇羞地用水袖轻遮面容，让观众理解了她此时的内心世界，感受到她夫妻俩昨夜晚已经团圆，此刻流露出的幸福甜蜜，观众会意地笑了，十分精彩！她的表演朴实无华、真诚可爱，尤其是与平贵出门去相府之前，春色满面、喜上眉梢，帮丈夫左打扮右打扮，扬眉吐气，神清气爽，把王宝钏内心的喜悦幸福表现得淋漓尽致。

王：平郎，将你的帽子啊，戴得端端正正的。

薛：帽子端正着哩。

王：把你那衣裳啊，穿得齐齐整整的。

薛：衣裳齐整着哩。

王：再将你那胡须啊，捋得顺顺当当的。

薛：胡须顺当着哩。

王：平郎再把你这……

薛：唉！我说你呀，少得厌气。

王：呀呀呀！看你说的那话。自古常言道得好来：官凭印，虎靠山，我们妇道人家凭得是你们男子汉。你今走了一十八年，今天回得家来，为妻我才厌气了这么一遭，你倒嫌我厌气哩？

薛：哈……闲话少说，你我相府算粮走啊！

王爱爱的这段表演生动鲜活，很贴近生活，她通过准确细腻的眼神、手势、身段、步态、道白，表现出王宝钏的嗔、娇、颦、喜，柔美的一面，把王宝钏含辛茹苦十八年、苦尽甘来的喜悦，刻画得入木三分。

戏曲程式，是来自生活又经过艺术加工的舞蹈性的夸张表演，这些看似

王爱爱演唱《大登殿》

重复、甚至繁冗的表演，实际上起到了画龙点睛的作用，将恪守清贫、乐观向上的王宝钏塑造得生动可爱，灵动鲜活。

每当人们称赞王爱爱演出《算粮》的精彩时，总会想到她的一段经典唱腔，那就是她晚年经常在文艺晚会上压轴清唱的一段《等的等的我做了皇后》。这段唱腔，而且非常见演员的演唱功力，节奏紧凑，技巧难度大，短小精干，适合晚会形式。唱词如下：

（紧流水）叩一头谢我主千千万万，

昭阳院封与我王氏宝钏。

猛想起二月二龙抬头，

打打扮扮上彩楼。

王侯公子我不打，

绣球单打平贵头。

绣球单打薛平贵，

薛家辈辈做王侯。

寒窑里受苦十八载，

等的等的我做了皇后！

这一板唱，节奏紧凑明快，要求演员口齿吐字必须清晰，气息控制必须均匀，因为快板越唱越急促，必须唱得又快又稳。王爱爱唱得奔放流畅，荡气回肠，气口和气息运用得科学严密，似高山流水，一泻千里。

"生活是艺术创作的源泉"，表演艺术家塑造人物，要想准确真实地表达人物的思想感情，必须对剧中人物有深刻的理解，必须对生活有深刻的体验，并善于把从生活中体验到的感情融化到表演艺术之中，王爱爱做到了，并能以精湛的表演技巧加以体现。

唱腔最忌讳的一个字是平，如果演员没有演唱技巧，只是一个调门高亢到底，声音疲惫不说，唱腔的丰富内涵也会被淹没在平淡的单调中。俗话说："文似看山不喜平"，唱腔亦然，有扬就要有抑，有张就要有弛，有快就要有慢，有实就要有虚，有放就要有收，跌宕起伏才能动听。虽然《算粮》中王宝钏这个人物的演唱基调是已经确定的，但不能整个唱段都是王宝钏的怒和述，她也有语气低沉和迟缓，也有轻声和顿挫，所以，分寸感的把握非常重要。

王爱爱的代表唱段，不知有多少演员在学唱，然而，为什么至今无人能超越她？除了她那独一无二、音域宽阔，声音甜美、清澈、清丽、清脆，如天籁一般动听的音色，还有她大气流畅、高低自如、跌宕起伏的演唱。声音天赋是老天的关爱，王爱爱无论演唱多么高的声调，她的表情从来不会因为音高吃力而变形，由于嗓子富裕，自然不必声嘶力竭。所以，她演唱时，始终保持微笑，仪态端庄。欣赏王爱爱的唱腔，是观众莫大的艺术享受。《含嫣·采桑》《明公断》《算粮》《金水桥》等这些 20 世纪六十年代王爱爱唱红了的经典剧目，成为"爱爱腔"正式形成的标志。

唱享《明公断》

　　拿什么剧目晋京展演打翻身仗？这是 1960 年山西省晋剧青年演出团成立后，领导思考的问题。

　　1959 年省晋剧院赴福建前线慰问演出团回途路经上海时，为正在此地召开的中央工作会议演出，山西籍的中央领导彭真等看了演出后，提出山西戏曲剧目陈旧、服装老旧、演员老化等问题，认为剧团是山西的门面，应该建设好。中央领导如此关心山西的文化工作，关爱家乡的戏曲，山西省委领导信心百倍，决心传承和弘扬好中华优秀传统戏曲，将传统戏进行改编，出一批优秀剧目。并决定在全省抽调一批优秀青年演员组成青年团，排演一批新剧目，培养一批新生力量，以崭新的面貌呈现给首都观众。于是，剧作家王辛路新改编的《明公断》应运而生。青年团在北京演出《明公断》时，领导安排秦香莲分别由三位演员扮演：李爱华演《告状》《杀庙》；王爱爱演《见皇姑》《铡美》；刘仙玲演《大堂》，以展示青年团的演出阵容。自从 1961 年演出此剧引起轰动之后，王爱爱演出的《见皇姑》成为她的代表剧目，剧中秦香莲演唱的《包相爷他与我讲说一遍》成为"爱爱腔"的经典唱段，剧目成为经典折子戏，一直

王爱爱演出剧照

流传至今，剧中几个人物的大段独唱和对唱，铺排顺畅，唱词优美，雅俗共赏。

《明公断》故事说的是宋仁宗时，陈世美考中状元，隐瞒家室被招为驸马。其妻秦香莲携儿带女赴京寻夫，陈拒不相认，竟派韩琪追杀母子三人。韩琪深切同情秦香莲母子的不幸遭遇，示香莲至开封府包拯处告状，后韩琪被迫自刎身亡。秦香莲怀抱恩人韩琪的钢刀去开封府向包拯诉说冤情，这时皇姑寻找驸马陈世美来到此地，秦香莲不卑不亢、据理力争，皇姑仗势欺人，包拯置皇家权势于不顾，将陈世美处死。此剧为青衣、须生、花脸应工戏。其中，《杀庙》《见皇姑》常以单折演出，经久不衰。

《见皇姑》一开场，众宫女太监簇拥着一脸怒气、身着凤冠霞帔的皇姑上场了，她满脸怒气地唱道："内侍回宫凶讯讲，包拯做事太猖狂"，左顾右盼急切地寻找驸马陈世美，"因何不见驸马郎？"于是，火气冲天地高声唱："内侍与我高声嚷——"，她那不可一世的皇家做派，盛气凌人。太监立刻一声比一声高地叫嚷："皇姑驾到！皇姑驾到哇！"皇姑气恼地继续嚷："快唤包拯上公堂！"太监接着叫嚷："包拯上堂啊！"这种皇家的气势和威风，使皇姑来到开封府大堂如入无人之地，伴以乐队武场锣鼓点的击打声，顿时使台上气氛骤然紧张起来。"王朝禀马汉传皇姑驾到！"由大花脸应工的包拯内应一声"候着"上场了，包公将如何面对皇姑的"兴师问罪"？能否顶住皇权的压力？秦香莲命运又将如何？引发了观众的好奇与期待。

历史上包拯是一位清官，他为民伸张正义，被百姓誉为青天大老爷，戏曲舞台上有很多包公戏。包公名拯（999—1062），字希仁，北宋合肥人。仁宗时中进士，由县令逐步提升为监察御史、天章阁待制、龙图阁直学士、开封府尹，以及枢密副史等职。死后谥号"孝肃"。包拯的官职并不算很高，政绩在当时也属一般。可是他刚正廉洁，执法严峻，不畏权势，因而在历史上留下了美名。早在北宋沈括的《梦溪笔谈》中就有对包拯的记载："包孝肃尹京，号为明察……天性峭严，未尝有笑容，人谓包希仁笑比黄河清。"后世官修的史书，对包拯有更为详细的记载。《续资治通鉴》中说："拯立朝刚严，闻者皆惮之，至于童稚妇女亦知其名，贵戚、宦官为之敛手。旧制，凡讼诉，不得径造庭下，府吏坐门，先收状牒，谓之牌司。拯开正门，径使至庭自言曲直，吏不敢欺……"正因为包拯是人民心目中的清官，所以关于他的传说也逐渐丰富起来。两百年后的元代，包拯的形象开始登上舞台。元杂剧中出现了很多包公戏，如《灰阑记》《陈州粜米》《盆儿鬼》《鲁斋郎》《蝴蝶梦》等，从不同角度刻画了一个有血有肉的清官典型形象。明朝时，为文人雅士所欣赏的传奇占领舞台，杂剧趋于衰落。清代随着地方戏曲的发展，包公戏又在舞台上活跃起来，最著名而广为流传的是佚名作者的《明公断》。现在舞台上，京剧《铡美案》和晋剧、河北梆子、评剧的《明公断》内容大同小异。这出戏之所以常演不衰，主要是包拯铁面无私、敢于对皇亲执法的正义行为，体现了人民的要求和愿望。

戏曲舞台上包公脸谱是黑色，因而被人们称为黑脸包公。他对皇姑的到来内心已经明晓："想必是与驸马来把罪消。她欲仗帝王家以大压小，怎知俺执国法不苟分毫。"早已成竹在胸的包公，面对皇姑的质问："驸马过府来议事，为何不见转回宫？"包公答道："开封府无有陈驸马，有一名犯官押牢中。"皇姑问："犯罪的官儿哪一个？"答："陈世美犯罪不可容。"包拯把实情直言相告，欺君昧婚入赘、不葬双亲、不认妻儿、追杀妻儿命，并说："似这样不忠不孝不仁不义的罪孽种，臣要将他正典刑。"皇姑听了一惊，顿时又气又恨，思想斗争激烈："如今若把香莲认，我皇姑做妾不好听；若还不把香莲认，包公执法无私情。"左右权衡之后，她把心一横，告诉包公"贫妇诬告有虚情"。皇姑选择了以势压人，包拯只得以退为进，唤出秦香莲与皇姑对质。于是，《见皇姑》中最精彩的一段戏展开了。

皇姑是高高在上的皇家金枝玉叶，秦香莲是生活在社会最底层的贫家妇女，两个身份地位极为悬殊的女人，因陈世美而阴差阳错地在开封府的大堂上展开了唇枪舌战。王爱爱四十七句酣畅淋漓的大段唱腔，成为晋剧舞台上60多年以来百听不厌的经典。

中国传统戏曲经典剧目，历来都是经过不断艺术加工才被锤炼成为精品的，《明公断》有很多剧种都在演绎，虽然内容大同小异，但是剧本都不尽相同，就是晋剧的《明公断》，程玉英版本与王爱爱版本也不相同。

从互联网上可以欣赏到晋剧表演艺术家程玉英在《见皇姑》中扮演秦香莲的唱腔视频，她演唱的唱词与王爱爱演唱的唱词基本不同。程玉英演唱的唱词是：

> 包大人请回二堂上，
> 不由得秦香莲我好伤惨。
> 走在堂口用目观看，
> 见一个，
> 五彩金车辇，
> 皇姑坐内边，
> 宫娥两旁站，
> 声势好威严，
> 她与庶民百姓大不一般，
> 皇王女打扮得妖艳难观。
> 油头粉面胭脂染，
> 自尊自贵惹人嫌。
> 她不过皇家的亲生女，
> 强盗为此变心肝。
> 皇家女不该把我夫霸占，
> 陈世美也是个无义儿男。
> 看罢她把我看，
> 我二人贫富不一般。
> 她好比八月十五月儿圆又圆，
> 我好比乌云遮月短半边。

她好比三春牡丹鲜又鲜，

我好比雪里梅花耐霜寒。

她在皇宫享尽人间的温和暖，

秦香莲携儿带女爬山涉水受尽艰难。

她虽是国王女威风八面，

这威风吓不住我秦香莲。

若不然上前去把礼见，

有一件比喻想心间。

昔日孤雁去求仙，

欲到西天把佛参。

飞了七天并七晚，

两膀无有力落在沙滩。

病鸿雁落在沙滩内，

从上游来了一只打鱼船。

打鱼的老公用目看，

又只见鸿雁落在沙滩。

叫声婆儿快快拢岸，

搭上扶手下了船。

这老公将雁儿忙拾起，

扭转回身上了船。

叫声婆儿回家转，

咱把这鸿雁下酒餐。

病鸿雁听此言落下了泪，

口儿里不住哭苍天。

陈世美好比打鱼汉，

秦香莲我好比孤雁落在沙滩。

早知道强盗不把我来认，

倒不如在原郡家下受贫寒。

下首不跪上首站，

她问我一声答她一言。

1961 年由剧作家王辛路改编、王爱爱演唱的《见皇姑》唱段，突出了秦香莲威武不能屈、贫贱不能移的志气。王爱爱十分欣赏这段唱词，演唱得格外感人：

（导板）包相爷他与我讲说一遍，

（平板）秦香莲放大胆走出堂前。

为伸冤顾不得抛头露面，

到如今出入公衙好不艰难。

站立在大堂口用目观看，

见一驾五彩金车辇，

—— 皇姑坐内边。

宫娥两边站，声势好威严。

她与那庶民百姓大不一般，

皇家女真好比锦簇花团。

（夹板）就因为皇家女权势赫显，

陈世美才为她变了心肝。

想到此止不住一腔愤懑，

（二性）贼强盗你可有半点心肝？

（垛板）想当年结发为亲眷，

也曾经相依傍共渡艰难。

孝公婆育儿女我别无心愿，

只盼你功成名就早回家园。

谁料想你贪图富贵把心肠变，

一朝得势昧前言。

反目成仇将我赶，

追杀逼命在古庙前。

亲生骨肉全不念，

恩情一旦化尘烟！

包相爷做主把冤枉辨，

当堂判了无义男。

皇姑仗势来翻案，

我今天要与她据理交言。

别看她锦衣盛装多娇艳，

转眼间春日去柳败花残。

别看我荆钗布裙衣素淡，

却好似雪里梅花耐霜寒。

她富，富得为什么贵？

我贫，贫得为什么贱？

她富得饱暖，我就该受贫寒？

她强得把人家丈夫霸占，

我弱得受遗弃历尽颠连。

她虽然施脂粉乔装打扮，

遮不住杀人刀蛇蝎心田。

我虽然衣褴褛蓬头垢面，

敢说是心地清白可对天。

你休仗人多势众威风八面，

（二性）这威风吓不住我秦香莲！

今日里我两家仇人见面，

管什么帝王家礼法尊严。

含悲忍愤一旁站，

（流板）她问我一声我答一言。

王爱爱的这一段唱腔，酣畅淋漓，脍炙人口，经久不衰！

开头一句导板没有音乐伴奏，静静地，王爱爱在内侧幕条缓缓唱出"包相爷他与我讲说一遍"，是充满悲伤、无比酸楚的音乐情绪，在"遍"字"言前"辙上，轻柔地依字拖腔，在装饰音上特别注意，沉吟轻唱，主基调是"慢"，拖腔渐弱展示出她不一般的演唱功力。接着，音乐缓缓加入，无可奈何的秦香莲随着音乐缓缓走到前台，唱 [平板]"秦香莲放大胆走出堂前"的"莲"字，依字拖腔重音润色，节奏缓慢，在中低音间行腔，凄楚悲凉，带出一丝愤懑。节奏非常缓慢，气氛低沉。

秦香莲为何不得不上堂与皇姑辩理？就因为皇姑是皇帝的女儿，所以，这个时候秦香莲的演唱由叙述性向抒情性转化，无奈中的她"为伸冤顾不得抛头露面"的"抛头"用了一个哭腔，重音在"抛"字，"遥条"辙，当重音唱完"抛"字，"头"字声音减弱，"露面"哽咽地轻声，"言前"辙，渲染出秦香莲惨遭不幸的内心痛苦。到如今不得不来到公衙上，真是"好不艰难"，重音在"难"字上运腔，让观众着实感受到了在封建社会，作为一个生活在最底层的妇女，不得已而为之的艰难困苦。瞬间，"站立在"三字甩腔，突然音色清亮高昂，"在"字是"怀来"辙，她依字拖腔，恰到好处地运用"咳咳腔"来演绎这段感情，婉转曲折的拖腔，有一泻千里的舒畅，情绪也由低沉凄凉，转为有包相爷做主的理直气壮。"用目观看"显示出她不畏强权敢于同皇家强大势力进行斗争的坚强性格。接下来"就因为皇家女"夹板和二性垛板，节奏由慢加快，一字一句地叙述了秦香莲的悲惨遭遇，控拆了陈世美的忘恩负义，派人杀妻灭子的罪恶行径。从心底发出了"贼强盗，你可有半点心肝"的强烈质问，"贼强盗"三字，王爱爱特意加强了力度，一字一句，字断音不断，对忘恩负义之人的质问，突出人物强烈的愤恨。"心肝"两个字后，又用了哭腔，既渲染了秦香莲对陈世美切齿痛恨的同时，又表达了秦香莲痛彻心扉，心灵深处遭受了刻骨铭心的打击和创伤。

接下来，秦香莲回忆起曾经美好的生活，音乐充满温馨，声腔充满柔情。（垛板）"想当年结发为亲眷，也曾经相依傍共度艰难。孝公婆育儿女我别无心愿，只盼你功成名就早回家园"的"回"字上的润腔，贴切地表达出秦香莲对丈夫的盼望和内心的期待。这段唱腔，旋律并不复杂，是秦香莲对以往幸福生活叙述，王爱爱唱得平稳轻缓，伤感辛酸，深刻地表达出人物内心怨而不恨的复杂心情，使观众在这娓娓动听的演唱中，理解人物的内心情感，尽享"爱爱腔"的独特之美。

"一朝得势昧前言"的"昧"字上，从幸福的回忆中猛然清醒，回到了残酷的现实，这里用了一个重音，强调了她在满腔希望破灭后，内心极度悲愤的感情色彩。秦香莲表现出一种傲雪红梅不畏严寒的气魄，她内心并不自卑，"别看我荆钗布裙衣素淡"，"这威风吓不住我秦香莲！"的"住"字，在此强调，发重音——上滑音"姑苏"辙，呼口音，王爱爱紧紧咬住字头，口形不变，字头字腹字尾，唱得字正腔圆，极其加重强调，是人物内心冲天的悲愤，强化的情绪渲染，这一句喷口极其有力，之前的大段情感叙述都集中在了这一句的表白上，"这威风吓不住我秦香莲！"的"秦香莲"三个字，充分表达出她对仗势欺人的皇家女无比的蔑视，是整个唱段的高潮，观众每每聆听到此深感痛快过瘾掌声如潮。

秦香莲与皇姑的对质唇枪舌剑，毫不妥协，整个唱段，润腔细腻，拖腔激越，刚柔相济，酣畅淋漓。唱出了秦香莲悲愤交集、满腔怒火的情感，唱出了秦香莲善良贤惠的品格，以及她饱尝艰辛、不畏权贵的坚强个性。最后以流板"她问我一声我答一言"，而且是"含悲忍愤一旁站"那么做事有分寸，这一句，塑造的秦香莲真是古代的一位贤惠无比的妇女，观众对陈世美的忘恩负义之举充满憎恨。这时的秦香莲，经过斗争后她坚韧的光辉形象在观众心中得到升华。

这段唱腔观众既是为秦香莲的铮铮铁骨叫好，更是为王爱爱那脍炙人口的演唱叫好。当年，1961年在北京演出，首都观众在此处热情喝彩，60年过去了，依然是每次演唱都得到观众掌声，说明，这个人物形象塑造成功了！

在接下来的戏中，观众在紧张情绪后，感受到一些轻松。当皇姑步步紧逼："见皇姑不跪为哪般？"秦香莲据理力争："我为正，你为偏，论大礼你该把我参。"观众笑了，那是看到气急败坏的皇姑理屈词穷、恼羞成怒的窘态会意的笑声。当然，观众也是对旧中国几千年封建礼制的嘲笑。旧中国国家的最高权力掌握在皇家手中，是"家"的社会，天下都是皇家的，哪有见了皇姑不跪之礼？但是戏曲中塑造的王宝钏以"家法"论制，论"家法"她是正房，皇姑是偏房，她是妻，皇姑是妾，所以，她站得正，见了皇姑不跪，反而说论大礼你应该来把我参，皇姑怒火中烧但又无可奈何。

皇姑眼见自己出面不起作用，赶紧派人回宫搬来国母，以更高权力来压制包拯。这里的戏层层递进，矛盾步步发展，国太利用皇权的威力压制包公，包公不畏皇权秉公办案，把国太的蛮横与包公的心理活动，展现到观众面前，十分生动：

国太　　驸马他把何罪犯，

　　　　为何拘留不放还？

包拯　　提起驸马臣未见，

　　　　只有个欺君罔上陈状元。

　　　　……

国太　　你纵然不看驸马面，

　　　　也该念皇姑在少年。

包拯　　为臣若把皇姑念，

　　　　谁替百姓鸣屈冤？

国太　　不念皇姑念本后。

包拯　　国太不可心太偏。

国太　　不念哀家念圣上。

包拯　　臣正是为主保江山。

国太　　皇家女婿你不能斩!

包拯　　王子犯法也难容宽!

国太看到说不通包公，提出跟他要驸马犯罪的证据，包公只得把秦香莲唤到堂前，哪知国太却仗势欺人，令宫人抢走秦香莲的一对儿女：

国太　　叫宫人!

　　　　将她儿女快拆散。

　　　　（太监拖冬哥春妹下）

冬哥　　妈!妈!

春妹　　妈!妈!

国太　　管叫你母子不团圆。

在这里，王爱爱的艺术表现从刚出场时的沉稳，表现为急切慌乱，情绪上有所变化。作为母亲秦香莲不能保护儿女，她又急又恨，痛恨夺走孩子的皇家，将希望寄托于包青天。

秦香莲　急得香莲心慌乱，

　　　　帝王家做事太凶残。

　　　　拆散我夫妻还不算，

　　　　如今又抢去我的女和男。

　　　　我拼着一死把冤喊!（击堂鼓）

　　　　（包拯上场。）

包拯　　你为何抢去她的女和男?

国太　　她的儿女我未曾见。

包拯　　王朝马汉快追还。（王朝马汉应下，拉冬哥春妹上）

　　　　国太!

　　　　休怪为臣把天颜犯，

　　　　将心比心你可心安?

国太　　将身坐在大堂口，

你不放驸马我不回还！

包拯　　一见国太脸色变，

倒叫我包拯作了难。

王朝！

王朝　　有！

包拯　　取过白银三百两，（王朝取银）

双手送与秦香莲。

拿回家去渡灾旱，

教养儿女莫做官。

你丈夫倒把高官做，

害得你举家不团圆。

你母子速速回家转，

此时，王爱爱的表演又从急切转为悲切，她的表现是：天理何在？有冤无处哭诉，无处伸冤。步履沉重，看看一双可怜的儿女，凄惨悲咽。

秦香莲　手拉儿女泪涟涟。[1]

适才间朗朗晴空现，

霎时乌云遮满天。

（滚白）大堂口我哭了一声天，

杀人的天！人人都知，个个都讲：

包相爷为官清正。实指望他为民妇伸冤，

谁知道他们是官官相护，马蹄相追！直到如今，

叫我有状哪里去告？有冤哪里云伸？

看将起来，我这冤枉难辨了！

相爷的银子我不要，

---

① 这段唱词，作者王辛路根据 1961 年修订稿，2004 年 3 月 15 日再次修订

纵然屈死我也不喊冤。

包大人都不敢把是非分辨，

尘世上哪里还有青天？

儿呀！

（接唱）跟随为娘回家转——

听到秦香莲的哭诉，包拯内心掀起无限波澜，刚正不阿的秉性使他坚定信念要为百姓伸张正义，为民做主，为秦香莲伸冤。

包拯　　也罢！

拼着这纱帽我不戴，

塌天大祸由我担。

将陈世美搭在铜铡内，　（众刀斧手搭陈世美过场）

先铡了负义贼再见龙颜。

这场戏，观众看得大呼过瘾，拍手称快。

情，是唱腔的灵魂。如果一个演员把自己放在人物里，那她唱出来的音色一定动人。如果演唱不用情，就谈不上感动观众。对于如何唱得动人，王爱爱谈道：

"刘和仁在我的唱上确实是指导了不少。有的人也是按谱子唱，有时就遗漏了小附点、三连音、连接线、休止符等，就都忘了这了，刘和仁就要求我，一定注意带上这小附点就好听，如果平平唱过来就不好听。比如，三连音，唱成平的就不好听了。他说，我给你写的连音线，我不让你换气你一定不能换气[2]，你一换气就破坏了腔的圆润了。"

王爱爱的唱腔总能以情动人，她的演唱是从人物内心出发，从人物性格出发，因而唱腔也能感人。表演艺术家是唱人物，而不是一味地引吭高歌，她从来没有卖弄自己好嗓子而始终腔调高昂，最重要的是，她非常尊重音乐作曲家，能从作曲家的创作中，唱出自己的风格来，这就是艺术家不同于一

---

② 指曲谱上作的标注

般演员所具有的智慧。

刘和仁是省晋剧院的音乐作曲，与王爱爱在艺术上的合作也较多。他在继承中路梆子传统音乐方面有深厚的功底，从事专业作曲之后又学习了许多现代作曲技法，不仅能保持浓郁的剧种音乐特色，并能给剧种音乐的发展赋予强烈的时代气息。不论是在声腔、曲牌的旋律、板腔结构的革新方面，还是在行当唱腔的强化，使用传统乐器的改造、中西乐器混合使用伴奏功能的扩大、戏曲乐队现代化建设等方面，都进行了艺术实践与探索，取得了可喜的成绩。

任何一个人的成功，都是天赋＋努力＋机遇＝成功。王爱爱在省晋剧院这个人才济济的艺术殿堂，遇到了事业上能够给予他启发和帮助的许多老师，加上她自己是个事业上的有心人，在演唱上取得了令人刮目的艺术成就，形成了自己的演唱风格。她说：

"有的人，你让她唱她也能唱来，但总是觉得你这唱不知哪儿有点别扭劲儿了。所以，必须尊重音乐创作者对你的要求。音乐创作本身就进入人物了，你再按照进入人物的思维去唱去。《采桑》我也掺和进好多歌曲的唱法，通常人们把《采桑》叫晋剧民歌，音乐主题的前题不要给人家动，在这里边稍稍修饰点装饰音、倚音、滑音就好听了。我有了加入这些装饰音的意识，是六十年代后期，那时还不识谱，都是刘和仁一句一句唱教给我的，后来到了音乐学院以后，才学会谱子的，懂得了轻重。

"一个演员随着年龄的成长，舞台的实践，同台演员的交流，要用心去琢磨，就会一年和一年唱得不一样。1962年电影上的那个唱，我就觉得呆板了，听听人家歌唱家的唱，就唱得很轻松自如，这跟辛苦也是一样的，我喜欢琢磨我的唱腔，我这《明公断》和《打金枝》八十年代和九十年代跟现在就唱得又不一样，不留心的人就觉得都是平板、二性、四股眼，留心的就觉得这里面提高了好多，首先从人物出发，其次从剧情出发，这才能琢磨这两段的唱腔和这个人物符合不符合，为什么《明公断》我就能唱得让人流了泪，别人就不行？她就进入不了人物嘛！她就是站在那儿唱呢，就是一个演员站在那儿唱，她就没有把演员变成剧中人，你要是把演员变成剧中人，你看她感化观众不？"

王爱爱朴实的语言，道出了一个演唱艺术真谛，那就是，唱戏是唱人物，唱情感，只有将自己化作剧中人，有了真挚的情感，演唱出来才能感人，才能好听。任何演唱方法都是为表达人物的思想感情服务的。气息、吐字、声音都是用来刻画人物的手段，如果只是声音甜美，不唱情感，就只能是声音悦耳但不动听。

有人问，为什么王爱爱每次唱到"这威风吓不住我秦香莲！"时，台下总是掌声雷动？因为，她的人物情感刻画层层递进，最终达到了这个最高艺术境界。"爱爱腔"一字一句，声音的穿透力很强，这一大板唱腔中，吐字清晰，她把每一个字能送到最后一排观众的耳朵中去，观众即使不看字幕也能听懂她的唱词，这个艺术功力不是所有演员都能具备的。所谓字正才能腔圆，字不正腔也不好听。我国著名男高音歌唱家蒋大为给学生讲课，谈到如何唱好歌曲时，他强调首先要把歌词先念熟了，念得流畅了，就会唱了。实际上他强调的就是吐字归韵的问题，每个字的读音念得顺了、圆了，就唱出来了。为了唱圆，王爱爱很强调张开嘴，实际上就是，要打开口腔，立起来唱，声音才能唱出来。王爱爱演唱时还有一个特点，从来没有因为唱高音而使得面部表情变形，她的口形总是保持不变，如果需要拖腔，也是齿音、舌音、唇音的保持。"爱爱腔"是发声位置口腔唇齿音保持不变，也是青衣行当所要求的，人物性格须端庄稳重。有些演员不注意或者不明白这一点，唱高音吃力时不自觉地往往面部表情紧张，那挤出来的音色必定不美。

发音收音利落干净，这也是王爱爱的演唱特点，绝对不拖泥带水。以戏曲程式表演作例，如果演员的每个程式动作都始终在过程中，层次不分明，给观众的感觉就是每一个动作都不到位，上一个动作还在过程中，紧接着就进入了下一个动作，没有动作的结束，漂亮的亮相，那么，表演语汇是混浊不清的，一招一式不到位，也是不美的。观众会替演员觉得累，更有观众形容演员纯属"棒槌"。可以试想一下，如果刚刚学说话的幼儿，没有标点符号的停顿，一直不喘气地连着往下说的时候，你会觉得非常可爱。观众听演员唱戏，演员如果不会科学呼气换气，唱词含混不清，观众听着费劲着急疲惫，是不会有欣赏婴幼儿"牙牙学语"一样的心态的。

王爱爱的吐字、归韵、收音都有自己的特色，科学发音，注意"四呼五音"，每一句唱都交代得清清楚楚，而且她对唱腔阐释理解得也深，这是一个艺术家的修养，是艺术的积淀，不是一蹴而就的。

王爱爱演唱的方法多样，轻重缓急，抑扬顿挫，她掌握拿捏得非常到位。她有自己的实践经验，声腔能够对比表现，如，欲唱高音时，先从低往高走，有时，她是先高后低，先紧后缓，先轻后重，或轻重交替。当高音到达一定高度后，她反而会在拖腔中放松。不是使劲推着声音走，而是气息带着走。这个特点，只有在演唱上悟性好的演员，才会有这个灵性。有些悟性较差的演员，演唱不足的共同之处就是：调门越高，音乐伴奏越响的时候，他就演唱得越加用力，殊不知，演员的嗓子是强不过呼胡的钢丝弦的！所以，学习好"爱爱腔"的演唱，既能保护嗓子，也能演唱得有高低有致，跌宕起伏，观众才是艺术享受。俗话说，看山不喜平，如同我们欣赏一幅绘画一样，画高山必定有衬托之物方能体现出高山的巍峨；画流水亦然，没有水中鲜活动物的游弋，就没有流水的灵动。

王爱爱在《见皇姑》中把秦香莲悲愤交加的复杂情感，唱得层次分明，跌宕起伏，感动了无数观众，她以声情并茂的演唱，把观众引进最高的艺术审美境界，这才是艺术家的本事，观众的热烈反响也是对艺术家最大的欣慰。王爱爱很喜欢这段唱腔，她说王（辛路）老师写的这段唱词可真好了！作为一名晋剧表演艺术家，王爱爱最大的心愿就是她的唱腔得到了观众的喜爱，她得到了戏迷朋友的爱戴。几十年来，她在演唱上不断积累，不断创新，与时俱进，因而她的唱腔从不落伍，即使已经 80 多岁，演唱功力依然深厚。一个伟大的艺术家，如果她一生都在总结自己的艺术，寻找不足，不断提升，从不满足，那么，她的艺术必定具有长久的艺术生命力，必定是可以代代相传的。

感动《金水桥》

　　《金水桥》是根据梆子戏的传统本戏《乾坤带》改编的，又叫《三哭殿》。演的是唐代的故事。剧情梗概是：唐太宗李世民时期，驸马秦怀玉西征，其子秦英桀骜不驯，独自跑到金水桥钓鱼玩耍，失手打死当朝太师詹沛。其母银屏公主苦苦哀求詹妃，请求她饶恕秦英不死，皇上答应，令秦英戴罪西征。1961年晋京演出前，剧作家王辛路对剧本进行了改编。

　　传统戏有个特点，就是故事内容都不复杂。这出戏中说到的人命案件，按说处理起来并不难。但是在封建社会，虽说"王子犯法与庶民同罪"，但是有"刑不上大夫"之说。皇上宠幸的妃子的父亲被皇上的外孙打死了，而皇上的亲家秦琼又是开国元勋，女婿秦怀玉还在外西征带兵打仗，皇上此时正希望女婿凯旋而归，他怎么能斩了外孙呢？那么他是如何处理这件棘手的事情的？皇妃找他哭闹请求皇上替她做主为父报仇，银屏公主又搬来了国母帮自己做主，请求救外孙一条性命，戏就有了矛盾的冲突。这出戏，行当齐全，主要人物有银屏公主（青衣）、皇上（须生）、陈世美（小生）、詹妃（小旦）、秦英（二花脸）、国母（老旦）等，人物众多，场面好看。皇上如

王爱爱在《金水桥》中饰演银屏公主

何处理家事，而且还要处理得有理、有情，引来观众欣赏的好奇，熟悉剧情的戏迷观众，最想听的是银屏公主的精彩唱段，尤其是王爱爱的演唱。

　　剧中的银屏公主原本是不情愿去父皇的妃子面前求情的，然而她知道，自己的儿子打死了詹妃的父亲，他又是当朝太师，人命关天的大事，她不得不伤心地跟儿子说："儿啊，看你的造化。"不懂事的儿子却说："儿我不怕死。"无奈，银屏公主只好放下公主的高贵身份，低头下跪，去向詹妃一遍遍地求情，她的哀求句句含情，这就使剧情发展有了层次。

对于唱戏，有些人往往认为，唱戏唱戏，顾名思义，就是要有个好嗓子，能唱，"本钱要好"。那么，有嗓子有"本钱"的演员并不少，但为什么就只是唱红了极个别人呢？甚至有些人有一副好嗓子也不会用，唱得不好听还不入耳。说明，有嗓子还得会使用，会科学使用，才能唱得有韵味。著名京剧"四大名旦"之一程砚秋先生，由于年轻时嗓子"倒仓"失去亮音，给了一般演员这唱戏的饭碗就不得不丢下了。可是他硬是琢磨寻找到了一种特殊的发音，独创一派，演唱悲情妇女，唤起观众共鸣，成为广大观众喜爱的"程派"。可见唱出韵味是唱好戏的关键。王爱爱既有一副好嗓子，又唱得韵味十足，因此，聆听王爱爱的唱腔，就有一种"余音绕梁三日"的感觉。

唱戏，还有一个最重要的是对人物的刻画，要唱出人物内心的情感，以及随着剧情发展而带来的人物思想变化，唱出人物性格来，唱出人物情绪来。这出戏，王爱爱唱出了人物唱出了彩，王爱爱扮演的银屏公主在不占理的情况下，面对父皇、母亲、詹妃这些人际关系，唱出了多种情感。

王爱爱演唱"银屏女绑秦英上得殿去"这一大段唱腔，非常精彩，是她的代表唱腔之一，传唱至今，深受观众喜欢，是青衣演员文艺晚会经常清唱的一段著名唱段。

（介板）　银屏女绑秦英上得殿去，

（十三咳）骂一声秦英你太无理，

　　　　　不该去钓鱼。

　　　　　打死了老太师，

　　　　　可怜他命归西。

　　　　　你皇爷降下罪来要斩儿的首级。

　　　　　小奴才你闯大祸，

　　　　　你叫娘我该怎的？

（平板）小秦英儿该死的。

　　　　你爷爷名秦琼功高无比，

儿的父秦怀玉父职子袭。

（夹板）西地里木里沙起了反意，

（二性）他要夺儿皇爷锦绣社稷。

你皇爷坐龙位无有主意，

詹太师当殿上忙拿本提。

动一本儿的父离了京地，

差儿父领人马前去征西。

你的父回宫来与娘我商议，

将奴才唤前庭嘱托于你。

情知晓你奴才王法不惧，

因此上戴石锁小房锁你。

在小房你就该安分守己，

谁叫你金水桥玩耍钓鱼。

既钓鱼也不过些许小事，

你大胆打死了掌朝太师。

他的女坐西宫你皇爷见喜，

满朝的文和武谁敢来欺。

小奴才今一死该当何地，

有为娘是女流，

我可怎样个救你？（流板）

（流水）小奴才把王法全然不怕，

难道说打死人不犯王法？

不怕死来来来，

随为娘朝王见驾。

儿皇爷开金口或是杀或是剐，

秦英儿啊，闯儿的造化。

王爱爱在《金水桥》中饰演银屏公主

　　这段唱腔，唱出了银屏公主气、怨、恨、疼的几种情绪。第一声叫板"奴才！"是一种无奈气极的表现。用晋剧"十三咳"，小秦英你让为娘怎么办？这时候是"气"。接下来唱"四股眼、平板"，责骂"小秦英儿该死的"，表现出"怨"。很快就转入"夹板"，干净利落，"你爷爷名秦琼"，说起秦家功绩，非常自豪。"二性"起，"詹太师当殿上忙拿本提。动一本儿的父离了京地"，是"恨"，说他有权有势。紧接着唱"流水"，"小奴才把王法全然不怕，难道说打死人不犯王法？"可是，当她听到秦英说："儿我不怕死！"时，又惊又气又恨又急，"不怕死来来来"，声调骤然紧急，一声高过一声"儿皇爷开金口或是杀或是剐，秦英儿啊，闯儿的造化"，又心疼。这一段唱，情感丰富，层次分明。

　　上了金殿，当听到要将秦英推下去问斩时，银屏公主急忙去搬"救兵"国母，"要把龙母搬"。但是，刚走了几步又退了回来，她担心万一她离开后的这一段时间，秦英被杀怎么办？那可是再搬国母也是无济于事了。于是她赶紧叫来宫人，让宫人快去请她的母亲来，这个细节把银屏公主的心理活动刻画得很细腻。

银屏公主的求情，终于打动了其父皇，他也不情愿斩外孙，但又不能强令免外孙不死，于是暗示女儿去向詹妃求情，求得詹妃的饶恕事情就有转机。银屏公主听从父皇的指点，为了能让儿子活命，忍气吞声，低下头去求詹妃，甚至跪下，甚至向詹妃发誓让儿子为太师披麻戴孝。这段"哭殿"是全剧的核心，王爱爱把银屏公主的心理动态刻画得淋漓尽致。从开始不愿叫詹妃为姨娘，到最后不得不叫的无奈，从几次三番"哀告姨娘"，一直求情求到无力再说，好话说了千千万：最终，哀求地、无力地、缓缓地、弱弱地轻声唱出："姨娘，接酒吧。"最后一句，以弱胜强，这一段，唱得实在是精彩，唱出了人物情感层次。除了中间有个别句"叫板""流板"外，基本上只唱"二性"，这种板式比较难唱，王爱爱用一种基本板式能唱出人物如此复杂的情感和情绪，而且唱得情感到位，真切感人，那是很见演唱功力的。面对复杂的人际关系，随着事态的发展，银屏公主表现出了怒、恨、气、怨、惊、惧、急等多种情感，王爱爱唱出了情绪，唱出了风采，戏迷听着过瘾。

剧中詹妃和银屏公主都有"二音"的演唱，以此代哭腔，詹妃哭父亲死得冤枉，银屏公主哭儿子万一被斩首可如何是好。二人各怀心思，各自悲伤，既表现了人物内心各自的悲哀，又把唱腔用在情中，顺情合理，体现出了晋剧的剧种特色。有趣的是，詹妃哭父亲时，银屏公主哭儿子，詹妃气恼，怒视公主。公主正哭泣忽然不敢放悲声，回头望一眼詹妃，忍气吞声悄悄哭泣，引起观众会意的笑声。

戏的结尾，是皇上面对国母的求情、公主的哀求，他也不舍得杀掉自己的亲外孙，因为他的女婿还在边疆替他打仗呢，所以当银屏公主说，让自己的儿子给老太师披麻戴孝，让儿子去边关戴罪立功去，皇上认为这样的结局是最好的处理，詹妃尽管非常不情愿，但迫于皇上的皇威，也只好屈从，所

《金水桥》剧照

以说，这出戏无论从内容上还是形式上，都顺理成章，非常精彩。

这出经典剧目，引人入胜，虽说戏迷观众对其内容早已耳熟能详，他们来看经典传统戏，其实就是看演员的演唱和表演来了，就想听听好演员的唱腔，过过戏瘾，而王爱爱的精彩演唱，就让观众得到了很大的艺术审美享受。

王爱爱的嗓音得天独厚：高亢清亮，音质饱满，甜润干净，演唱技艺娴熟，韵味醇厚，感情充沛，具有强烈的艺术感染力。在她的唱念中，字清韵浓，对每个字的字头、字腹、字尾的处理都很准确细腻，强调字音的乐感和节奏。常言说：悦耳容易动人难。她的唱腔之所以让人百听不厌，就在于，吐字清晰，喷口有力，富有弹性；以情带声，以声出情，以情感人。当演员的字正了，腔圆了，唱出人物了，唱出感情了，唱出韵味了，那自然，就唱得悦耳动听了，这是一条颠扑不破的真理。王爱爱的唱腔动听，因而受到众多戏迷的追捧，与她科学发声和把握唱腔韵味的功力分不开，与她对唱腔的艺术阐释分不开，与她在演唱技巧上科学运用鼻腔、头腔、口腔、胸腔、腹腔等科学发声方法，再加上气息的科学控制分不开，与她正确清晰的吐字，唱腔尾音的依字行腔分不开，因而，"爱爱腔"给观众留下了悦耳动听、韵味十足的声腔艺术享受。

在晋剧领域，听到过很多青年演员吐苦水，说自己唱了几年戏后，嗓子越唱越哑，高音上不去了。这种情况说明，这些演员平时主要是靠真嗓子演唱，由于戏曲演员一场戏演出，唱做念打非常辛苦，而且好演员常常是每场戏都得上台，嗓子出现不适有时也得不到很好的休息和恢复，往往吃点药坚持演出。因此导致很多演员嗓子长了小结，声音嘶哑，有了杂音，嗓子不"干净"，音色不纯。相对于歌唱演员来说，戏曲演员在发声方面掌握得不是很到位，而且重要的一点是，如果用歌唱方法演唱戏曲，似乎戏曲的韵味就不足，很多青年演员说，不学歌唱发声方法还能唱，学了以后反而不会唱戏了。说明这是不能把声乐的科学发声方法与戏曲的本真演唱有效地融合，演唱者从开始运用声乐发声法的第一阶段，进入到发生矛盾的第二阶段时，没有能够走出这个阶段，以至也回不到原先本真的第一阶段。这就好比写书法，"入帖"是为了规范书法写作，但是，要达到更高的艺术境界还要"出帖"，有些人就达不到这样的境界，如同唱戏没有正确掌握科学发声与戏曲演唱的有机融合。

所谓科学发声，这一学科来自西方，有点类似我国戏曲界强调"丹田发声"或"背宫音"等训练，尤其花脸行当。青衣行当尤其讲究"丹田气"，王爱爱就非常注重使用"丹田气"，她在"爱爱腔"演唱艺术培训班上课时，为那些已经取得一定艺术成就的学员授课时就很强调这一点，她让学员们用手触摸着她的腰部，她边唱边让学员感受她的气息控制，感受"丹田气"的运用。正因为她特别注意气息科学控制，所以她才能在行腔中气定音润、婉转清亮。

王爱爱说：你深吸一口气，演唱的时候用了一半，剩下的半口气没有用

王爱爱辅导学生

出去，就顶得你气息不稳，憋着气唱，你自己难受，观众也觉着你不舒服。

　　一般人说话发声时，声带是被拉紧拉长的，同时声带是整体振动的。发高音时，声带自动缩短，嗓子内部紧张，边缘变薄，声带的振动只限于边缘变薄的部分，这种方法唱高音不费力。很多戏曲演员都羡慕王爱爱已经 80 多岁的高龄，嗓子仍然那么脆灵，实际上，除了天赋条件好，长期科学用嗓是关键。

　　唱戏是用人声唱出和语言结合的戏曲音乐。有的人声音很好但不悦耳，原因就是字不正，气息不稳，自然就腔不圆。王爱爱唱腔悦耳动听原因在于：

　　一、音质纯净，清脆甜美，丰满圆润，有珠圆玉润的感觉，富有动人的乐感。

　　二、声音韧性强，科学控制气息，该休息放松时绝不用全力。

三、高低自如，刚柔相济，婉转韵浓。

四、声音平稳结实，演唱运用"头腔、胸腔、丹田"呼吸法，吸气肌肉群支持胸廓有力，与呼气肌肉群和谐。

五、唱高音时，运"丹田气"，用"脑后音"，头腔共鸣，声音通畅。

六、吐字清晰，字头字腹字尾唱圆满，喷口有力，讲究"四呼五音"。

真假声结合严密，高度融合，悦耳容易动情难，就是说，唱戏必须要唱情，王爱爱恰如其分地把银屏公主的思想感情表现了出来，对秦英恨铁不成钢，劝之不听，欲打不忍，又气又怨，又疼又爱的复杂情感，《银屏女绑秦英上得殿去》的唱段，在这出戏中有先声夺人的效果。

一个演员之所以能够形成自己的演唱风格和流派，是经过千锤百炼后，被观众认可并学习传承的。"爱爱腔"的形成，起步于 20 世纪六十年代，这一时期她表演的《含嫣·采桑》《算粮》《明公断》《金水桥》等传统戏，是她早期"爱爱腔"形成的代表性剧目。艺术的成功需要博采众长，她的成功离不开奶奶筱桂花的启蒙教育，离不开程玉英"嗨嗨腔"的感染熏陶，离不开牛桂英"云遮月"的规范辅导，离不开她艺术成长的良好环境，最重要的是，离不开她的刻苦钻研。在早期唱腔中，"爱爱腔"吸收"程派"节奏明快、刚劲有力的洒脱的演唱成分多于"牛派"缠绵悱恻、刚柔相济的婉转。但是，任何表演艺术家的成功，都是自己付出了超出常人的巨大辛苦、忍受常人不能承受的磨难而成功的，天时地利人和，缺一不可。20 世纪七十年代现代戏的演唱，丰富了"爱爱腔"的韵味，到了改革开放的 80 年代走向辉煌。进入 21 世纪，王爱爱的"爱爱腔"也在与时俱进。可见，一出经典剧目，只有经过千锤百炼，才能打磨成艺术精品，那是文化经验和艺术锤炼的产物，"爱爱腔"在山西晋剧界青衣行树起了一座里程碑。

王爱爱辅导学生演《金水桥》

王爱爱在演出中

兰

之卷

韵味醇厚独一家

排演现代戏《三上桃峰》

在"文化大革命"那个特殊年代，中华民族优秀传统戏曲剧目被当作"四旧""封、资、修"任意践踏。根据省晋剧院的院志记载，剧院没有大的艺术活动。由于特殊的政治气氛，原本性格安静的王爱爱，话就更少了，即便是组织开会学习，她也是坐在边上不怎么发言，是剧院最不爱讲话的人之一。1970 年 11 月，山西省委发出《关于整编县剧团和建立毛泽东思想文艺宣传队的通知》，规定全省自负盈亏的剧团全部改为毛泽东思想文艺宣传队，普及"革命样板戏"，城市里的文艺单位，有工人宣传队（简称"工宣队"）和解放军宣传队（简称"军宣队"）进驻。省直文艺团体全部进学习班，开始排演"样板戏"。

1970 年，省晋剧院派几个主要演员去北京参加文化部组织的"样板戏"学习班，学习了《红灯记》《沙家浜》《智取威虎山》等剧目。之后，省晋剧院在太谷县模具厂（剧院战备疏散地）组织了一个全省样板戏培训班，全省各地市剧团都派演员来学习。1972 年，山西省革命委员会文化局举办新创作文艺节目调演大会，有 7 个剧种 23 个剧目参加，省晋剧院演出了新编现代戏《边山民兵》。1973 年新创演了现代戏《洪雪莲》，这是写革命英雄刘胡兰的，由于那时有规定不允许在剧中体现真名真姓，于是就叫《洪雪莲》，彩排了之后不知为何没有上演。连这么大的剧院都没有什么大的艺术演出活动，那么，像王爱爱这样家庭出身不好的那就更演不上戏了，在这两个戏里她只能做一些杂务工作。

一个名演员，不能上舞台演出，这本身就是一件很痛苦的事情。她也曾经失落过，失望过，但生活中总会遇到好人给予她温暖。王爱爱住在省晋剧院北楼二楼，和著名导演刘元彤家是邻居，刘元彤鼓励她，人生不会总是这样的，不要把自己的艺术生涯荒废了，没事的时候还是要练练功，唱一唱。听了刘元彤导演的劝告，王爱爱增强了信心，她相信以后总有美好的一天。于是她开始在家悄悄练功、练唱。人民没有忘记她，王爱爱心里感激淳朴的山西人民，感激热爱她演唱艺术的山西戏迷朋友。

1972 年，省晋剧院移植样板戏《龙江颂》，王爱爱饰演女一号英雄人物江水英。1973 年，省晋剧院开始排演现代戏《三上桃峰》，她在剧中饰演女一号人物青兰，这两出戏都是她演主角。

1974 年 1 月去北京演出《三上桃峰》发生的事，让全国人民难忘，让山西人民难忘，让参加演出的省晋剧院演职人员难忘，更让饰演主角青兰的王爱爱终生难忘。

晋剧现代戏《三上桃峰》是根据晋剧《三下桃园》改编而成，故事取材于 1965 年 7 月 25 日《人民日报》发表的一篇通讯《一匹马》。剧情说的是杏岭大队的大队长李光亮让社员老六出卖病马"菊花青"，老六隐瞒"菊花青"的病情，将病马充当好马卖给了桃峰大队。桃峰大队不知"菊花青"有病，使用后加重了"菊花青"的病情。杏岭大队女支书青兰得知此事后，坚持实事求是的原则，三上桃峰大队说明实情，准备退钱赎马。但就在此刻病马死去，青兰发扬共产主义风格，甘愿自己大队蒙受损失，也要送健康的马去支援友队春耕。

王爱爱在《三上桃峰》中饰演青兰

　　这出戏的时代背景是 1959 年"大跃进"时期的山区农村，时间是春天，戏剧冲突是发扬共产主义风格和本位主义的矛盾，焦点是一匹马。为了排好这出戏，山西省文化局组成了集全省优秀专家的精兵强将，信心满满地参加了调演。

　　现在看发生在近 50 年前的晋剧现代戏《三上桃峰》事件，或许有些人都已看得很淡，但是对于这出戏的演出经过，省晋剧院的很多人都不愿意回顾过去，尤其是参加了演出的演员，说起当年的事还是觉得悲从中来。

　　这出现代戏的创作排练时间是 1973 年。剧组的成立大会时间是 1973 年 7 月 13 日。那天，山西省文化局在省晋剧院召开全院大会，会上确定以省晋剧院的创作人员为主，抽调其他单位优秀专家协同省晋剧院业务人员一起，集中优势力量对该作品进行二度创作。但那个时候剧本一直在修改，省文化局要求剧院要加快速度，上演后，再由西安电影制片厂拍摄成戏曲电影片。这些计划都在具体落实中。7月24日，西安电影制片厂的导演、摄影、录音、美术等7人来到太原，在《三上桃峰》导演刘元彤等人的陪同下，赴吕梁地区各县进行采风。

晋剧《三上桃峰》这出现代戏，最初由吕梁地区离石县晋剧团排演，在山西省现代戏调演中，省里看中了这出戏，认为不错，这才组织创作人员集体进行修改，准备晋京参加1974年文化部举办的华北地区文艺调演。8月15日，剧组正式进入排练场，由于时间紧迫，边改剧本边排练。

著名导演刘元彤担任《三上桃峰》的导演，他在中华人民共和国成立之前曾在晋绥革命根据地工作过，对吕梁当地的文化很熟悉，因此，他对整台戏的艺术风格有独特的创意，经过导演和主创人员共同研究，要呈现出这样的艺术风格：在音乐创作上，以晋剧板式为主的创作为原则，融入山西民歌音乐元素作背景音乐。在舞台美术创作上，布景设计要体现出大写意的田园风格，像国画艺术那样简练。具体设计是，舞台外景是田边，春耕时节，桃峰大队用粉红色的桃花作为艺术代表符号，杏岭大队用白色的杏花作为艺术代表符号，以此寓意两个不同的生产大队。远处是一片绿色的梯田，突出社会主义新农村的新风貌。在表演艺术上，导演讲，中国戏曲是"缘情写意"或"写意传情"的艺术，这种情是"情""理""技"的有机融合，要以"情"感人，以"理"服人，以"技"惊人，不能完全用纪实的、写实的方法逼真地再现客观对象，而是要突出艺术家对现实生活独到的感受，形成舞蹈化、节奏化的具有"写意"意味和表现力与感染力的审美感情，要求演员要根据人物思想感情的变化去塑造人物形象。他说："舞台上哭的是戏，台下哭的是泪。"

客观地说，山西省晋剧院在移植京剧革命样板戏《龙江颂》《红灯记》《智取威虎山》《杜鹃山》的演出很成功，在音乐创作上，以晋剧剧种音乐为主，融入西洋管弦乐与民乐，形成了一支庞大的乐队，这在省晋剧院音乐人的记忆中，还是非常引以自豪的。在《三上桃峰》的音乐创作上，积累了丰富经验的作曲家，继承移植剧目音乐创作的成功经验，集全院音乐作曲之优势，外借省音协、省歌舞剧院音乐专家加盟，加强西洋音乐与民乐在剧种音乐中的分量，烘托音乐气氛，发挥作曲最大主观能动性，在音乐设计上下了硬功夫，在唱腔设计上，突破行当局限，打破了传统晋剧音乐的模式，注入了新时代音乐元素，在晋剧传统音乐的继承和发展方面取得了突破性成就。

从省晋剧院的音乐阵容上来讲，20 世五十年代建院以来，直至七十年代，这一个历史阶段是省晋剧院音乐作曲和乐队演奏队伍阵容最强大的时期，也是历史上最辉煌的时期。当然，这一点与当时的时代背景和戏曲发展政策方针密不可分，京剧样板戏就是京剧剧种乐器加庞大的西洋乐和民乐，作为全国的样板，全国的剧团都必须照着这个样板去演出，因此，省晋剧院加强了西洋乐的表现力。

经过 3 个多月的边改剧本边排练，反复修改，终于在临近演出之前的 12 月 17 日晚，《三上桃峰》进入了审查演出，山西省委领导和省文化局领导都到红旗剧场观看演出。第二天，省文化局领导与省晋剧院领导、主创人员等在红旗剧场会议室召开了《三上桃峰》座谈会，提出了具体修改意见。眼看就要进入 1973 年底了，到了 12 月 21 日，创作人员还继续在红旗剧场讨论修改剧本。剧本创作是基础，剧本没有定稿，二度创作自然也无法进行。剧院领导只好宣布，编剧继续修改剧本，其他演职人员都暂时休息，准备迎接新年。

1974 年元旦过后，省晋剧院全体职工围绕《三上桃峰》中心工作忙碌起来。直到 1 月 8 日，边修改剧本边排练的工作状态终于有了一个结果，新创晋剧现代戏《三上桃峰》在工人文化宫彩排了一场，主创人员和领导开了会议，个别地方进行了小的调整，基本不再有大的修改，只是完善一下，准备以崭新的精神面貌晋京参演了。1 月 13 日召开了全院大会，院长宣布 1 月 23 日《三上桃峰》参加由国务院文化组在北京举办的华北地区文艺调演。全院演职人员都很兴奋，想着要把戏演好，为山西争光。这次晋京演出，省委领导、省文化局领导非常重视，1月17日晚，由山西省文化局局长芦梦、副局长贾克、副局长兼《三上桃峰》导演刘元彤、石丁等领导带队，省晋剧院全体演职人员乘坐火车去北京，18日清晨到达北京永定门车站，乘坐大会专车前往调演人员驻地西苑大旅社，统一安排住在西苑大旅社的一号楼。

西苑大旅社是一个对外高档宾馆，住有很多外国人，当时叫外宾，旅社大门口还有解放军战士站岗。这里的吃住条件非常好，那时是计划经济物资很缺乏的年代，买什么东西都要凭票，买吃的要粮票，买布要布票，每人每月供应21斤粮食，其中除了6斤白面，都是粗粮，每人仅供应3两油。来到北京，每人每天的伙食费是1元2角，吃的是大米、白面，富强粉蒸的雪白的小花卷小馒头和各种小点心，剧院的演职员感觉这种生活简直是太好了！住宿条件也优越，两人一屋的标间，雪白的床单被罩，干净清洁，很多人感慨："真白呀！"卫生间24小时提供热水，随时可以洗澡，这对当时洗澡条件非常受限的人们来说，想都没想过，在太原市这样的省城，想洗澡还得去公共澡堂，洗一次花4角钱。在这里生活条件真好，对于女演员来说感触更深，住在西苑大旅社，随时洗手都是热水，这多好啊，手都变得柔软轻绵了。演员们平时在太原，要生煤火做饭，和泥打煤糕，手指变得粗糙了，冬天有时还裂着口子，疼得不行只能手指上贴着胶布，演出的时候害怕伸出兰花指太难看，临上场时再把胶布撕掉。有女演员欣喜地说："哎呀，可真好了！每天都有热水，这手也绵圪冬冬的。"屋里还有暖气，不用生火取暖，也不呛了，嗓子也舒服了。总之，这次来北京演出，住在这么高档的宾馆，享受这么高的待遇，剧院还像1961年晋京演出一样，也给全体演职人员统一定制了服装，着一身橄榄绿，无论是开会还是就餐，均穿橄榄绿衣服集体排队出入，很讲组织性纪律性，团里人很自豪，假如有人外出，还有汽车接送，每一位参加调演活动的人都十分开心自豪。

一切工作准备就绪，万事俱备，只欠东风。《三上桃峰》就要在首都舞台开演了，所有人都满心欢喜，联想到1961年晋京演出曾经引起的热烈反响，希望这次演出也能受到好评。

晋京演出的现代戏《三上桃峰》共7场，有7个主要人物：

青　兰　　杏岭大队党支部书记　（王爱爱饰）

高建山　　桃峰大队党支部书记

李永光　　杏岭大队队长

三　爱　　杏岭大队社员

二　虎　　桃峰大队社员

田大伯　　桃峰大队饲养员

老　六　　杏岭大队社员

王爱爱在剧中的戏份很重，每场都有青兰上场，每场都有唱段。幸亏是王爱爱的嗓子好，一场戏演下来两个多小时，她又说又唱又表演，把戏曲演员"唱念做"的功夫展示得淋漓尽致。

青兰唱词如下：（1974年1月演出本）

第一场　　（唱）开罢会心振奋急返杏岭，

胜利中又迎来人民公社第一春。

县委会不失时机作决定，

兴水利，全面动员，持续跃进，万马奔腾。

看今朝降龙伏虎鼓干劲，

六亿神州景色新！

马嘶声好熟惯令人纳闷，

好像是我们队的菊花青。

这个上场，很像革命样板戏《龙江颂》中的江水英上场，都是开罢县委会返村路上，江水英的唱段是："一路上乘东风急回村上。面对着波浪翻滚的九龙江，岂能让旱区缺水禾苗荒。党决定堵江送水奇迹创，齐动员全力以赴救旱荒。在眼前有一场公私交锋仗，战斗中人换思想地换装。"接下来，江水英回到村里，刚进村子就被团支部书记阿莲看到了。《三上桃峰》中，青兰唱完这段，看到的是一位不认识的小伙子，骑着她杏岭大队的病马菊花青在奋力驰骋，她急忙叫住他，告知这是一匹病马不可以这样猛骑，小伙子不信青兰的话，快马加鞭就跑掉了。青兰心急如焚，唱：

> 我讲实话他不信，
>
> 想必是卖马人骗了桃峰。
>
> 恨不能插双翅飞回杏岭，
>
> 这件事非等闲定要查清。
>
> （远处传来马嘶声，青兰转身张望）
>
> 马嘶阵阵蹄声紧，
>
> 声声紧扣我的心。
>
> 他扬鞭催马猛驰骋，
>
> 菊花青怎经得猛烈奔腾。
>
> 真叫人心疼哪！
>
> 事急迫我不能先回杏岭，
>
> 追病马讲真情，
>
> 我大步上桃峰。

第二场（内唱）心急似火把马赶，

青兰追病马追到了桃峰大队，跟众人讲出实情。

（唱）菊花青患有心脏病。

众：心脏病？

（接唱）几个月精心调治未除根，

它不能快速奔跑使猛劲，

更不能干重活受怕担惊。

在杏岭正调养未曾使用，

卖马人欺骗了阶级弟兄。

甩包袱骗友邻作风不正，

回去后一定要严肃查清。

我建议将病马退回杏岭，

待来日送马款再上桃峰。

青兰回到自己杏岭大队，心潮起伏。

第三场　　（唱）去桃峰探病马责任不轻，

关系着兄弟队革命友情。

遇困难多请教谦虚谨慎，

细观察待处理听候决定。

……

杏岭大队队长李永光认为卖掉病马，加快春耕，为修建水库作准备没有
错。青兰劝道：

（唱）就在这葫芦咀拦洪筑坝，

修水库紧靠桃峰后山崖。

水位高水源充足流量大，

开渠道盘山绕岭连万家。

沿河的兄弟队一齐上马，

才能叫银龙飞舞，蜿蜒而下，万顷良田，吐穗扬花，

扬花吐穗迎朝霞！

公社化展宏图统筹规划，

办事情必须要统一步伐。

一盘棋要考虑全局把子下，

错走一步步步差。

咱甩掉包袱卖病马，

岂不是丢了全局顾一家？

青兰对李永光保守狭隘的个人主义思想做工作，与《龙江颂》中江水英

对生产队长李志田做思想工作特别类似，剧情人物类型很相似。一个为公，一个为私；一个要发扬共产主义风格，一个要坚持"集体主义"思想；一个胸怀全世界，一个只看到眼前私利。

为了不让兄弟邻队受损失，青兰二上桃峰。

第四场　（唱）贫下中农委重任，

贖马又到桃峰村。

但是桃峰大队认为不应该把病马退回去。青兰唱：

一个字刚出声他慌忙改口，

强装笑难遮他内心忧愁。

莫非是有隐情不肯流露，

是不是马病复发怕我担忧。

你说是菊花青平安依旧，

一阵阵喧嚷声是何情由？

咱看看菊花青同去马厩，

菊花青驾皮车向着哪里走？

我看到皮车停在厂门口中，

为什么不见马来只见牛？

春耕紧跑运输不是时候，

你怎么越说越是不对头？

面对桃峰大队人的支支吾吾，青兰更加疑虑重重。终于她得知菊花青没有医治好不幸死去，青兰心情沉重。在这里青兰和桃峰大队书记高建山有一段二人唱，音乐设计很有特色，王爱爱在《三上桃峰》平反后，经常在各种晚会上演唱，也在她从艺 50 周年演唱会上演唱。

青　兰
高建山　（合唱）菊花青出意外心难平静，

牵连着兄弟队我心不宁。

青兰她为救马将心操尽，

老支书为救马将心操尽，

桃峰的阶级情胜似海深。

杏岭的阶级情胜似海深。

（内伴唱）吕梁山起赞歌千山和颂，

风格花争开放处处皆春。

（同唱）这事故本来是桃峰的责任，

这事故本来是杏岭的责任，

高建山　　不收钱杏岭群众不应承。

青兰　　　收下钱桃峰群众不应承。

（唱）春耕中没为你队送方便，

反将困难添一层。

眼看着水库工程工期临近，

请收下马价款——

这是杏岭贫下中农一片心。

桃峰群众齐发奋，

更叫我心情不安宁。

这件事都怨我把关不紧，

追根源资本主义是祸根。

损人利己难容忍，

包袱不能推友邻。

革命原则不能损，

歪风邪气要肃清。

有错误就必须坚决纠正，

带回钱怎交代杏岭的贫下中农。

第五场　青兰（沉思地自语）

自发的资本主义倾向利用了本位主义，本位主义思想助

长了自发的资本主义倾向，一匹马的问题包含着一场严

重的斗争啊！

（唱）一匹马掀起风浪层层紧，

前后事，细思忖，看风向，心难平，

前进中步步有斗争，

我定要排干扰把路障扫清！

五年前我中学毕业返杏岭，

老队长赶车接我，一路同叙革命情。

他说父老乡亲供我把书念，

贫下中农培养了第一代文化人；

他挥鞭笑盈盈，

话语格外亲；

促膝谈思想，

把手教耕耘；

鼓励我为革命建设新农村，

斗争中经风浪扎根炼红心。

到如今老队长只顾杏岭，

助长了自发势力作浪兴风；

置身在小天地方向不认，

怎能够带领群众奔前程？

眼看他思想掉队心焦虑，

青兰我有责任帮助亲人。

征途上共同向前不停顿，

坚定方向主义真。

公社化展现了灿烂前景，

一大二公破私心。

社社队队齐跃进，

一代新风育新人；

支援桃峰抢节令，

共同携手并肩行；

人民公社第一春，

春耕一仗要打赢。

只盼水库修建好，

要迎来春华秋实，五谷喷香，丰收歌儿遍山村！

第六场　青兰　老队长！

（唱）青兰我年轻经验差，

哪点有错你指拨。

你饱经风霜年纪大，

为革命熬得两鬓添白发。

回头看看走过的路，

你是咱杏岭的好当家。

对工作你一向周密筹划，

这一回还望你多把主意拿。

为支援国家工业化，

建设祖国要靠大家。

眼看着兄弟队困难加大，

误节令、难下种把人急煞。

站杏岭应该要胸怀天下，

咱不能低头只浇一枝花。

工作中要顾大局看方向，

位置摆错会把路走差。

为用马能看出道路分两岔，

这是件大事情应该及时抓！

要点亮他心头灯一盏，

毛主席的教导，定能解疑难。

我红笔圈蓝笔点，

但愿他心领神会仔细看

……

青兰　大叔！

　　　（唱）五年来你帮助我赤诚一片，

　　　　　　经常谈心到三更天。

　　　　　　讲过旧社会的剥削苦，

　　　　　　讲过社会主义生活甜。

　　　　　　你带头办起初级农业社，

　　　　　　谈笑声中谱新篇。

　　　　　　咱共同顶住过退社风，

　　　　　　迎来了合作化高潮展新颜。

　　　　　　为公为私两重天。

　　　　　　全靠毛主席指航线，

　　　　　　咱杏岭才能有今天！

　　　　　　整党后大家选我挑重担，

你鼓励我挑起重担炼铁肩。

接过班我更觉任重道远，

常常是深夜沉思不成眠。

捧宝书默默念，

红日升起在胸间。

读宝书更使我方向明辨，

才懂得为谁当家为谁掌权。

　　——天下无产者，

　　　　命运紧相连。

　　　　阶级委托重，

　　　　听从党召唤。

我定要为无产阶级接好班。

大叔啊！

你看那明月高悬把大地照遍，

小油灯只照这窑洞一间。

革命者要胸怀大局放眼看，

决不可守摊摊坐井观天。

既要墙内杏花艳，

更盼墙外百花鲜。

这张图凝聚着人民的心愿，

让山区日新月异换新颜；

眼前是摆下一场攻坚战，

社社队队要相互支援。

卖病马把桃峰的计划打乱，

影响了水库投工非等闲。

咱为了千秋大业早实现，

把社会主义光辉前程装胸间。

青兰第三次上桃峰，把共产主义风格送到友邻大队。

这一场是全剧的重点场，青兰有两大段唱，类似《龙江颂》第8场，江水英有两段重点唱段："为人类求解放奋斗终身""让革命的红旗插遍四方"。

第七场　高建山（唱）一代新风传佳话，

青兰（唱）　　公社阳光照万家。

众（齐唱）　　革命人身在山庄望天下，

全世界无产阶级是一家。

青兰（唱）　　团结战斗力量大，

众（齐唱）　　共产主义凯歌响天涯。

这一场美好的大结局，和《龙江颂》尾声类似，龙江大队与被支援的后山大队一起合唱："共产主义精神凯歌响，公字花开万里香。跟着伟大领袖毛主席，跟着共产党，永远革命，奔向前方！"

从以上青兰演唱词就可以看出，王爱爱有很重的大段唱腔，这是非常见演唱功力的。王爱爱很喜欢这出戏的唱段，她遗憾地说："《三上桃峰》就是演出得太少了。"

从《三上桃峰》创作框架来看，是努力学习借鉴了《龙江颂》的人物设置的，女一号党支部书记青兰的形象，也是努力遵照当时文艺创作要"三突出"规定的，即在所有人物中突出正面人物，在正面人物中始终突出英雄人物，在英雄人物中始终突出主要英雄人物。与在《龙江颂》中饰演江水英一样，王爱爱在《三上桃峰》中饰演青兰的演唱任务十分繁重！有大量的道白和表演。演出现代戏，是对一个演员表演素质的全面考验，现在有些演员，演出传统戏很不错，但是，演出现代戏就不知道应该怎么表演才好，手脚不知放哪里更合适。像王爱爱这样的表演艺术家，就是既能演好传统戏，也能演好现代戏，这都是经过艺术实践千锤百炼而成的。

《三上桃峰》剧照

《三上桃峰》剧照

王爱爱在《三上桃峰》中饰演青兰

　　"爱爱腔"从 20 世纪六十年代形成，在七十年代经过《三上桃峰》和《龙江颂》两出现代戏的演唱，声腔艺术上进入了成熟阶段。

移植"样板戏"《龙江颂》

　　法国作家罗曼·罗兰有句名言："工作就像一块海绵，能够擦干耻辱和痛苦，能使灵魂面目一新、血液一清。"遭受过挫折而取得成功的人，往往是生命的强者，王爱爱应该属于这样的人。

　　1974 年 3 月 4 日，山西省晋剧院接到上级领导重要通知，去北京演出移植晋剧现代戏《龙江颂》。3 月 7 日大队人马到达北京，3 月 8 日晚，三八国际妇女节的晚上，在北京二七剧场，省晋剧院演出了现代晋剧《龙江颂》，王爱爱扮演女英雄人物江水英，中央相关领导观看了演出，演出产生了广泛的良好的社会影响。

　　对于这次奉命赴京演出，省晋剧院从上到下都极其重视，不敢有丝毫马虎。对于一个地方剧团来京演出，中央相关领导前来观看，那是不同寻常的，说明省晋剧院的演出是受到领导高度重视的。

　　《龙江颂》共 8 场，加一个尾声。第一场"承担重任"，第二场"丢卒保车"，第三场"会战龙江"，第四场"窑场斗争"，第五场"抢险合龙"，第六场"出外支援"，第七场"后山访旱"，第八场"闸上风云"，尾声"丰收凯歌"。当演完第五场，剧场休息时，大寨原党支部书记、时任国务院副总理的陈永贵来到了后台，演员们看见陈永贵副总理来了，都激动地拥在他身边。得知晚上有重要领导来看戏，大伙问："周总理怎么没有来看呢？"陈永贵答复说："周总理刚刚开完会，累得不行。你们要好好演啊！"

当晚的演出很成功，演出结束召开了 40 多分钟的座谈会。中央领导给予鼓励，决定派他们到上海向京剧《龙江颂》样板团学习提高，这在当时是何等的殊荣啊！演员们都非常兴奋，在北京演出完就没有回山西，直奔上海跟上海京剧院《龙江颂》样板团学习去了。

学习"样板戏"，对于演员表演来说至关重要，艺术提高非常快，因为是一对一的辅导，有样板团的老师示范表演，又做具体讲解，所以，这是一条培养演员表演技能的捷径。戏曲艺术自形成以来，沿袭下来的传承方式，就是老师口传心授，传承的是中华文化的艺术瑰宝，因为戏曲有其特殊性，它的传统程式表演一招一式，不是光靠理论讲授就能够理解和掌握的。何况是现代戏，更何况是"样板戏"，演员的每一个眼神、表情、身段、台步、道白、唱腔，等等，手把手地教，实在是太难得了！中国戏曲"唱念做打（舞）"是一个复杂的、系统的表演体系，如此难得的学习机会，让省晋剧院的演员们受益匪浅。剧中的每一个人物都有指定的晋剧演员学习，等各自都学会了以后，再合成排练，所以省晋剧院完整地把"样板团"的精髓学回来了。每一位演员的艺术表演都得到了提高。

王爱爱和她的爱人刘惠生都去上海学习去了，走了 20 多天。家中的三个孩子交给了一个临时找来的中年妇女照顾，等他们从上海回来见到孩子们时，王爱爱心疼得眼泪在眼睛里打转，三个孩子都是小可怜的模样，有的嘴边起了口疮，有的头发里长了虱子，衣服脏兮兮的，"妈！"三个孩子看见妈妈，嘴里喊着扑了过来，王爱爱心中翻江倒海。他们夫妻二人都在剧团当演员，外出演出学习时孩子们没人照顾也不行啊！王爱爱跟丈夫商量说："这样不行，咱们两个得有一个人改行，不是你改行，就是我改行，得有人照看孩子。"最终，刘惠生选择改行不当演员，调到山西省戏曲学校当了一名老师。

在那个全国人民文化生活主要是观看八个"样板戏"的年代，上演的剧目很少，而省晋剧院的演员又很多，于是一出戏某个角色就分配多个演员扮演。《龙江颂》里的江水英扮演者就分了一组、二组、三组、四组、五组、六组、七组，王爱爱是第一组的江水英，演出的场次最多。晋剧现代戏《龙江颂》一上演，就在工人文化宫（南宫）连演 40 多天，观众场场爆满。王爱爱说：

"我觉得，晋剧院在排现代戏《龙江颂》时，在演员角色分配上，各个方面实力上来说，不按年龄，不按工龄，首先看你符合不符合这个角色，观众承认，专家认可，作为我们演员来说也比较满意。正因为这一出戏领导看了比较满意，决定好上加好，把我们派到上海，跟李炳淑（上海京剧院京剧现代戏《龙江颂》江水英的扮演者）等演员一对一地学了 20 多天。我们回来以后，领导看了我们从样板团演员口传心授学的戏后，认为我们戏规范了，更好了，好上加好。我现在回忆起来，在晋剧院的历史上、舞台上来说，也是难能可贵的。"

现代戏《龙江颂》取材于社会主义农村建设。通过龙江大队在自己的 300 亩高产田上堵江送水，全力解救兄弟社队遭遇特大干旱的 9 万亩良田，最后夺得思想、生产双丰收的感人事迹，热情地歌颂了无产阶级"顾全大局"的共产主义风格，生动地体现了党的阶级路线，展示了我国劳动人民当家作主的伟大革命胸怀。

作为"革命样板戏"，全国上上下下从专业院团到业余剧团、从城市到农村，从部队到厂矿、学校，都在演唱、大唱、特唱"样板戏"，这在中国戏曲史上是绝无仅有的，戏曲得到了最大面积的普及，人人都会唱几句"样板戏"。山西省晋剧院作为山西最高级别的地方戏曲院团，移植革命现代京剧《龙江颂》自然是调动了全院最强的艺术创作人员开展二度创作。

在音乐唱腔设计上，组成了以张沛、李秉衡、张文秀、刘和仁等创作人

山西省晋剧院演员与上海京剧院《龙江颂》剧组人员合影，前排左五为王爱爱，左六为李炳淑，第四排右一为刘惠生

员小组，严格按照样板团的音乐设计进行移植创作，非常严谨，就是说，如果"样板戏"唱腔是两拍，晋剧也是。但是，有的板式京剧有，晋剧没有，怎么办？如，"回龙"，"夜巡堤，披星光，但只见工地上，人来车往，灯火辉煌，"晋剧就借鉴京剧的"回龙"板式，创造出了晋剧"回龙"的唱腔板式，非常适合剧情。突破了传统晋剧唱腔板式的局限，有了很大创新，如今40多年过去了，这些经典唱段依然受到观众喜爱。

　　晋剧《龙江颂》自 1972 年移植演出以来，王爱爱演唱的许多唱段已成
为经典，传唱至今。如，第二场《丢卒保车》，当大队长李志田听说要牺牲
掉自己生产队 300 亩高产田、堵江送水时，心生不愿，江水英陷入深切回忆，
唱《百花盛开春满园》：

　　（京剧：二黄原板 / 晋剧：四股眼）

　　　　　　几年前这堤外荒滩一片，

　　　　　　是咱们用双手开成良田。

王爱爱与京剧《龙江颂》江水英扮演者李炳淑合影

（晋剧：夹板）　　　　冒冬雪迎春寒，

长年苦战，

才使这荒滩变成米粮川。

当李志田满心委屈地唱道：

为垦荒，咱流过多少血和汗，

为垦荒，咱度过多少暑和寒。

开拓出肥田沃土连年得高产，

难道你竟忍心一朝被水淹？

江水英怎么能不心疼呢？可是，她心中的格局是高大的，为了顾全大局，她热情洋溢、激情奔放地告诉李志田，一花独放红一点，百花盛开春满园，使李志田的思想开始发生了转变。她唱道：

你只想三百亩夺取高产，

却不疼九万亩受灾良田。

那九万亩，多少人流过多少血和汗？

王爱爱 在《龙江颂》中饰演江水英

那九万亩，多少人度过多少暑和寒？

咱怎能听任江水空流去，

忍看那似火的旱情在蔓延？

一花独放红一点，

百花盛开春满园。

在今日牺牲一块高产田，

可赢得那后山，九万良田，得水浇灌，稻浪随风卷，

大旱年变成丰收年。

这一段唱腔，王爱爱唱得深情，以情动人。舞台节奏由深沉转为轻快。

第五场《抢险合龙》，江堤旁，江水英巡视，面对惊涛拍岸，心潮起伏，气贯长虹，唱《望北京更使我增添力量》：

（京剧：二黄导板／晋剧：介板）

听惊涛，拍堤岸，心潮激荡！

（京剧：回龙／晋剧：回龙）

夜巡堤，披星光，但只见工地上，人来车往，

灯火辉煌，同志们斗志昂扬，准备着奋战一场。

（京剧：慢板／晋剧：慢四股眼）

九龙水奔腾急千年流淌，

看今朝英雄们截流拦江。

站堤上想旱区心驰神往，

恨不能九万亩稻谷飘香。

堵江来出现的可疑迹象，

一件件

（晋剧：二性）　细分析事非寻常。

黄国忠怎熟悉后山情况？

出主意烧柴草是何心肠？

今夜晚合龙口关键一场，

风浪要征服，

暗礁尤须防。

风浪要征服，

暗礁尤须防。

（晋剧：流板）　　望北京更使我增添力量。

（京剧：二六／晋剧：二流水）

革命豪情盈胸膛，

纵然有千难万险来阻挡，

为革命，挺身闯，心如铁，志如钢，

定叫这巍巍大坝锁龙江！

　　江水英的唱腔都是大段唱腔，气势磅礴，难度很高。这一段唱腔，一般来说，晋剧音乐有相对固定的板式顺序，即"介板"之后，紧接着是"四股眼"，但是，京剧"导板"之后，紧接着是"回龙"，晋剧板式里面没有"回龙"，既然晋剧移植京剧"样板戏"，那就必须按照"样板"来，绝对不能走样。于是，作曲就按照京剧的节奏创造出了晋剧的"回龙"，"夜巡堤，披星光"，江水英流畅地唱出了昂扬壮阔的英雄气概。

　　第六场《出外支援》，江水英带领群众一起学习《纪念白求恩》，她问群众，"白求恩同志是加拿大共产党员……为了帮助中国的抗日战争……不远万里，来到中国……一个外国人，毫不利己的动机，把中国人民的解放事业当作他自己的事业，这是什么精神？"群众共答："这是共产主义精神！"江水英感触很深，她的心灵再次受到了深深的触动，满怀深情地唱出"手捧宝书满心暖，一轮红日照胸间"，这一段唱腔是本场戏很抒情的唱段，流传很广，几十年来，有些演员经常清唱这段，很受群众欢迎。这段唱腔，轻快明亮，轻松悠扬，最后一句"快马加鞭"，言前辙，依字拖腔轻声演唱，韵味悠长。前面唱得深情温暖，后面唱得催人奋进：

（京剧：西皮原板／晋剧：夹板）

手捧宝书满心暖，

一轮红日照胸间。

毫不利己破私念，

专门利人公在先。

有私念近在咫尺人隔远，

立公字遥距天涯心相连。

读宝书耳边如闻党召唤，

似战鼓催征人快马加鞭。

第八场《闸上风云》是全剧的核心，这一场，江水英有两大段唱腔，分别是《为人类求解放奋斗终身》和《让革命的红旗插遍四方》。这两大段唱腔，非常见演员的演唱功力，王爱爱演唱得气势磅礴，排山倒海。

剧中大队长李志田思想不通，不愿意牺牲本队的高产田，江水英面对掉队的战友，回忆往事，痛心诚挚地劝说同志，以情感人："咱怎能好了疮疤忘了痛？更不能饮甜水忘记掘井人。"江水英唱《为人类求解放奋斗终身》：

（京剧：反二黄慢板／晋剧：慢四股眼）

面对着公字闸，往事历历如潮翻滚，

这一砖这一石铭记着阶级深情。

三年前龙江村山洪迸发，暴雨倾盆，田地全淹尽，

房被冲毁，人困山顶，危急万分。

（京剧：原板／晋剧：夹板）

忽然间红灯闪群情振奋，

毛主席派三军来救江村。

东海上开来了救生快艇，

赠馒头送寒衣暖人身心。

乡亲们手捧馒头热泪滚，

毛主席的恩情比天高，比地厚，更比海洋深！

更比海洋深！

战洪水，后山人不惜牺牲抢担重任，

筑长堤，造大闸，万人合力重建龙江村。

咱怎能好了疮疤忘了痛？

更不能饮甜水忘记掘井人！

（京剧：散板／晋剧：四大件停，无伴奏）

忆当年看眼前，此情此景令人心疼实难忍，

（京剧：摇板／晋剧：流板）

同志啊！战友哇！

（京剧：二六／晋剧：二性）

似这点小风浪你尚且站不稳，

更何谈为人类求解放，奋斗终身！

接着，江水英因势利导，无产阶级只有解放全人类才能最后解放自己的高度，深情演唱《让革命的红旗插遍四方》。这段唱腔，王爱爱演唱得气势恢宏，"插遍四方"一口气重唱三遍，换气，接唱"高高飘扬"，气势高昂，直插云霄，音乐烘托，全场掌声。

（京剧：反二黄原板／晋剧：夹板）

抬起头，挺胸膛，

高瞻远瞩向前方。

莫教"巴掌"把眼挡，

四海风云胸中装。

要看到（晋剧：二性垛板）世界上，

多少奴隶未解放，

多少穷人遭饥荒，

多少姐妹受迫害，

多少兄弟扛起枪。

多少姐妹受迫害,

多少兄弟扛起枪。

(二流水) 埋葬帝修反,

人类得解放。

埋葬帝修反,

人类得解放。

让革命的红旗插遍四方,

插遍四方,

插遍四方!

高高飘扬!

这两大板唱,真是酣畅淋漓,观众听得极其过瘾。无论唱歌还是唱戏,都讲究有高有低,有快有慢,有强有弱,有轻有缓,其实就是说,要有对比,这样唱出来才动听。如,借鉴京剧"回龙"板式创作的晋剧"回龙":"夜巡堤,披星光,但只见工地上,人来车往,灯火辉煌,同志们斗志昂扬,准备着奋战一场。"这段快板唱得急切有力,情绪如行云流水,一泻而下。然后,再展开情感,用"慢板"接唱"九龙水",特别抒情。

王爱爱《龙江颂》的唱腔,是"爱爱腔"成熟的标志。"几年前这堤外荒滩一片"的深情回忆,"听惊涛拍堤岸"的昂扬壮阔气概,"手捧宝书满心暖"的温暖温馨,"面对着公字闸"的深沉深情,"抬起头挺胸膛"的壮志凌云,一段一段都唱得沁人心脾。特别是在几十年前,王爱爱就已经在戏曲唱腔中使用"气声"演唱,轻声运腔,行腔稳健,无伴奏演唱时,低沉如吟,"忆当年看眼前,此情此景令人心疼实难忍"一句,四大件乐器停止,只有背景音乐若隐若现,如果没有过硬的演唱功力,很容易露怯。

第五场《抢险合龙》,"英雄们"中音区行腔,"们"字"人辰"辙,收腔利落,犹如书法落笔之回锋;"截流拦江"中"截流"二字唱得圆润饱满,从"由求"

辙，转入"拦江"的"江阳"辙，依字拖腔，自然流畅，悦耳动听。

第六场《出外支援》，"专门利人公在先"，"公在先"的"在"字，"怀来"辙，声音上扬，愉快轻松，强化字尾音，韵味十足。这一段唱得温暖感人，情绪极有感染力。

第八场《闸上风云》是全剧的高潮，深刻地表现出江水英崇高的精神思想境界。这个唱段气势高昂，王爱爱的演唱技巧处理也很细腻。"面对着"，声音低沉，陷入回忆中；"公字闸"的"闸"字，唱"发花"辙，声音上扬；"往事历历"旋律低回；"如潮"的"潮"字，唱"遥条"辙，有力收回，尾音干净；"翻滚"的"翻"字，用"言前"辙，依字拖腔八拍；"滚"字，唱"人辰"辙，字头字腹字尾，字随腔出，不断润腔，渲染情绪，表现了江水英心潮不平的情感。

"革命样板戏"的音乐，是最优秀的音乐设计者集体创作智慧的结晶。它为古老戏曲表现现代生活，起到了承前启后的重要作用。它在舞台上只有"样板戏"演出的年代，最大范围地让观众无论主动还是被动，全方位地接受了中国戏曲。因为在当时只能欣赏"样板戏"，没有更多的艺术形式可以选择。于是，即便不看戏的群众，从开始接受戏曲教育，到学会欣赏，逐渐地培养起了一代观众的兴趣，成为中国戏剧历史上，最大规模地普及戏剧知识、学习戏剧演唱的时代，观众对戏曲的虚拟性、程式化表演手段、写意的表现形式、特定的戏曲韵白，都耳熟能详。当然，大环境造就大艺术家，时代造英雄。现在可供人们享受的文化艺术形式丰富多彩，群众的欣赏趣味发生了巨大改变，戏曲再不可能像 20 世纪那样，成为人们消费娱乐的主要艺术门类，也就不容易产生那样有影响力的艺术家了。

几十年过去了，聆听移植晋剧现代戏《龙江颂》中王爱爱演唱江水英那婉转悠扬的唱腔，依然动听，百听不厌。

每个时代都有每个时代的音乐符号。"样板戏"的唱腔，就是 20 世纪六七十年代的音乐形象，无论它是叙述性的还是抒情性的，都有时代烙印。每一部"样板戏"都有主题音乐，让观众一听到这些音乐，就能立刻唤起大脑中的音乐记忆，如《红灯记》以歌曲《大刀向鬼子们的头上砍去》为主题音乐进行渲染，第一场，主题音乐奏起，具有号召性和战斗性，号召全国人民共同抗战，同仇敌忾，接着音响是火车鸣笛进站，英雄人物李玉和上场，准备和交通员接头。就这么一段音乐，就能把时代背景、故事地点交代得清清楚楚，所以说音乐是灵魂。

晋剧《龙江颂》在 20 世纪七十年代的省晋剧院，有晋剧院历史上最庞大的乐队，在剧种乐器和民乐中，加入了西洋乐，表现现代生活时很有表现力和感染力，加强了音乐的色彩变化，在重要唱段进行有力烘托，营造气氛，收到了很好的艺术效果。

可惜，九十年代后期，随着市场经济的发展，戏曲的不景气，晋剧院乐队建制压缩，西洋乐渐渐退出了戏曲演奏队伍，演奏员只好改行，民乐后来也越来越少，一度时期，音乐伴奏"文场"乐队只剩下晋剧剧种乐器"四大件"（指呼胡、二弦、三弦、四弦）加一个电子琴就能下乡演出。简陋的乐队，陈旧的服装，表演的简单，唱腔的缩短，演员越演越没自信，戏曲越来越衰落。

晋剧现代戏《龙江颂》江水英的唱腔因"爱爱腔"得以流传，"爱爱腔"因《龙江颂》得以成熟。王爱爱的唱腔之所以大气流畅，令人陶醉，除了研究者总结的她的嗓音条件独特，吐字清晰掌握了科学的发声、气息的控制技巧之外，还吸收了"嗨嗨腔"的高亢激越、"云遮月"的婉转缠绵，以及民歌的表现方法，更为重要的是，王爱爱对作品的阐释细腻，演唱有激情，带着剧中人物的情感去演唱刻画人物。还有一个重要原因，就是社会大环境的发展。

"爱爱腔"把高、亮、脆与甜、柔、润融合得自然顺畅，她的演唱中低音扎实，高音稳健，提气、偷气、换气、补气等，各种气息运用自如，得心应手，听她的唱腔，没有让观众听到换气的不适，她的气息处理都在运腔过程中。

王爱爱在剧中的表演也很细腻，由于她的演唱非常精彩，观众常常把更多的关注力放在了她的演唱上，而忽略了她的每一个动作、表情和道白。王爱爱的身段规范大方，表情含蓄不夸张，道白清晰有韵味。戏曲界行内都认为，现代戏比传统戏难演，因为传统戏有程式表演，这套表演程式可用在表现任何一个朝代戏中，而现代戏则不同，需要演员根据人物的性格、年龄、身份，重新创作表演动作，所以，需要在创作上下大功夫。王爱爱在参加全国政协会时，遇到了很多全国著名的表演艺术家，她说：

　　我们在北京开会，碰上杨春霞（现代京剧《杜鹃山》柯湘扮演者）、李炳淑（现代京剧《龙江颂》江水英扮演者）、刘长瑜（现代京剧《红灯记》李铁梅扮演者），都认为，样板戏到今天还是无与伦比的，就是好。舞美、音乐、表演，把北京好多的专家都集中在一起创作。杨春霞说，就她戴着脚镣上场，光她一个上场，一个上午都来不了（指各种设计动作）。你说这能不出精品？现在，几天就排出一本戏。那会儿，几个人在一起研究唱腔，既要演英雄人物，还要舞台美化，还要戏曲感人，样板戏的唱腔现在拿出来，哪一段觉得陈旧呢？

　　随着《龙江颂》唱腔的空前流行，王爱爱和她的"爱爱腔"，享誉晋、蒙、

京剧电影《龙江颂》剧照

陕、冀等晋剧流布地区，她独特的声腔，从 20 世纪六十年代形成，至七十年代走向成熟。

　　人生总不会一帆风顺，前行的道路总是曲曲折折。王爱爱在人生的道路上也是如此。20 世纪七十年代末期，她的人生又进入低谷。但是，逆境可以磨炼人的意志，只要意志坚强，就能在不利和艰难的境遇里百折不挠。既然现实无法改变，那就顺从命运，这并不是屈服命运，而是忍字当头，暂时的忍受，可以征服一切命运。"沉默是金"，这是最高的轻蔑，也是最高的境界。沉默不是懦弱，忍耐不是麻木，是无声的抵抗，是一种境界，是对风吹雨打的坦然与镇静自若。从晋中调到省城太原，经历过的风雨洗涤，让她在沉默中成熟，她相信生活中有真善美，只要自己活得有骨气有志气，就会有闪光的一天。人生本就无须多言，即便眼泪在眼眶里打转，她也要保持尊严，绝不扭曲人格，绝不屈服。她选择了沉默，蔑视这一切，让思想在沉默中升华。鲁迅说：不在沉默中爆发，就在沉默中灭亡。沉默一旦爆发了，如同滚滚黄河奔腾向前。

　　《孟子》云："天将降大任于是人也，必先苦其心志，劳其筋骨，饿其体肤，空乏其身，行拂乱其所为，所以动心忍性，曾益其所不能。"或许这是上天对王爱爱的一种考验吧。这种人生，有悲必有喜，有苦必有甜，有苍凉必有繁华，有痛苦必有幸福。自此以后，王爱爱的人生又有了好转，她赶上了改革开放的好时代。

珊

之卷

改革开放绽芳华

改革开放的春风

1976 年 10 月，难忘的十月，全国人民热烈庆祝粉碎"四人帮"，历时 10 年的"文革"从此结束，共和国的历史揭开了划时代的新篇章。

1977 年 12 月，山西省文化局举行了粉碎"四人帮"后的第一次全省戏剧调演。1978 年，"实践是检验真理的唯一标准"大讨论，这场伟大思想解放运动使得多年来一直观看"样板戏"的观众，盼望戏曲"百花齐放"，要求开放传统剧目的呼声越来越高。1978 年 5 月 25 日，山西省文化局根据省委的指示精神，开放了传统剧目《打金枝》《三关排宴》《白沟河》《破洪州》4 个剧目，剧场观众如潮。多年没有观看过传统剧目的群众，热情似火，出现了当代戏曲历史上观看传统剧目一票难求的盛况。同年 6 月，中共中央宣传部 1 号文件转发了文化部《关于恢复优秀传统剧目的请示报告》，大量优秀传统戏曲剧目陆续被开放，受到人民群众的喜爱，特别是那些抨击特权、伸张正义、平反冤狱的传统戏，更是受到空前欢迎。

1978 年 12 月党的十一届三中全会胜利召开，这是中国共产党成立以来，党的历史上具有深远意义的伟大转折，揭开了社会主义改革开放的序幕，中国进入了改革开放和社会主义现代化建设的历史新时期。文艺的春天来了！经过拨乱反正，党的文艺方针、政策得到正确贯彻执行，为冤死者昭雪，为受害者平反，为受侮者恢复名誉，文艺工作者干劲冲天，晋剧事业一片繁荣。山西省晋剧院连续多日演出经典传统剧目《打金枝》《杨门女将》，以及新编历史剧《雏凤凌空》，受到观众热烈欢迎。十多年看不到传统戏的观众，对古装戏充满新鲜和好奇，急切想要目睹传统戏的风采。

1979 年 3 月 14 日至 6 月 18 日，为庆祝中国人民对越自卫反击战取得伟大胜利，山西省晋剧院奉命组成 61 人的赴云南前线慰问演出团，随中央慰问团先后到云南、贵州、四川三省十九个地方进行慰问演出 80 多场，演出剧目有《打金枝》《雏凤凌空》《小宴》《杀宫》《算粮》《柜中缘》《挡马》《卖画劈门》等，受到边防军民热烈欢迎和昆明军区及三省党、政、军领导高度赞扬，并受到文化部表扬和山西省文化局嘉奖。

王爱爱参加了慰问团的演出活动，内心受到了一次深刻的爱国主义教育，心灵受到了震撼。当演出团历经长途颠簸，千辛万苦地来到演出地时，面对年轻的伤病员战士，王爱爱心情难以平静，常常含着热泪，满怀深情地为战士们演唱。她说：

让我记忆犹新的是，我们在 1979 年去老山前线慰问。因为老山前线的解放军很大一部分都是山西的，所以说他们强烈要求，"给我们派来一个山西的剧团吧"，省委就派我们省晋剧院去老山前线慰问我们最可爱的人。在那段记忆里，到现在来说给我一种深深的怀念，我觉得中国人民解放军真是一支铁打的军队。老山前线的解放军，大部分年龄都在二十一、二岁，连个二十五岁的都没有，他们都支援老山，为中国人民争气。那时候我们去慰问，从这儿到云南坐火车，从云南到越南就是坐汽车，这个汽车呀不是咱们现在这个汽车，就是那个光板汽车，我们就坐那个汽车坐了三天三夜。那会儿道

王爱爱在云南前线慰问演出

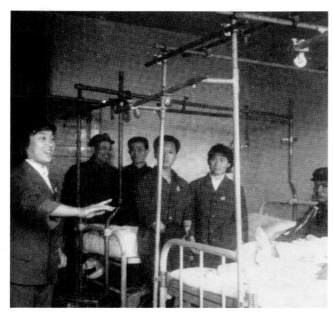

在云南前线慰问负伤解放军战士

路情况可不像现在这样，光行车就很艰苦。我还记得，那个车上还搭着伪装网，怕空中有飞机轰炸。我们就坐那种车去了，坐得我呀，真是不行了，我就跟他们说了呀，我说我从老山回去，再不坐汽车了，坐得人真是发愁了。可是到了前线以后呢？我们的演出是热情饱满的。去了前线，特别是山西人见了山西人，那就是格外亲。我们不论演出，不论行军，总有好多好多解放军战士来陪着我们。在那个环境，在那个地方，感召得你，再累也不觉得累了。我们最艰苦的演出是在猫耳洞，战士们很辛苦。那时候，最受欢迎的就是去病房慰问。有一次，我去病房慰问解放军，本来他们是躺着的，我们慰问团进去慰问他们，他们都要坐起来。我记得我就给他们唱歌，唱了那个《看见你们格外亲》，我就刚唱了两句，我的泪呀就流得再也止不住了，郭裕怀省长那时候说：'爱爱，忍一忍，千万要唱下来。'我就唱不下来，我看见那个状况呀，我就咋也忍不住。这唱完了以后，我们都要去和他们握手，我这么一握手，手一搭到床上，才发现这个孩子没腿，可能是从这个肚脐眼开始就没有了，后面我就问他，我说解放军同志你多大了？那孩子才20岁。

在云南前线慰问演出与解放军战士合影

所以说，我坐着汽车上呀，我一路走，我的眼泪一路流。你说人家这些孩子为甚了？还不是为保家卫国？所以说我对他们特别感恩，特别感谢他们。作为一名演员，这些演出都应该去，这是对自己灵魂的一种净化。平时我们下乡演出，面对搭一个土床呀，条件差一点呀，就觉得受不了啦，那么，我们再回想一下老山前线的战士们，吃这点苦算什么呢？

英雄事迹感动着每一个人，他们都在心中树立起最崇高的敬意，同时，也对自己的灵魂进行了一次洗礼。在老山前线，演员们被分成几个小分队去演出，演员人手不够，有时一个人兼演几个角色，从主角下场赶紧换装跑龙套，思想觉悟自动得到提高，从不计较是主角还是龙套。这都是在英雄精神的感召和激励下，落实在演员们行动中的具体表现。在那样特殊的环境中，每一个人都以最高的标准要求自己，主动吃苦在前，享受在后，从不计较个人名利，这就是精神的力量。

在这次慰问团走过的地方，演出最多的就是山西优秀传统代表剧目《打金枝》。这出戏是山西晋剧著名四大名牌丁（果仙）、牛（桂英）、郭（凤英）、冀（美莲）合作演出的代表作，1955 年由长春电影制片厂拍摄成戏曲电影在全国放映（金枝由冀萍饰演），在唱词、音乐、表演等方面，都进行了艺术加工润色，1959 年到福建前线慰问也演出了此剧，备受欢迎。《打金枝》之所以受到观众喜爱，成为脍炙人口久演不衰的剧目，一是在思想上内容上很贴近生活。据说毛泽东主席 1948 年看过晋剧《打金枝》，当时就称赞这出戏好，他说唐代宗很会处理家务事。二是从表演上来说，《打金枝》行当齐全，须生、青衣、花脸"三大门"，以及小旦、小生、三花脸"三小门"都有，舞台丰富，唱做并重，这出戏又经过数代艺人在演出中的艺术加工，在人物刻画上达到了炉火纯青的地步，其唱腔也成为戏迷票友争相传唱的经典唱段。1961 年省晋剧院青年演出团晋京汇报演出，进中南海为中央首长演出此剧，1979 年赴云南前线慰问演出，王爱爱饰演的沈后受到了官兵们的一致好评。

王爱爱的每个台步、每个身段、每句唱念，都是那么沉着稳健，落落大方。戏一开场在"剪绽花"音乐曲牌伴奏中，沈后随唐王缓缓上场。王爱爱一身皇后装扮，表现出皇后端庄稳重的气质。

王爱爱在《打金枝》中饰演的沈后有一段重要唱段即"劝宫"："在宫院我领了万岁的旨意，上前去劝一劝驸马爱婿。劝驸马你休发少年的脾气，国母我爱女儿更疼女婿。"这段30多句的二性垛板，把沈后端庄贤淑、深明大义的气质表现了出来，也把慈祥仁厚的母后形象立在了舞台上。她的劝告字字含情、句句在理，把"尘世上家家户户是一样的"的道理向女婿娓娓道来，亲切温暖，语重心长。这一板唱，王爱爱唱得甜美婉转，稳健大方，令人回味无穷。

王爱爱秉性沉稳、朴实，不喜欢自我表现，不爱夸夸其谈。家庭出身的影响、现实生活的磨砺、青衣行当的特点、所扮演角色的形象，铸就了她沉稳端庄、质朴大方的性格和演出风格。她的表演和演唱，深沉稳重，不浮不躁，不瘟不火，恰到好处，表现出一种稳重大方、端庄贤惠的艺术形象。

1979年6月，山西省举行了大规模的国庆30周年献礼演出，18个剧团上演了94场剧（节）目。短短几年，山西戏曲界迎来了一个艺术创作繁荣的崭新局面。1982年11月22日，山西省文化局举办了全省优秀中青年演员评比演出，王爱爱演出了刘舒侠（笔名娄一叟）根据传统剧目《血手印》改编的剧目《出水清莲》，她在剧中饰演女一号王桂英。这是王爱爱新时期以来新创作演出的代表剧目之一，获得了一级优秀演员奖，其精彩的唱段成为当今舞台上演员们纷纷演唱的经典曲目。

《出水清莲》剧情说的是王桂英与林昭德从小青梅竹马，两小无猜。林家遭不幸，王桂英之父嫌贫爱富，逼林家退婚。桂英背父与林郎花园夜会并赠银，歹徒杀死王家丫鬟嫁祸林昭德，致他被诬判斩。王桂英含悲赶赴刑场祭夫，留下千古绝唱。

这出戏，成为"爱爱腔"的代表作之一，至今有好几个唱段仍被戏迷传唱，

王爱爱在《打金枝》中饰演沈后

得到广大观众的喜爱，流传最广的三段唱腔是：《并蒂莲开吐幽香》《鞋弓袜窄人挨挤》《桂英不是王家女》。王爱爱说：

这出戏的编剧是刘舒侠、华而实，导演刘元彤，作曲刘和仁。这部戏在晋剧院来说，确实也是下辛苦了，那就是从文化厅到晋剧院，对这一部戏都比较重视。这一部戏虽然是个古老的传统戏，但是它整个通过大改，不论从唱词也好，从剧本也好，舞台的画面也好，特别是唱腔，都经过了大改，所以说这本戏出来以后，也是反响很大，群众爱看。作为我来说，我也爱演，为什么呢？这本戏对我不论从表演上、形体上、唱腔上，特别是唱腔上，提高很大。刘元彤导演在给我排这部戏的时候，确实下了辛苦了，特别对我来说，在那个时候我从艺已经是二三十年了，但是在刘导演看来不过关，他第一点给我提出来就是，爱爱必须加强基本功，跑圆场。它不像过去的这种，这个青衣行当出来就是抱个肚子这样唱，他说不行，我给你排这本戏，一定要让你动起来。刘导演在这个《出水清莲》上，设计了那么几段戏，确实在剧院来说，非常感恩，你比如说《行路》，他把这个跳交际舞的四步，放到这个《行路》上，你看他多胆大了，他把跳舞的四步放到《行路》上，这就证明一个什么呢？证明一个千金小姐出了门以后，走三步退一步。但是还不是像我们过去的那样，老的那个《行路》，那样走啊，他不是这。他是让放开走，这样一来，他说爱爱你必须得练台步，不练台步你完不成后面的什么《行路》呀，什么《祭桩》啊，你完不成。从那以后我就听了刘导演的话，我练功，我每天早上起来，我系裙、穿鞋、练功，就在这个期间，刘导演知道了，他也每天早上陪我练功。刘导演提着练功鞋，他也练，一开始他在前边走，我在后边走，他教我怎么就能跑好台步，怎么用技巧来跑好台步，陪我练了三个多月快四个月。我们是九点正式上班，所以七点到九点，我们就在排练厅练功。那么大的导演，为了让我把这个人物塑造好，亲自陪我一起练功，我非常感动，特别是作为我们地方戏来说，比方说这个一抬、一指、一动，刘导演就

王爱爱在不同时期饰演《打金枝》的沈后

王爱爱在不同时期饰演《打金枝》沈后

告诉我，爱爱现在应该舞台上讲究了，你不是一般演员了，你比如说你这个一指呀，这个青衣应该从哪儿开始，去走到哪，就从胸前开始，我这个出去，不要让它直直的，要弯度回来，弓式的。人家京剧么就讲究这个弓式。不像咱们地方戏这样指出去就算了。京剧非常讲究，你比如说青衣吧，戴凤冠霞帔，你这个玉带应该端到哪儿，端到哪儿就够了，再往哪儿端就超了。比如说这个手与手之间端起带来，不能超过一尺，那么说你太小了，显得你这拘谨，你这就拘回来了，那么说你太大了，就有点敞胸了，就成了这了，他说端起这个带来，这个手与手的间隔不能超过一尺，它看起来就是个弓式的，不是那么傻，那么说你太大了就傻了。青衣要演《金水桥》，端带端成个这，你说这像个什么？所以说，刘导演教了我好多好多东西，你比如说，一个演员在唱腔中间，既要动也不要动，这两个很难掌握，那么你动得多了，就把观众的视线引乱了，那么说你动得少了，就给观众一个概念那个演员呢不会动，就会在那儿站着唱，所以要把这个尺度把握好。像那个《花园》那场有一大段唱，刘导演就说是爱爱你这一段唱，你什么时候要动，什么时候不能动，就给我站那儿规规矩矩唱，我现在想起来，刘导演真是对我……

每一位真正的艺术家，对于帮助指导过自己的恩师，都是不能忘怀的，王爱爱回忆起刘元彤导演给予她的指导就非常感恩。刘元彤就是这样给王爱爱排戏，用理论启发，点点滴滴地示范指导，在王爱爱的艺术道路上，能遇到刘元彤这样非常优秀的导演，真是人生之幸运！通过这出戏，使王爱爱对表演和演唱艺术又有了更加深刻的理解，无论是在唱功还是在形体方面，都更加雍容大气，再加上在改革开放后，王爱爱的艺术人生正处在成熟期，她对戏曲艺术的理解自然比年轻时候更深刻。人生道路上能遇到指路人，对她艺术上的飞跃发展就能起到重大的提升作用。但王爱爱认为，她距离刘导演对她的要求相差还很远，还没达到刘导演要求的艺术高度。她说：

刘导演给我排《出水清莲》，我就现在这一下也没有达到人家刘导演的满意，"谁见过养蚕的人儿换新装"，这是人家"程派"程砚秋的东西，到现在我也不行，水袖就不行。水袖一绕两绕，要是把得水袖紧了，它就飘得不行，脱不下来了，我到现在也不行。

在《行路》这场戏里，还有梅兰芳的动作了，"顾不得鞋弓袜窄路不平哪哈"，我就走不来，有时就走成一顺顺儿了。"一二三，不对，重来。"刘导演设计的台步，和梆子戏的不一样，很讲究。

刘导演坚守一个原则，那就是戏曲的东西叫无声不歌、无动不舞。一唱一定是歌唱，而不是呐喊；无动不舞，每一个动作都像舞蹈一样那么美。刘导演在排戏的那个过程中要求规范，就体现了戏曲表演的规范。我很怀念刘导演，如果他能再多活上几年，晋剧院比这会儿还好。

刘元彤是著名京剧大师梅兰芳的徒弟，"富连成"科班出身，艺术修养很深，他能从北京来到山西工作，一个是有当时的王中青省长邀请；二是因为他是晋绥革命老干部，中华人民共和国成立之前就在山西工作过，对山西有感情。所以1958年当王中青省长邀请他来山西工作时，他没有犹豫就来了，从此，对山西戏曲事业作出了突出的贡献。山西很多戏曲剧种的主要演员都从他的指导中受益匪浅，他对山西省晋剧院的艺术发展起到了重大的作用。

刘元彤有自己的戏曲表、导演理论。他认为，一出戏受观众欢迎，凭借的不仅仅是戏曲剧本，还有演员完美的表现。有这样一个戏曲故事：四大徽班进京之后，老艺人米喜子曾经为清廷要员们团拜演出《战长沙》，在剧中扮演关公，登场时用蟒袖遮面，走至台口抛袖亮相，台下看戏的御史们，不由自主地齐刷刷地肃然起立，误认为真的关公显圣了。这种引人入胜的剧场效应全凭演员的表现力，要求演员准确把握观众心理，形成台上台下交相感应的"场"效应。

这种"场"效应，按照我国传统的美学观点来看，是一种"气场"，演员的技艺、功力达到一定的高度后，还要锻炼自己的气质，有气质有气度，演出来的人物才能有气派，才会感染人。所以要关注"场"效应，在平时训练中时刻注意，才能在演出中有很好的发挥。

有句老话，叫作"行家看门道"。评价戏曲演员演技水平的高低优劣，首先着眼的是这个演员在舞台上"有没有样儿"，即从第一观感上作出的判断。这与功夫到不到家、表演的一招一式是否规范都有很大的关系。第一印象对人的判断有很大影响，这种演技上的审美评判标准在国内各个剧种之间可以说是约定俗成的，从"样儿"着眼评论，就是看演员在演技上对戏曲特有的表演程式即艺术语言掌握和运用程度如何。戏曲表演在舞台上呈现的一切程式，并不只是"起霸""趟马""走边"程式，或者凭借身段和手势动作所展现的程式表演，而是一种广义性的概念。程式不仅体现在演员的"四功""五法"之中，而且在舞台调度、锣鼓经、曲牌选用与伴奏、表演的行当划分，以及扮相方面都有规范性的标准要求。

但是，"样儿"不是单纯的程式组合，而是进入"像儿"的一种升华。有句话"像不像三分样儿"，是说戏曲表演中只有具备了一定的"样儿"，才能更加生动地展示"像儿"的表现作用。

如何才能做出"样儿"呢？刘元彤认为，首先，必须做到手与眼合、身与步合、上下身合。不能无精打采，驼背塌腰。其次，除了做到"外部三合"，还要做到"内部三合"，即心与意合、意与气合、气与动合，方能神形兼备。

所以，戏曲演员功力的高低、资质的深浅，都在舞台上那一亮相的"样儿"中了然。演员在训练时要注意多练习，多思考，才能有收获。

传统的戏曲表演讲究"身心一致，内外得体，得心应手，自然如意"，在表演当中重视内部技巧和心理技能在演技中的作用。但是，戏曲界在训练方面没有明确的训练方法，世代沿袭下来的就只靠演员自己"悟"。觉悟了，艺术境界就升华了；悟不到，那就是没有悟性、没有灵性。

凡属技艺皆有法，无法则乱章。刘元彤认为"内练"与"外练"在中国戏曲的表演上已经有机地结合在一起了。传统戏曲的表演教学，要从"练武功"

着手，并把"毯子功""腰腿功""把子功"的艰苦训练视为表演技艺的基本功。原因是这种训练可以使演员通过练功学法、以法练功的刻苦锻炼，逐步掌握"功法"与"心法"结合的要领。有人说这种方式叫作"外练筋骨皮，内练一口气"或者是"外练身法步，内练精气神"，都是一样的。

京剧武生泰斗杨小楼说："我们道门有句话，气者，意也。意送丹田，气就能聚于丹田。意就是心气，心气到了哪儿，气就到了哪儿。"著名剧作家翁偶虹解释："所谓心气，就是意识。以内功驾驭表演，就是以意识指挥表演。"

中国的戏曲表演心理教学就是通过劳其筋骨、动其意识的苦练来进行，是一种通过心理意识调整形体的过程。在久练生熟、循序渐进的教学法则下，渐渐地习惯成自然，而后才能步入"心手合一"的随心所欲的深层境界中。

斯坦尼斯拉夫斯基曾经说过："不能用没有受过训练的身体来表达人的内在精神生活的最细致的过程，正如不能用一些走调的乐器来演奏贝多芬的《第九交响乐》一样。"对一个演员的表演训练必须是从里到外、从上到下、从局部到整体，咬字呼吸都要经过全面训练，才有可能达到全面的表现力和形象感。根据这样的要求，在训练上没有一定的方法不行，有了方法没有足够的功力也不行，有句话："练功不得法，等于瞎胡耍；得法没有功，技艺也稀松。"说得就是这样的道理。

艺术和生活一样，感性的产生和表现有两条道路，一条是由灵魂到身体，一条是由身体到灵魂。作为戏曲演员，应该在表演艺术上面做到"三有"：身上有戏，脸上有戏，心里有戏。中国戏曲艺术有独特的表现方法和表演艺术技巧，但是，也要吸收其他艺术形式的长处，博采众长。试想，当年如果没有四大徽班进京，没有这样戏曲艺术大交流的机会，就没有京剧的形成与发展。

刘元彤在表演艺术上，博采众长，注重传承发扬传统的同时，更注重吸收其他艺术的表演元素。他认为，每个时代都有自己的观众，每一代的观众接受的教育不同，审美品位也不同，新陈代谢是永恒的主题，戏曲艺术要跟得上时代的发展，演出要有新鲜感、新奇感、新技艺，要行头好、舞美好、音乐唱腔好。

以上表演理论是刘元彤多年艺术实践的总结，他对王爱爱在《出水清莲》中如何塑造人物、怎样提高表演技能方面，不仅在理论上作讲解，更重要的是在表演上有示范指导，令王爱爱受益终生。

对于《出水清莲》的作曲刘和仁，王爱爱同样充满感激。她说：

刘和仁近年来在唱腔上，特别是对每个演员，不按那个死套子来，他给每个演员量身定做，他给你这样去写唱腔去，你比如说《出水清莲》的唱腔出自1983年，那么说到我们今天，那么远的唱腔放到现在来说，人们都听得不是那么太古板，都喜欢去唱去，为什么呢？这是一个作曲天才。我觉得我的唱腔，刘和仁也是下了很大辛苦的。你比如说，两个现代戏也好，《出水清莲》也好，《春江月》也好，刘和仁在我的唱腔上，确实下了辛苦了。因为我过去不懂简谱，我懂简谱是从1963年开始的，因为我的嗓子坏了，嗓子起小结了，省委宣传部决定让我到北京去看嗓子，看嗓子那时候宣传部就决定说是，爱爱去了也不要住哪了，干脆住到中国音乐学院吧，我就住到中国音乐学院。中国音乐学院院长给我发的一个特别通行证，我就拿人家这个小卡片，我哪个教室也能进。在那个时候，虽然年龄不大吧，作为一个演员来说还是想听唱呢，我就想听听人家这个声乐课，老师上声乐我就想进去听一听，可是在那个时候听了以后，头脑里边还是朦胧的，这可能就是多年来，随着舞台的实践，随着演了好多戏，随着也唱了好多唱腔，今天回过头来以后，再想一想人家老师上的课，我今天想起来，不管一个唱歌的也好、唱戏曲的也好，这个发声一定要有科学的发声，这个很重要。你有再好的声音，每天那样声嘶力竭地唱，嗓子它也受不了，所以从那个时候开始，从中国音乐学院回来，特别是排了现代戏呀，排了一些新编的历史剧呀，对我来说这就用到《出水清莲》上了。我觉得《出水清莲》过去人家说是，《出水清莲》是三名三高的戏，高导演、高作家、高演员，名导演、名作家、名演员。所以说刘和仁在那个时候，对我的唱腔要求非常严格，严格按谱子来，你比如说一个小附点，一个连音线，一个休止符，刘和仁对这个休止符强调得非常严格，到休止必须给它休止。所以说，刘和仁在我的唱腔上，也是功不可没的，所以说我今天非常感谢刘和仁。

《出水清莲》是"三高"，高导演、高作家、高演员。两个名作家提供了一个好剧本，一位名导演提高了王爱爱的表演技艺和塑造人物的能力，一个名作曲使她的声腔艺术得到了完善、完美。所以，戏曲是综合艺术，一个优秀的团队才能产生一个优秀的作品，一花独放红一点，百花盛开春满园。

晋剧《出水清莲》中的《并蒂莲开吐幽香》。

（五花腔）并蒂莲开吐幽香，

亭亭玉立斗冰霜。

非是桂英多妙笔，

生花还在心底芳。

无边心绪谁能赏，

自有知音诗四行。

诗中有画画中有诗，

珠联璧合星辉月朗，

我亲手珍重挂闺房。

婚姻幸早订，

同命又同窗。

书馆不相见，

日期分单双。

有情人何必，

朝朝暮暮，暮暮朝朝，

来来又往往。

我与他终身相聚日方长，

他娘舅遭贬降，

城门火池鱼殃，

贫贱何妨，

不会嫁的嫁得是家当，

会嫁的只要嫁儿郎。

（夹板）更何况他虽人穷有志向，

愿伴他苦读万卷求自强。

纵不能玉堂金马为将相，

（二性）也还可耕读人家继世长。

晋剧《出水清莲》中的《桂英不是王家女》。

（二性）桂英不是王家女，

永是林家的亲儿媳。

莫牵挂，把眼闭，

白发人我奉养到年古稀。

林家的坟台有我一席地，

生虽不同衾，死要同穴栖。

叫梅香，打妆匣取出梳篦，

取出梳篦。摘发簪满头黑发见了霜丝。

轻轻地梳呀，细细地理，

梅香你引线我一针一针缝破衣。

人间不给你留寸地，

你齐齐整整上天梯。

端正正插发簪，莲开并蒂，

王爱爱清唱

再打开这卷画，我作丹青你品题。

画中有诗情诗中有画意，

我与你同窗共眠同声息。

而今莲花虽凋敝，

知心语，犹在耳边唧唧复唧唧。

地多久情多久，

天多长来情多长。

海枯石烂情一往，

青天可鉴我铁了心肠。

王爱爱八十年代照片

海角天涯不相忘，

来年生翼早回翔，早回翔。

"爱爱腔"在每个历史时期，都有不同的代表作品产生，这也是"爱爱腔"这个流派之所以长盛不衰的原因之一。

在网络如此发达的今天，可以从网上看到很多《出水清莲》的视频，都是演唱剧中的精彩唱段，点击欣赏了王爱爱演唱的"桂英不是王家女"，令人泪流满面。王爱爱是带着感情去唱的，她唱的是人物，不是王爱爱自己。"爱爱腔"是声情并茂的声腔艺术，腔中含情，她不是卖弄嗓子，不是卖弄技巧。她是以情带腔，声腔饱满圆润，如，"知心语，又在耳边唧唧复唧唧"一句，她的尾音唱得余音袅袅，逐渐低沉，将怀念心上人的内心世界柔柔软软地表达了出来。"地多久情多久，天多长来情多长。海枯石烂情一往，青天可鉴我铁了心肠。海角天涯不相忘，来年生翼早回翔，早回翔。"这一段，抒情性很强，也很像戏歌，不是传统的戏曲唱腔，以"江阳"辙表现情感，"来年生翼早回翔，早回翔"，重复就是一种强调，情感的递进，这里的"回"字高亢有力，继而转入"翔"，进入畅想，拖腔自然，渐弱，若隐若现，似乎剧中人物的想象，能把观众的思路也带向远方。王爱爱这段唱有强有弱，轻柔温和，从不嘶喊，即便表达强烈的情绪，也从不破音，如，在《鞋弓袜窄人挨挤》中，她的一声哭白："夫啊！"声音未落，观众的泪水已经涌上眼窝。即使是运用高声，也保持着声音的圆润，这真是"爱爱腔"的魅力！

"爱爱腔"雅俗共赏。从20世纪六十年代诞生"爱爱腔"，七十年代成熟，八九十年代走向辉煌，王爱爱清脆的嗓音，甜美的唱腔至今在舞台上回响，在民间广泛传唱，不得不说，王爱爱是晋剧青衣行当里程碑式的代表人物。她独特的甜嗓子无与伦比，清新隽永，给观众心灵愉悦和美好的艺术享受，用老百姓的话来形容就是：听王爱爱的唱，好比暑天清凉败火了，真过瘾！

每一个人都有自己的人生理想和追求，王爱爱也不例外。在艺术上不断取得成就的王爱爱，在政治上也追求进步。多年来，她的理想就是能够成为一名光荣的中国共产党党员。早在晋中晋剧团的时候，她就是青年团的团支部宣传委员，她热爱中国共产党，渴望得到党组织的信任，早日成为一名光荣的共产党员。终于，她多年的努力和愿望得以实现。1980年10月7日，她接受党组织的谈话，填写了入党志愿书。她在入党志愿书中写道：

中国共产党是马列主义、毛泽东思想武装起来的伟大的无产阶级政党，是中国工人阶级的先进部队，是中国社会主义事业的领导核心，是中国各民族利益的忠实代表。中国共产党以马列主义、毛泽东思想作为自己的行动指南，党的最终目的是在中国实现共产主义。在以毛泽东同志为首的党中央领导下，经过长期的革命战争和艰苦的环境锻炼，我们的党形成了以实事求是、一切从实际出发、理论联系实际、批评与自我批评、民主集中制等为主要内容的优良传统和作风，这是我们党区别于其他政党的显著标志，是我党具有强大的战斗力、克服艰难险阻、战胜各种敌人、永远立于不败之地的根本条件。

我是解放后在党的亲切关怀和培养下成长起来的演员，党在我身上倾注着慈母般的深情厚谊。30多年来，在党的培养教育下，使我更加明确地认识到，没有共产党就没有新中国，没有共产党也就没有我自己，我坚决一心跟着党，永远跟着党走，争取做一名无产阶级的先锋战士。为此，我要求加入中国共产党，努力学习马克思主义、毛泽东思想，认真学习党纲党章，按照党的纲领章程、党内政治生活若干准则，严格要求自己，参加党的组织，并在其中进行工作，努力改造世界观，不计较个人恩怨，团结一致向前看，要顾全大局，一心向着党，有话向党讲，维护党的统一，不参加及反对任何分裂党的派别组织和派别活动，不争名，不争利，不计较个人得失，全心全意为四化服务，密切联系群众，坚持真理，修正错误，敢于改正自己工作中的缺失和错误，不论何时何地，都要以个人利益服从党和人民的利益，不怕困难，不怕牺牲，永远捍卫马列主义、毛泽东思想，沿着马克思主义指引的方向前进，为实现党的纲领积极工作，为共产主义事业奋斗终生。

王爱爱的两位入党介绍人认为她条件成熟，可以被吸收到党组织中来。一位介绍人填写意见写道：

王爱爱同志是我党新中国成立以来培养教育成长起来的晋剧著名演员，是晋剧院的艺术骨干，重要的依靠力量。该同志多年来向往加入中国共产党，做一个名副其实的共产党员。远在晋中青年团时代就进行过培养，过去因为家庭问题受到影响，赴云南前线慰问部队参加了党课学习，近一年来又组织学习了新党章和党内政治生活若干准则，对党加深了认识，克服了悲观情绪。爱爱同志历史清白，好学，品德端正，作风正派，注意世界观的改造；演出严肃认真，刻苦钻研业务，艺术水平不断提高；平易近人，待人和蔼，能团结同志一道工作，并能开展批评与自我批评，做群众的思想工作，个人利益服从党的利益，具备入党条件。

另一位介绍人的意见是：

王爱爱同志8岁跟祖母学戏，继而参加剧团，是在党的文艺方针政策教育下茁壮成长起来的革命文艺战士，调来我院前即是榆次晋剧团党组织的培养对象。她历史清白，一贯热爱晋剧事业，积极参加优秀传统剧目和革命现代戏的创作演出，工作中严肃认真，一丝不苟，学艺中能尊重师长和团结同志。刻苦钻研，勤学苦练，善于观察吸取老艺人（牛桂英、程玉英）艺术创作中的特长和风格，摸索发挥自己艺术天资的门径，从而创造了青衣行当的独特风格，形成流派。对党的晋剧事业作出了贡献。爱爱同志对党的政治任务，积极热情，赴云南前线参加演出中，演好角色，做好配角，为了进一步攀登艺术高峰，能认真总结艺术创作经验，经常挤时间阅读报刊和古今中外文艺作品，愿为晋剧事业的繁荣发展奋斗终生。鉴于以上情况，我愿介绍王爱爱同志加入我党，同时，希望她在今后工作中能更好地团结同志，戒骄戒躁，齐心前进，为祖国四化建设作出更大贡献。

山西省晋剧院党支部大会通过接收申请人为预备党员的决议：

王爱爱同志，历史清白，从小学戏，至今已达 30 年之久，她热爱党的文艺事业，刻苦钻研技术，勤学苦练，博采众长，在艺术上取得显著成就，为晋剧事业做出了较大贡献。

爱爱同志对工作严肃认真，生活作风正派，热爱党，积极要求进步，经党支部较长时间的培养，已具备了入党条件，于 1980 年 12 月 31 日召开了全院党员大会，参加支部大会，一致通过该同志入党。

1981 年 6 月 13 日，山西省文化厅机关党委指派专人和王爱爱进行了谈话，对申请人入党的意见是：

通过谈话，王爱爱同志对入党要求迫切，曾经写过五次入党申请。

王爱爱同志讲，党对我的培养信任，我一定对党忠诚老实，相信党，经受党对我的考验，我一定努力完成党交给我的一切任务。党给了我的荣誉绝不记到我个人账上，我绝不骄傲自满，我要虚心学习，模范工作，回报党对我的信任。三中全会以后，我对党更加坚信，决心坚持四项基本原则，我一定把自己当成一个普通的群众，决不计较个人得失，入党后我一定全心全意为党工作，努力做到思想上入党。根据晋剧院支部大会决议，和对王爱爱的谈话，我同意吸收王爱爱入党。

1981 年 6 月 16 日，山西省文化局直属机关委员会批准王爱爱为预备党员。

1982 年 9 月 13 日，山西省晋剧院支部大会决议：王爱爱同志在预备期间能够以共产党员的标准严格要求自己，工作积极，平易近人，严以律己，宽以待人，钻研业务，为党的晋剧事业作出应有的贡献，经党小组讨论，支部大会一致通过，认为王爱爱同志基本具备了一个共产党员的条件，要更广泛地团结同志。

1983 年 4 月 19 日，山西省文化局直属机关委员会同意王爱爱按期转正，党龄自 1982 年 6 月 16 日算起。

入党了！多年的愿望终于实现了！激动之后，王爱爱心中五味杂陈，各种感情涌上心头，泪湿衣襟。她说："我这个共产党员是哭出来的。当有人告诉我说，你的党员批下来了的时候，我站在阳台上，从上午 9 点一直哭到中午 12 点。"

这么多年了，王爱爱的确是经受了党对她多年的考验，她饱经风霜，仍然坚定共产主义理想。当她庄严地举起右臂向党宣誓的那神圣一刻，她觉得热血沸腾，是的，她郑重地宣誓：我志愿加入中国共产党，拥护党的纲领，遵守党的章程，履行党员义务，执行党的决定，严守党的纪律，保守党的秘密，对党忠诚，积极工作，为共产主义奋斗终身，随时准备为党和人民牺牲一切，永不叛党。

1982 年 9 月，为了总结党的十一届三中全会后取得的成就和经验，召开了党的十二大，确定了全面开创社会主义现代化建设新局面的纲领。大会第一次提出了"建设有中国特色的社会主义"的崭新命题，"马克思主义的普遍真理同我国的具体实际结合起来，走自己的道路，建设有中国特色的社会主义，这就是我们总结长期历史经验得出的基本结论"。大会制定了我国经济发展的战略目标、战略重点和战略步骤。党的十二大以后，在建设有中国特色社会主义理论的指引下，以稳定和完善家庭联产承包责任制为主要任务的农村改革进一步深入，以城市为重点的经济体制改革由试点发展到全面铺开，"经

济特区 — 沿海开放城市 — 沿海经济开发区 — 内地"的全面对外开放格局逐渐形成，我国改革开放进入全面展开阶段。

历史的车轮进入新时期的快车道，文化艺术领域体制改革也随经济体制改革的步伐拉开了序幕。20世纪八十年代人们的艺术审美开始趋向多样化，电视、轻音乐、通俗歌曲等冲击着传统戏曲文化市场，吸引了广大的青年观众，青年观众越来越多地离开戏曲剧场，农村青年观众的兴趣也开始发生转移，戏曲演出场次与观众人数急剧下降，给戏曲的发展带来了很大压力，戏曲危机的呼声开始响起。

为适应时代的要求，努力开拓新时期的社会主义文化建设，1983年年初，山西省晋剧院试行文艺体制改革，由名演员组班承包剧团。于是，省晋剧院成立了3个演出团，王爱爱承包了演出一团，主动进入演出市场。从此，戏曲院团脱离计划经济体制下的模式，走上了市场经济为主的经营模式。

王爱爱率领的晋剧一团，奔走在晋剧流布的山水之间。这个时期，她的艺术足迹走遍了山西的城市农村、贫困山区、革命老区以及黄河两岸，省内省外，"爱爱腔"无处不在，就连山西那些最偏僻的农村小家小户都知道有个王爱爱，虽没见过其人，但是从广播里听过她甜美的演唱。1982年，王爱爱录制过一个广播剧《喜铃》，这是山西人民广播电台录制的，赵威龙、武艺民根据马骏短篇小说《鬼灵精》改编，王爱爱在剧中扮演喜铃。这部剧说的是十一届三中全会以后，晋中西岭村田老根一家勤劳致富，经济大有起色。然而在进一步发家致富的道路上却出现了分歧。儿媳喜铃和儿子田明要买拖拉机，老根却坚持买老黄牛。在实践中，落后的小农经济保守思想受到了挫折和生动的教育，不得不服输。该剧1983年参加全国广播剧评选，获优秀剧目奖，并获山西省和太原市首届文学基金奖。王爱爱的唱腔通过广播电台送到了四面八方，送到了山庄窝铺、工厂矿区等偏远地方，在那刚刚改革开放的年代，电视还不普及的年代，老百姓通过电台收听广播，听到过王爱爱的唱腔，都想看看王爱爱的戏，无论走到哪里她都受到群众的热烈欢迎。

王爱爱外出考察

　　那时戏曲演出台口很多，王爱爱对于频繁的演出，虽然也有疲惫的时候，但是她认为："我觉得一个演员就应该这样，就应该深入农村，为农民去服务，毛主席有一句话'为工农兵服务'，所以说在我 1982 年担任晋剧院名誉院长以来，带领一个团队，奔赴山区、农村、厂矿、军营、学校等等，这都是我们应该做的，就应该这样。"

　　1984 年 7 月 13 日至 20 日，山西省委宣传部、省委组织部、省政府办公厅、省文化厅联合召开了"山西省文艺改革论证会"，对文化事业中的经济效益与社会效益、艺术教育与文化改革的关系、落实知识分子政策与解放生产力、振兴晋剧与繁荣文艺创作等问题作了论证。之后，山西省文化厅提出了"四个第一"的工作目标，即"培养第一流的人才，创作第一流的精神产品，建设第一流的文化设施，创造第一流的管理"，开展了一系列有声有色的艺术活动。

　　1984 年 10 月 20 日至 11 月 5 日，山西省文化厅在曲润海厅长的领导下，

王爱爱与省委宣传部、省文化厅领导等合影

在太原举行了"山西省振兴晋剧调演"，来自省内外的 13 台 14 个剧目参加了演出，内蒙古、陕西、河北三省区都有晋剧团参加调演。王爱爱作了示范演出。这次调演规模宏大、组织严密，从此，拉开了山西省戏曲"综合治理"的序幕。

王爱爱时刻以一名共产党员的标准要求自己，对党忠诚，她的艺术人生道路越走越宽广。她担任了两届山西省政协委员。1982 年 3 月担任山西省晋剧院副院长。1983 年先后获山西省妇联、全国妇联授予的"三八红旗手"称号。1984 年赴北京参加了北京剧曲讲习班，学习 3 个月，与全国各剧种的著名表演艺术家一起学习，一起交流探讨，增加了友谊，开阔了思想。1985 年至 1986 年，担任山西省晋剧院永春团团长。1987 年 4 月，担任山西省晋剧院一团名誉团长。1988 年 7 月 26 日，被评为国家一级演员。

艺术上取得的成就越大，获得的荣誉越多，工作上的担当越重，王爱爱

对自己的要求就越严。她说：

我是党培养起来的新文艺工作者，我深深地懂得没有共产党就没有新中国，所以我信仰共产主义，毕生追随党组织，我的这个愿望三中全会以后终于得以实现。但组织上的入党不等于思想上的入党，应该向曲啸同志学习，在蒙难坐牢时也用共产党员的尺子来衡量、要求自己，他的信仰是多么坚定，他的心底又是多么宽广。《人民日报》登载的文章指出"先做党员，后做演员"。这八个大字时常在我头脑中翻转，如果说我在晋剧事业上尚有点贡献的话，那么是党培养哺育的结果，没有党就没有我的一切。所以这八个字也是我的座右铭。

文艺战线上的改革与其他战线上的改革同样是不平坦的，怎么改，如何改，均无经验。所以中央一再三令五申，允许改革中犯错误，但不允许不改革。我自己就是怕在改革中犯错误，不敢起步，更不敢迈步，有时迈出去了又缩回来。通过整党学习，我对自己的要求是坚决贯彻执行党的文艺路线，

王爱爱为山区老百姓演出

时刻用党的四项基本原则严格要求自己，学好党章，加强文学理论的学习，做一个有道德、有理想的新文艺工作者。

目前面临的现实是文艺战线上的改革，我认为戏曲无论怎么改，演出的模式如何变化，首要的一点是坚持社会主义文艺方向，端正服务态度，讲求经济效益，狠抓两个精神文明建设。自觉执行维护党的纪律，在政治上同中央保持一致，为党的戏剧事业贡献自己的一生。

　　1991 年，王爱爱被评为"山西省优秀专家"。1992 年，被评为山西省特级劳动模范、优秀文艺工作者。1992 年 1 月获全国保密文艺调演一等奖。这一年，王爱爱担任了山西省晋剧院名誉院长，省晋剧院推选王爱爱为山西省特级劳动模范，山西省文化厅同意并批准。山西省晋剧院为王爱爱撰写的主要事迹如下：

　　王爱爱同志在 40 年的艺术生涯中，全身心地投入艺术创作，她悉心求教，博采众长，勇于继承，敢于创新。经多年钻研，终以"爱爱腔"独树一帜，深受观众喜爱及同行称赞。她成功地塑造了众多的人物形象，其主要代表剧目有《打金枝》《明公断》《算粮》《春江月》《金水桥》等，均已录音录像，在社会上广为流传，享誉全国，为弘扬民族优秀文化，繁荣文艺作出了显著贡献。

　　多年来她视观众为上帝、艺术为生命，常年坚持为第一线群众演出，观

金唱片奖牌和证书

众每年可达百万人次，到处都留下了她艺术活动的足迹。1985年应台湾山西籍人士要求，福建海峡之声广播电台来并对王爱爱专访，并制成专题对台播放，对增进海峡两岸文化交流，促进祖国统一大业起到了积极作用。1986年由于她在艺术上的突出成就，山西电视台特为其录制了艺术专题片《梨园奇葩》；1987年中央台《说戏听戏》栏目，专题向全国介绍了王爱爱在《算粮》一剧中精湛的表演与唱腔艺术成就。王爱爱同志在社会上是享有很高地位和声望的著名表演艺术家，但她却能以一名普通党员的标准严格要求自己，在院重新组建的一团里，王爱爱同志识大体，顾大局，摒弃前嫌，任劳任怨，始终以事业出发，积极维护集体利益，为剧团业务建设垫支，为提高社会效益、经济效益尽心竭力，为使晋剧后继有人，积极培养青年，悉心传授技艺，王爱爱同志现已年逾50，体力已然不似当年，但常常承担加倍演出任务，满足观众要求，几年来，王爱爱同志就是这样以身作则，身体力行地用自己的辛勤劳动和汗水积极奉献，王爱爱同志表示，在今后的日子里，一定再接

王爱爱荣获第三届全国金唱片奖

再厉，奋力进取，为振兴晋剧，繁荣文艺再做贡献。

1995 年，王爱爱被授予"山西省十大女杰"。1996 年元月，山西省晋剧院推荐她"省直文化系统标兵"，为她撰写的推荐语中，第一次在正式文字中称她为"晋剧皇后"。

王爱爱同志在晋剧事业取得的成就和声誉是显而易见的，从艺 40 多年来，塑造了众多的舞台艺术形象，为晋剧艺术在演唱的继承和发展作出卓越的贡献。

王爱爱同志思想上政治上始终同党保持一致，始终忠实于党的戏曲艺术事业。她无愧于"晋剧皇后"的盛誉。

1995 年王爱爱获得第三届中国金唱片奖。中国金唱片奖 (CGRA) 是国内唱片 (音像) 界、音乐界经批准冠以"中国"名称的权威性大奖，自 1989 年创设以来，迄今已举办过 8 届以上，有 600 余名海内外知名艺术家、演员和艺术团体及作品获得了该奖项，在海内外唱片界、文艺界有着非常广泛的影响。

1996 年 2 月 13 日，山西省文化厅党组会议研究决定，树王爱爱为"省直文化系统标兵"。

20 世纪九十年代，王爱爱艺术人生走向辉煌。她参加了各种文艺演出，为中央领导演出，作为全国第八届、第九届政协委员，她参政议政，在政治理论水平上，得到了很大提高。与全国文艺界的政协委员们一起开会学习，在艺术上进行切磋交流，出国参观考察开阔了思想和艺术视野。

绚丽的永春芳华

20世纪八十年代，随着改革开放步伐的加快，告别了"以阶级斗争为纲"时代之后的人们，被突如其来的各种新鲜事物吸引得眼花缭乱，外国新式服装、可口可乐等进入中国市场，"文革"中被禁的歌曲在广播中反复播放，邓丽君等一批港台歌手的流行歌曲悄然登陆，引起年轻人的强烈共鸣，学着哼唱，甚至有些年轻小伙子留着长发、穿着喇叭裤、提着收录两用机招摇过市。台湾校园歌曲不涉及敏感的政治内容，淡化意识形态，风格健康明朗，受到青少年的喜欢，掀起了校园歌曲的风潮。总之，人们的社会观念发生了急剧变化，电视媒体时代带来的艺术传播大变革，流行歌曲、轻音乐等冲击着演出市场，使得土生土长、土腔土调的中国传统戏曲逐渐被边缘化，业内戏曲危机的呼声越来越高。

1984年7月13日至20日，山西省委宣传部、省委组织部、省政府办公厅、省文化厅联合召开了"山西省文艺改革论证会"，省委副书记李修仁、组织部部长卢功勋、副省长张维庆到会分别作了有关文艺改革的报告。以山西省文化厅党组书记、厅长曲润海为首的厅党组，制定了"四个一流"的工作目

1983 年 3 月 14 日王爱爱（左七）、刘惠生（左一）率团在盂县路家村公社

标，即"培养第一流的人才，创作第一流的精神产品，建设第一流的文化设施，创造第一流的管理"，随即开展了以"综合治理，振兴戏曲"为目标的"四大梆子"调演，即 1986 年举办的全省晋剧调演，1987 年北路梆子调演，1988 年上党梆子调演，1990 年蒲剧调演，出现了一批优秀剧目，涌现出一批优秀演员。

为培养晋剧青年人才，创建全面改革创新的实验基地，借鉴 1960 年山西省晋剧青年演出团的成功经验，山西省晋剧院于 1984 年 5 月组建了"山西省中路梆子青年演员培训班"（后称山西省晋剧青年演出团）。这是省晋剧院建院历史上第二次组建青年演出团。之后，青年团演出了一批优秀剧目，培养了一批优秀人才，晋剧有了后起之秀，有了接班人。

山西省晋剧院在成立青年团的同时，对老团又试行了第二次院团改革。1985 年 3 月，实行"志愿结合，民主协商，领导审定，统筹安排"的改革方针，在剧团"人事自主，经济自理，艺术自立"的办团方针指导下，将1982年成立的晋剧一团、二团、三团解散，重新组合，成立了"永春"和"百花"两个演出团，由承包团长自行组合演职人员。于是，两个团根据主要演员的行当特点，分别选择不同行当演员。基本情况是："百花"团以"三小"为主，即小旦、小生、小花脸为主，兼顾其他行当；"永春"团以"三大门"为主，即青衣、须生、大花脸为主，兼顾其他行当。

王爱爱承包了"永春"演出团，担任团长，同时继续兼任省晋剧院副院长，田永国任永春团党支部书记，刘惠生任副团长，陈太平任团支部书记。"永春"演出团的艺术骨干主要是20世纪六十年代省晋剧青年演出团的成员，有王爱爱、冀萍、李爱华、刘汉银、温明珍、郑忠贤、陈云龙、金世耀、郭桂香等，还有其他艺术骨干如徐朝卿等组成，演出阵容强、行当全、剧目多。

"永春"演出团3月组建成立后，于5月发出了《致观众同志们的一封信》，彰显全团上下团结一心，要把晋剧事业传承好、弘扬好的决心和信心。同时，也告知全社会，"永春"演出团成立了，希望社会各界的朋友多多关照。这封信，写得热情洋溢，春风扑面。

致观众同志们的一封信

尊敬的各位领导、观众同志们：

春风送暖，艺苑生辉。正当整党工作不断深入，经济体制实行重大改革之际，在省文化厅党组和剧院党总支的领导和支持下，山西省晋剧院"永春"剧团光荣诞生了！在此，谨向各位领导和观众同志们表示亲切问候！

"永春"即永葆艺术青春之意。我团是以中年演员为主力阵容，在艺术上都有较深的造诣。早在六十年代和七十年代就享有盛誉，以其过硬的技艺闻名于省内外。光阴如逝，转眼人到中年。党的十一届三中全会为我们艺术园地带来了明媚的春天。体制要改革，晋剧要振兴，这是时代赋予我们的光荣使命。如果继续沉默、消极，萎靡不振，将会造成事业和人才的更大浪费和损失。文艺工作者为之抱怨，观众为之失望，长此下去，戏曲事业不景气的现状又何以得到改变！具有历史意义的整党，为剧院带来了勃勃生机，人们一扫过去的恩恩怨怨，同心同德，为了一个共同的奋斗目标，组成了今天承包形式的新型文艺团体。我们要立志走改革之路，为繁荣社会主义文艺，培养新一代的艺术人才，活跃人民群众的文化生活，陶冶共产主义道德情操，发奋图新，以适应新时代、新观众的要求。让晋剧这一传统的剧种，在我们这一代人身上焕发出新时代的光辉。

剧团组成后，首先进行了剧目更新，在排练中，我们坚持以整党为中心，以改革为动力，克服了服装、道具、灯光、乐器等器材不足的种种困难，以艰苦创业的精神在较短的时间内，排出了新编民间传奇剧《春江月》上下本。同时，恢复排练了一批优秀的传统剧目，以期待观众同志们的欣赏和评价。

在我们制度和器材尚未完备的情况下，曾得到了各级领导和有关单位、部门的大力支援，在此表示感谢！

"永春"的成立，只是在前进道路上迈出的第一步，是改革洪流中绽开的一朵小小浪花，渴望能够得到各界人士和广大观众的批评和指导。我们将不负众望，决心以崭新的承包形式、勇于开拓的时代精神，不断攀登艺术高峰，以新时代的精神风貌、高质量的艺术产品，深深扎根于观众之中，活跃在社会主义文艺舞台上。

山西省晋剧院《永春》演出团全体

一九八五年五月

"永春"演出团成立后，传承弘扬了许多晋剧优秀传统剧目，经常演出的剧目有：《打金枝》《龙凤呈祥》《明公断》《蝴蝶杯》《审陈琳》《审寇珠》《汴梁图》《出水清莲》《金水桥》《算粮》《杀宫》《教子》《打焦赞》《三岔口》等。但是，艺术需要创新，戏曲需要与时俱进。在传承弘扬优秀传统剧目的同时，为了适应演出市场的需求，创新性地发展，创作演出新剧目成为当务之急。

创作什么样的新剧目来满足人民群众日益增长的多方面的精神需要呢？十一届三中全会后党将中心任务转移到以经济建设为中心上来，人民的生活地位发生了很大改变，中央领导提出："雄伟和细腻，严肃和诙谐，抒情和哲理，只要能够使人们得到教育和启发，得到娱乐和美的享受，都应当在我们的文艺园地里占有自己的位置。"这个讲话充分肯定了文艺的娱乐作用，文艺的方针是"为人民服务，为社会主义服务"，人民群众追求美好生活，追求个人理想，产生的文化变革和心理世界变革，日益强烈。

"永春"团亟待丰富演出剧目，王爱爱四处寻找合适剧本。一天，她找到了一本越剧《绣花女传奇》，拿去征求著名导演刘元彤的意见，刘元彤很快阅读完剧本后对王爱爱说，这个剧本是南方的剧种，还不完全适合北方戏，晋剧是以唱见长，可以把它改编成适合晋剧演出的剧本。于是，刘元彤亲自移植改编，将越剧的一本戏改为上下两本戏，又为主要演员编写了新的唱词和道白，使故事内容更加丰富，人物的性格更加饱满。

这个根据新编民间传奇越剧移植的晋剧《春江月》，不落俗套，别出心裁，清淡而深远，曲折而隽永，塑造了一个"看似寻常实瑰奇"的人物形象——柳明月。她是铁匠的女儿，又是擅长刺绣的绣花女。为了收留并抚养一个不知姓名和身世、落难忠良的孤婴，她甘冒生命风险，错过待聘佳期，并忍受一切恶浊压力和生活艰辛，把孤婴抚养成人。最后，找到了孤婴的生身父母，而她却不图知恩答报，依然回到富春江畔过着自食其力的清贫生活。柳明月的品质，就像景色秀丽的富春江水一样长流不息，也像天上皎洁的明月照耀人间。

王爱爱在《春江月》里饰演女主角柳明月。这出戏柳明月的年龄跨度较大，从纯洁无瑕的少女演到含辛茹苦把忠良之后抚养成人、饱经磨难的中年妇女。导演刘元彤给王爱爱设计的表演是先"花旦"后"青衣"，"花旦"表演风格

山西省晋剧院《永春》团演出

一九八五年五月

表现少女时期，"青衣"表演风格表现中年时期，从活泼俏皮的少女过渡到端庄沉稳的中年妇女。虽说表演风格不一样，但是这样的跳跃转变却过渡得顺畅自然。这出戏生旦净丑各个人物都有戏，而且都很抓人，成为"永春"团的保留剧目，无论走到哪里演出，观众都要点这出戏。这出戏，也成为王爱爱改革开放后新创作的又一个经典代表作。其中，《阿牛哥，你在何方受磨难》的唱段广为流传。

晋剧《阿牛哥你在何方受磨难》

（夹板）阿牛哥，你在何方受磨难？

到如今只见珠花不见人。

好心的二婶可健在？

难为她虎口救我逃残生。

宝儿上京去赴考，

花开花落半年整。

未知他旅途可安好？

不知他金榜可题名？

只盼他春风得意早早归，

好将这金锁血书交儿身。

满腹心事付彩线，

绣一幅襁褓信物旧时景。

　　《春江月》改为连二本戏，是为了符合观众的审美情趣。观众喜欢连台本戏古已有之，这种表演形式非常吸引观众，连台本戏具有很强的故事性，情节有一定的连贯性，比较完整，前本与后本之间故事情节紧密相连，情节复杂曲折，是戏曲史上流传下来的一种特殊演出形态。比如，北宋时的杂剧目连戏可以连演很多天，类似现在的电视连续剧。到了清朝"四大徽班"之一的三庆班，就以擅演三国戏而著称。连台本戏演出目的就是吸引观众，使之欲罢不能。《春江月》连二本，人物多，行当全，篇幅长，情节紧凑，戏剧性强，因此，很多观众看了第一本后，还想看第二天演出的第二本。

　　《春江月》在剧中设置的主要人物有：

柳明月　绣花女（花旦兼青衣）王爱爱饰

柳老大　老铁匠，柳明月之父（大花脸）

阿　牛　铁匠，柳明月父亲的徒弟（文小生兼须生）

柳　二　里正，柳明月的二叔（三花脸）

二　婶　柳二之妻（花旦）

刘之章　难臣，后平反复官（须生）

刘夫人　刘之章之妻（青衣）

柳　宝　刘之章嫡子，柳明月养子（小生）

春　燕　刘府丫环（小旦）

王爱爱（前排左六）率团在中阳县

王爱爱（前排左八）率团在乡下演出

王爱爱（右二）与剧团同事

　　"永春"团演出这出戏具有得天独厚的条件，剧中女一号是王爱爱，其他每个角色的扮演者都是剧院最优秀的演员，演出阵容强大，再加上这出戏故事性强，因此，每到一个台口演出，当地必点此剧。

　　这出戏塑造的柳明月质朴善良，是一个十分感人的艺术形象，她牺牲了一个姑娘最可宝贵的名誉、婚姻，忍辱负重，默默承受着命运的打击。戏曲故事的结局往往是以大团圆结尾，以此来满足观众对美好生活的愿望。所以，最终，她抚养的孩子宝儿金榜得中，亲生父母认领，明月回归家乡，与她的恋人阿牛哥过着普通而幸福的生活。柳明月在剧中唱道："脱下了凤冠霞帔富贵衣，还我清白旧衣裙。跟随师兄回春江，铁锤绣针不分离。"正如剧中尾声幕后合唱"莺歌声声送明月，明月皎皎一身洁。山歌悠悠传古今，留下一曲《春江月》"。

20世纪九十年代，王爱爱在艺术上已经达到炉火纯青的境界，省晋剧院决定总结"爱爱腔"的艺术成就，探讨晋剧声腔艺术的发展，于1990年12月6日至11日，举办了王爱爱、田桂兰表演艺术首届理论研讨会以及晋剧名家联谊活动。来自省直、大同、晋中、太原、清徐等地艺术界的专家、学者、晋剧名家160余人参加了活动。研讨会上宣读了《"爱爱腔"启示录》《从"算粮"看王爱爱表演艺术的诙谐特色》等论文。

很多名家都曾给王爱爱写过贺诗：

人文荟萃源流长，

宝藏星座眼底收。

鼙鼓声声华夏振，

千帆竞邀古并州。

——马少波

《算粮》久绕梁，

《教子》也飞扬；

一"劝"深"宫"睦，

争传"爱爱腔"。

——华而实

蜚声剧坛有《算粮》，

磨琢雕琢非寻常。

宝钏情真满台戏，

细品美韵"爱爱腔"。

——郭 林

南风吹动麦梢黄，

雪梅提篮采嫩桑。

一曲乡音听不厌，

1986 年王爱爱在河北井陉煤矿坑底为矿工演出

只缘歌喉世无双。

一代明星姓字香，
哪知磨炼日月长。
如今晋剧爱好者，
群起争唱"爱爱腔"。

———寒 声

晋剧名家联谊演出共有 4 台戏，王爱爱演出了《算粮》《见皇姑》《金水桥》等剧目。4 场演出场场爆满，座无虚席，各媒体相继作了报道。

20 世纪八十年代承包演出团开始至九十年代，是王爱爱演出最频繁的一个阶段，她的足迹走遍了黄河两岸，走过了陕西、河北、内蒙古几乎所有晋剧流布地区，走过了无数个山庄窝铺，常年深入基层演出，贴近人民群众，

王爱爱（前排右）与副团长刘惠生（后排右）、书记田永国（后排左）

受到观众的热爱和追捧，有些观众甚至跟着剧团台口看戏，走到哪跟到哪。

王爱爱在艺术上认真负责，其敬业精神在团里起到了带头作用。她与大家同甘共苦，在团里很有威信，不言自威。台下平易近人，有时还帮厨做饭，老艺术家的风范是最好的榜样，剧团的风气好，大家争先恐后地工作，努力传承弘扬晋剧，极大地丰富了人民群众的文化生活。

王爱爱的名气大了，民间流传的故事也多了，老百姓甚至把她传为神话。平时下乡演出，她住在哪个老乡家，老乡们就爱往哪家集中，争先恐后地送去土特产，特别关照王爱爱。有一次，在原平演出时，有个老乡提出疑问："听说王爱爱不喝我们这儿的水，人家喝的水都是从太原自己带来的。"把她传神了，老乡们认为，王爱爱的嗓子好是喝太原带来的好水，不喝山村里的苦水。

1985年仲秋，王爱爱（前排左五）率团与方山县委领导合影

实际上，王爱爱无论走到哪里，就是和当地老百姓喝一样的水，从来没有过任何特殊。

1985年是王爱爱从艺过程中演出场次最多的一年，演出团团员们跟着她能挣到钱，所以即便很辛苦但都很愉快。台上演出紧张，台下氛围宽松，作为团长，王爱爱在遇到困难时总是挺身而出。

有一次在临县演出，连下7天大雨，剧团出不了村。王爱爱和大家一起住在学校里，也是自己打行李，同吃同住同甘共苦。这一点上说，戏曲从业人员真是非常艰苦。都进入八十年代了，社会发展如此迅速，人民生活水平已经得到了很大的提高，可是戏曲演员下乡演出，还得自己打行李。在当时，只有两种人还扛行李，一种人是农民工，另一种人就是戏曲演员。戏曲演员们不辞辛苦，为人民群众送去丰富的精神食粮，而自己却扛着行李走四方。

剧团往吕梁方山倒台口，汽车在雨中行驶，道路泥泞，一不小心，汽车掉进了泥坑里出不来。又冷又湿，团里女同志们坐在车上，男同志们下车跳进水坑里去推车，在统一的口号声中，一齐使劲用力推，大雨淋湿了演职员们的衣服，头上雨水顺着脸往下流，场面非常感人，终于，车被推出了泥坑，全团人员才安全到达了方山。方山的县委书记刘泽民亲自去剧团进行了慰问，带去了米面油蔬菜肉，带去了党组织的温暖。

王爱爱不但在艺术上有很深的造诣，在品德上也很优秀，总是以身作则，正是这样，她赢得很好的口碑，"金杯银杯不如老百姓的口碑"，她深受人民群众的爱戴。

"永春"演出团是当时省晋剧院团由个人承包最早的剧团之一，剧团管理机制健全，非常规范，有党支部和团支部，充分发挥共产党员和共青团员的模范带头作用，剧团风气很好。党支部书记田永国是部队转业军人，曾在山西第 63 军文工团担任主要演员，既懂业务，又具有军人的政治素养。当年成立"永春"演出团时，王爱爱去省文化厅找厅领导谈，希望给团里派一个好书记，刚好当时田永国从部队转业回来分配在厅艺术处工作，王爱爱看到他就认定了这个军人出身的领导干部，于是，田永国就成为永春团的党支部书记。果然，他不负众望，作为书记，吃苦在前，团里苦活累活他都带头干，打前站、装台、帮厨等，还上台演出，他有多年文工团演出经历，在改革开放初期，剧团每演一个台口，都有一场轻音乐会，他还担任晚会主持人，有时，舞台上人手紧张，他能放下领导架子跑龙套，从来不计较个人名利。作为一名专业型、革命军人转业的领导干部，田永国在书记的岗位上做得非常优秀。有时戏开演了，他累得倒在后台衣箱上睡着了。每逢这个时候，王爱爱和团里的同志们都会悄悄地给他盖上军大衣。这种同志间的关心，温暖着田永国。他说："老艺术家心中的友爱、善意、团结，对同志的关心，令你心头一热，激发你更努力去工作，这段时期的工作是愉快的。承包团队尽管压力大，从年头演到年尾，队伍很疲惫，很累。但是，台上台下风气好，全团人员同心同德。王爱爱率先垂范，艺术品德、影响力最重要。一年下来，大家恋恋不舍。"

团支部书记兼剧务（之一）的武生演员陈太平，任劳任怨。副团长刘惠生跟他说，你是团支部书记，你要把团里的年轻人组织好。团里规定，年轻人都得装台卸台，陈太平带领剧团年轻人装台卸台，吃苦在前。装完台他顾不上休息，赶紧化妆演出"帽儿戏"《三岔口》中的任堂惠。武戏本身就很累，再加上装台干的都是体力活，他感到很累特别想休息，但是，他从未叫苦叫累，而是自己忍受，克服困难，努力上进。

20世纪八十年代初文艺院团实行承包制的时候，省晋剧院给团里发60%的工资，剩余的40%要靠团里演出自己补齐，但是，剧团挣回来钱还要上交给院部。当年文艺体制改革处于探索阶段，从计划经济体制一下进入市场经济体制，剧团为了生存疲于演出，于是有人产生困惑，戏曲是商品吗？现实问题是，如果演出收不回来钱，人员就没法生存，不能领到全额工资。只有靠演出收入来补齐40%以后，就是说，在应有的保障之外有结余才算创收。

在这种情况下，为了节约演出团开支，副团长刘惠生主动管理全团的后勤，剧团自己做饭，伙食民主，发放补助也讲民主，还给每人发行李磨损费（一天一块）。能得到这些补贴，团里的人认为再苦也能忍受。但是，毕竟是刚刚开始实行剧团承包制，省文化厅相关领导去了一趟乡下，看到了剧团的演出生活情况，也很感慨，召开座谈会，说没想到剧团下来演出这么辛苦，但是，对剧团按级别发放奖金和行李磨损费提出疑问，认为政策没有这一项规定，吃不准是否符合规定。这时，有一位老演员说出了大家的心里话："谁家的行李三两天一捆了？"厅里领导觉得亲临现场看到的情况确实合情，但不一定合规定。这是事实，在当时大政策承包制下，有很多问题都是新生事物，也许不规范，但是，掌握政策的人面对新问题也处于探索状态，因为政策还没有规定到如此细致的程度。当时厅里领导亲身体验到剧团太辛苦，无论刮风下雨，就这样风雨无阻地下乡演出，也就对此默认了。现在回头来看，"永春"演出团第一次打破大锅饭，实行等级制度发放奖金，这为以后文艺演出院团适应演出市场，科学管理，充分调动演职人员积极性，积累了很好的管理经验。

剧团承包的年代，"永春"团管理如果不得法，肯定会人心涣散，所以，剧团是工作、情感、合作缺一不可。全团人同住同吃同排练同演出，像一个大家族一样，不讲原则不行，太讲原则也不行。有时候情感到了，假大空也不行，没有说服力。有些问题就上支委会讨论决定，有些事情就由业务领导商量决定，在剧团形成了一种民主集中的良好机制，难能可贵。

王爱爱在这一时期，除了管理剧团，还要经常参加各种演出，如，庆典晚会，春晚，两会演出，等等，演出活动非常频繁。她在政治上和艺术上都取得丰硕成果的同时，也在艺术管理上取得了很大的成绩，"永春"演出团留给她很多难忘的记忆，她说：

作为我来说，高兴的事情很多。特别是带一个团么，作为一个团长来说也有苦恼，也有气愤，但是也有高兴。你比如说，我们地方戏下乡多，去农村多，主要任务就是下乡演出。最让我感动的一点就是，我这个团队，虽然不是那么太年轻，是以中年为主的一个团队，但是呢，有一年我们到了临县的白文，去了那儿就开始下雨，村里的道路不像咱们现在的道路这么好，它都是泥土路，一下了雨，行了，我们动不了了，我们就窝在这个白文了，就在这个村里边窝了大概六七天吧。哎呀，我们每天干甚了？心里说，戏也不能演了，找吃的吧，我们每天就想吃，可是在那时候吃也很贵，我们那时候的戏价最贵也就是个两千多三千，就这么高的戏价。但是，当人家县委知道了，说王爱爱领着一个剧团窝到这儿了，县委赶紧派上车来给我们送米、送面、送菜。所以说我们深深感觉到，文艺扎根农村，去为老百姓演出，老百姓、领导一定会给你很温暖的回报。

王爱爱的社会声望越来越高，每到一地演出观众都会围观，一下车，老百姓就等着看看哪个是王爱爱，都想目睹一下名家的风采。剧团有时候住学校，有时候住大队，也有时候和老百姓同住，住在老乡的家里，老乡们对王爱爱关怀备至，正如王爱爱说的：

我下去以后，老百姓对我都挺抬爱的，他们把最好的房子腾给我住。完了以后，你比如说，我们也带着自己的食堂，但是老百姓总是看见你演了一晚上戏了，王爱爱累了，回来给你熬点小米粥呀，给你焙个干馍片呀，给你炒个土豆丝呀。最记忆犹新的是我到了张家口，因为张家口那个天气特别冷啊。我们带团去张家口演出，那儿的天气好冷啊！第二天，我就把嗓子坏了，这坏了就不能演了呀，这可咋办呀，有心说是改变一下戏吧，但是老百姓还不愿意，好容易王爱爱来了改变戏不容易，说就这样演吧，我就是那样，坏了的嗓子把《春江月》二本就演完了。这演完戏了，门口就有几个老太太，有提的小米粥的，有提的咱们山西人说的和和饭的，提和和饭的，就说快叫王爱爱喝上一点儿吧，可怜的把人家的嗓子也坏了。

对于一个艺术家来说，王爱爱非常自觉地与人民群众打成一片，她的足迹到过农村矿山，到过军营工厂，到过山区学校，人民群众对她的爱戴给予她温暖和力量，使她能够在人生遇到挫折和坎坷的时候，从人民群众中得到安慰，增强信心，看到希望。她经常深入基层，与人民群众水乳交融，每到一地都平易近人，从来不摆大名演员的架子，和人民群众的关系相处得和谐融洽，越来越多的观众喜欢和爱戴她。

有一次在内蒙古巴盟演出，原本只是在剧场演出，剧场装修得很豪华，但是，刚在剧场演出了一场就换到了体育场，因为剧场容量太小，容纳观众有限，无法满足广大人民群众的要求和愿望，于是，演出地点换到了偌大的体育场，连着演出了7天。王爱爱回忆当年演出盛况，感慨地说：

我记得那时出戏报就说是最后一天演出了，因为我们第二天就要走，最后一天了。老乡们就不行了，老乡们就说，演了七八天也没看上这个王爱爱究竟长得什么样，老是演完人家就走了。来的时候，人家巴盟挺负责，都有

王爱爱随中央电视台"心连心"慰问团赴革命老区左权麻田慰问演出

公安护送。公安护送上台，公安护送下台。最后一天了说不行。上午演完，那时候是两场，一天演两场，上午演完，这观众就不走就在这个门口堵着你，而且是我离那个车还有一截儿了，这观众就堵住不让你上那个车。观众一直要求，就是要看看王爱爱。这不是后边了我就出了这个体育场，出了体育场就站在那个门口叫他们看看。这一部分人看到了，那一部分人没有看到，那一部分人不让。说这后边儿怎么办呀？说让王爱爱站在汽车顶上，我就真站在这个汽车顶上了啊，四个公安人员就扶着我上了那个汽车顶上啦。我就站在那个汽车顶上，我一看，哎呀！天啊！那么多人啊，黑压压的。体育场呀，有多少万人了，大几万人！站在那儿站了半天，我就说父老乡亲们好！大爷大妈们好！站在那儿说了半天话了。哦，行了！快下来哇！快下来哇！老太太们心疼我了。快下来哇！快下来哇！自动地让开一条路，让公安护送上我回宾馆。我觉得内蒙古呀，对我们这个晋剧呀，不亚于咱们山西。内蒙古对晋剧，那也爱得如痴如醉。

我每次到了内蒙古，我就说我是回到了我的第二故乡啦，我的第一故乡是山西，第二就是内蒙古。曾经这个内蒙古一度跟山西交涉，不论用多大的代价，也要把王爱爱调到内蒙古。一个主要领导跟我谈话，就说："王老师，只要你来内蒙古，什么条件也答应你。"

当然，王爱爱没有舍得离开生她养她的故乡，依照她的话说就是她的根在山西。

巴盟体育场的演出真是感人至深！内蒙古人民对王爱爱的热情令人难忘。王爱爱在京包铁路沿线演出，每次演出完观众都想看看王爱爱下了台是什么样，公安人员出于安全考虑，不得不采取保护措施。所以，有些观众想要在演出结束后给她献花，内蒙古也有她的徒弟，演出结束想给师父献花，都被公安人员拒绝，可想当时的演出盛况。

人民群众需要王爱爱，王爱爱也需要人民群众！

"爱爱腔"感染了无数观众，也震撼了无数观众。她那甜美婉转、清脆动人的声腔，有春天的绰约多姿，有夏天的清凉绿意，有秋天的素净淡雅，有冬天的红梅傲雪，芳华永春！

"永春"演出团党支部书记田永国作诗：

氍毹五十年华，

声腔传遍天涯。

嗓音清脆甜美，

举止端庄风雅。

有人说，只要知道晋剧的人，就知道王爱爱；只要喜欢晋剧的人，就喜欢"爱爱腔"，的确，王爱爱是晋剧观众心目中最灿烂的明星。2001年10月18日，由山西省文化厅主办、山西省晋剧院承办的著名晋剧表演艺术家王爱爱舞台

王爱爱为人民群众演唱

生活 50 年庆典活动在省城太原拉开了帷幕,将她灿烂的艺术人生浓缩在绚丽的戏曲舞台上,展现在了喜爱她的观众面前。

"晋剧皇后王爱爱舞台生活 50 周年大型演唱会"隆重举行,王爱爱携部分弟子闪亮登场。演唱会分为四个乐章:

传统篇

《算粮》选段 王宝钏离寒窑自思自想 演唱 王爱爱

《金水桥》选段 银屏女绑秦英上得殿去 演唱 王爱爱 金小毅

《打金枝》选段 在宫院我领了万岁的旨意 演唱 王爱爱

《算粮》选段 二爹娘切莫要吵吵嚷嚷 演唱 杨志爱 刘建平

现代篇

《龙江颂》选段 让革命的红旗插遍四方 演唱 王爱爱

《龙江颂》选段 手捧宝书满心暖 演唱 王爱爱

《三上桃峰》选段 菊花青出意外心难平静 演唱 王爱爱 孙昌

《三上桃峰》选段 看桃峰人欢马叫闹春耕 演唱 王爱爱

新编篇

《出水清莲》选段 并蒂莲开吐幽香 演唱 王爱爱

《出水清莲》选段 鞋弓袜窄人挨挤 演唱 王爱爱

《出水清莲》选段 桂英不是王家女 演唱 史佳华

《含嫣》选段 四月里南风吹动麦梢儿黄 演唱 陈转英

戏歌篇

天作琴台地作弦 演唱 王爱爱 谢涛

红军不怕远征难 演唱 王爱爱

汾河流水哗啦啦 演唱 王爱爱

指挥：刘和跃

伴奏：山西省晋剧院乐队

山西省歌舞剧院交响乐团

山西省爱乐乐团

王爱爱舞台生活五十周年大型演唱会，在山西戏剧史上留下浓墨重彩的一笔，演唱会有传统戏、现代戏、新编历史剧和戏歌，每一个唱段都是她的经典代表作，这是她集五十年艺术人生的精华荟萃。演唱会气氛热烈，令人陶醉，精彩纷呈，掌声如潮，是每一位观众终身难忘的艺术审美享受。

这些经典唱腔都是专业演员和戏迷票友经常传唱的，可以说，只要有晋剧演出活动的场所，必定会听到王爱爱的唱段。不过，有一首戏歌，很少有人演唱，因为演唱技巧太高，难以驾驭，那就是毛主席诗词《七律·长征》。

七律·长征

毛泽东

红军不怕远征难，万水千山只等闲。

五岭逶迤腾细浪，乌蒙磅礴走泥丸。

金沙水拍云崖暖，大渡桥横铁索寒。

更喜岷山千里雪，三军过后尽开颜。

回想这些年走过的人生道路，王爱爱无限感慨。她不到 20 岁调到省晋剧院，这里有她辛酸的过去，更有她幸福的记忆。这里留下了她奋斗的足迹，留下了难中相助的情谊。这里有她艺术上的恩师，更有难忘的蹉跎岁月。酸甜苦辣、悲欢离合，她感激命运，使她在奋进中走向辉煌，把她磨炼得更加坚强。她感激，感谢，感恩一切！

夏

之卷

夕阳是未了的情

缱绻伉俪 风雨同舟

　　王爱爱和丈夫刘惠生，是晋剧事业上的同志，是艺术舞台上的搭档，是生活中的伴侣，他们相识相恋、相知相爱，风风雨雨共同走过了40多年的人生道路。

　　王爱爱与刘惠生从少年时期就在一个剧团工作了。那是20世纪五十年代，王爱爱12岁时，她和刘惠生相识于榆次新生剧团。这是王爱爱的爷爷王金奎自己的剧团，王爱爱9岁上台演出《凤仪亭·赐环》时就是在自家的这个剧团，有近水楼台先得月的优势。后来公私合营，剧团归了公家。刘惠生的舅舅那时是团里的工作人员，1952年他介绍刘惠生来到剧团。刘惠生出生于1939年，比王爱爱大一岁，一个少年和一个少女，正值青春年华，结下无比纯洁的友情，两人一起排练，一起开会，一起下乡，一起演出，经常演出结束后，两人相跟着去街上吃点夜宵。有时王爱爱不想出去了，刘惠生吃完就给王爱爱捎回来各种好吃的，王爱爱心里很温暖。如果用现在的语言来形容的话，刘惠生就是一个暖男。两个年轻人的心里都在乎和关心着彼此，但因年龄还小，只是相处很好的朋友。两人都积极要求进步，努力工作，都加入了共产主义青年团，都参加了

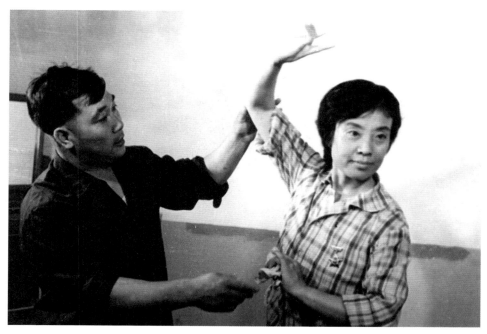

刘惠生与王爱爱探讨艺术

全省、全市的各种汇演并都获了奖。1960 年 2 月，两人又一同被调到了山西省晋剧青年演出团。来到太原后，两个 20 岁左右的姑娘和小伙，两个优秀的青年艺术新秀，擦出了爱情的火花，开始正式谈恋爱了。

1960 年省晋剧青年演出团成立后，剧院为了能够迅速提高青年团演员的表演和艺术修养，提高文化素质，排练好晋京展演剧目，采取集中培训、封闭管理的模式，全体青年演员集中住在太原工人文化宫（南宫），女同志住二楼，男同志住一楼。早晨统一时间练功，排练时各剧组排各自的戏，学习文化课时就集中在一个教室里。剧团的生活充满青春朝气，女演员们叽叽喳喳热闹开心，男演员们欢欢喜喜业余时间打打篮球、下下棋。刘惠生是篮球队主力队员之一，自然，王爱爱就是最喜欢看打篮球的女演员之一。恋爱中的女孩儿，看到自己心爱的小伙奔跑在篮球场上，生龙活虎的模样，内心充满爱慕和欢喜。王爱爱说："我们每天下午五点就看他们打篮球呀么。哎呀，打篮球也要命了，抢起篮球来可是拼命抢了。""有一天，某老师就到二楼找方团长（青年团团长方冰）去了，她说：'方团长，提上个意见哇。'方团长赶紧问：'某老师，你要咋了你说，你说。某老师说：'你说人家省委，甚也舍得给，一个烂皮球就不舍得给，娃娃们每天在那儿打架吵嘴，一个人给买上一个哇么。'方团长听了，笑着说：'噢，尊重你的意见，一个人给买上一个。某老师又说：'噢，不要叫打架了么，每天在那儿挤甚了么。'方团长说：'啊，对对对，一个人买上一个。'"

可以看出，青年男演员们有多么喜欢打篮球，演员们有武功，跳得高，跑得快，竞争激烈。老艺人们不懂打篮球的规则，只看见一群年轻人争夺一个篮球，就好心去找团长反映情况，请求领导给孩子们每人买一个篮球，这也是老演员关爱青年演员的一个轶闻趣事。

刘惠生是篮球队主力之一，他生性机敏，在运动场上反应灵活，动作敏捷，奔跑穿梭，抢球传球，眼疾手快，还特别善于使用假动作迷惑对方，引得旁观者哈哈大笑。他打球很冲，有一次打球把腿弄伤了，按说晚上不能演出了，他人机灵，正好演《八仙过海》铁拐李，他把受伤的腿放在拐杖上，既不耽误演出，还正好歪打正着了。

刘惠生性格豪爽，在演戏上不喜欢与人争角色，不计较，王爱爱说："我刘惠生在晋剧院从来不和他们抢角色，他说了：'你们快抢，你们抢完剩下的都是我的，就把三花脸呀、解差呀、班头呀、衙役呀，给我就行。'"

刘惠生从晋中晋剧团调到省晋剧院后，领导看这个小伙形象不错，嗓子也好，就分配他唱小生，由著名晋剧小生表演艺术家郭凤英亲自辅导。郭凤英非常喜欢这个聪明机灵、艺术悟性好的年轻人，领会得快，掌握到位，很招人待见。青年团 1961 晋京演出，郭凤英为他排了《凤仪亭·小宴》作为进京展演剧目。

《凤仪亭》的剧情梗概是：东汉末年，董卓专权，其义子吕布勇猛无比，朝中百官慑于董吕父子权势，皆敢怒不敢言。一日，董卓大宴百官，在席间以私通袁术之罪将张温杀死，以威吓百官。司徒王允目睹董吕父子所为，日夜为汉室江山担忧。一日忧心忡忡来到花园，遇到丫鬟貂蝉也在此叹息，得知她有忧国之心，遂与她订下"连环计"，并收貂蝉为义女，商定将貂蝉明许吕布暗许董卓，以此离间董吕父子，然后待机一一诛之。貂蝉先许婚吕布，尚未成婚又被董卓纳妾，吕布无奈，乘董卓上朝之机与貂蝉私会于凤仪亭，被董卓撞见，董吕反目成仇。吕布为报夺妻之恨，依王允之计，诓董卓至禁门将之刺死。《小宴》表现的就是王允与貂蝉商定"连环计"后，特意造一顶金冠送给吕布，吕布至王府拜谢时，王允趁机让貂蝉与吕布相见，吕布被貂蝉美色所动，王允当场许婚。

《小宴》这出戏主要人物是小生吕布与小旦貂蝉，"翎子功"是吕布的特技表演。吕布借耍翎子调戏貂蝉，同时又以此把吕布内心思想感情借物外化渲染感情，恰如其分。如，吕布看到貂蝉长得如此美貌，心生爱慕之情，看貂蝉看得两眼发呆，如痴如醉，这时就将头上紫金冠上的两根雉尾翎子双双竖立，然后一根似戳天宝剑般挺立，纹丝不动，接着另一根又向前倒，似蜻蜓点水，好像在向貂蝉表达爱慕之情，活灵活现，生动形象，是中华民族优秀传统戏曲文化的精妙之作，既含蓄又妙趣无穷。

貂蝉的义父王允按照事先商定好的计划借故离席，吕布欣喜，用系列翎子技巧调戏貂蝉，如，他将一根翎子从貂蝉脸边轻轻划过之后，又将翎子抽回放在自己的鼻子下面贪婪地轻嗅貂蝉的胭脂香味，以此表现吕布的轻佻与轻狂。郭凤英对刘惠生说，翎子是刻画人物的手段，要用翎子来表现吕布的轻狂好色，但又不能表现得流里流气，毕竟他是一个武艺超群的统帅。

刘惠生牢记郭老师的教导，认真刻苦地练习"翎子功"。每天甩动脖子无数次，练得头昏脑涨。刚开始练习的时候，甩完翎子就得进入规定情境表演，还得演唱，他总觉得还没有从眩晕中回过神来。功夫不负有心人，冬练三九，夏练三伏，一年后进京演出时，刘惠生已经能够得心应手地表演"翎子功"，他饰演的吕布也得到了北京各新闻媒体的称赞。

刘惠生在《小宴》
中饰演吕布

屠岸在《看晋剧的三个小戏》中评论："刘惠生演吕布，运用了翎子功。翎子功的掌握是要下功夫的。据说系雉尾的金属丝，要有一定的弹性，使翎子既灵动活泼，又能被演员自由驾驭。弹性不够，翎子就做不到窈窕多姿，会显得僵硬涩滞；弹性过大，演员使不上劲，翎子也就耍不成了。过去用的是铜丝，现在用钢丝，演员要做到对翎子控制自由，要下更大的功夫。刘惠生在老师郭凤英的教导下，勤学苦练，获得了一定的成绩。尤其值得肯定的是，他在导演的指导下开始摆脱了为耍翎子而耍翎子的路子。过去的演法是，王允离座后，吕布一人在场，无所事事，大耍其翎子。现在改为：吕布瞥见屏风后闪现一位美人，心中为之大动，这时演员运用"左转单挑""右转单挑"等翎子功来代表吕布向屏风后东张西望、左窥右探的动作，又运用了"绕梅花"等翎子功，来表现吕布找不到貂蝉时焦灼不安、坐立不宁的心情。"（原载《戏剧报》1961年第17、18期）

祁兆良在《有家底，有传统，有功夫——从青年演员看晋剧艺术的继承与发展》中评论："晋剧老艺人还很讲究'一个人要把台撑满了，一百个人不许把台撑破了'。这句话的意思，是要求演员在台上要以神取胜，要用神气把舞台撑起来。刘惠生的《小宴》就体现了老艺人这句话的精神，当吕布发现貂蝉的美色后，神情恍惚，盼望貂蝉前来的时候，就是一个人在舞台上表演，他通过一套巧妙的翎子功表演，把吕布当时的精神状态刻画得很好，很有深度。这种特技用在这个特定的情景下，就很合理，同时使得舞台气氛也很火爆。"

（原载 1961 年 9 月 19 日《北京日报》）

韩丽君在《青年演员表演绝技 —— 看晋剧〈小宴〉》中评论："晋剧《小宴》是一折有名的传统剧目，过去多半是名演员演出。最近，看了山西省晋剧青年演出团演出的《小宴》，是由 22 岁的演员刘惠生扮演吕布。他比较成功地塑造了一个潇洒英俊的少年形象。特别难得的是他结合人物和情节表演的翎子功，在刻划吕布这个人物的时候，独具一格。

当吕布大战虎牢关凯旋而归，王允和貂蝉定下连环计，借吕布过府谢冠，王允故意把貂蝉叫出来，让吕布看见，然后嘱咐她梳妆以后陪吕布饮酒，王允借故避开了，就在这时，吕布表现了既惊于貂蝉貌美，又因王允的奉承而感到飘飘然。他得意地唱道：

王大人对我情谊非浅，

送金冠排宴席款待奉先。

独一人饮寡酒实在不惯，

屏风后闪出个美貌天仙。

他无意饮酒，站起来离开座位，走到台口却想看看貂蝉。于是他盔头上戴着的那两根仿佛有灵气的翎子随着他的台步、身段，上下左右摇摆飘动。一会儿，两根翎子顺着同一方向转圈，又朝不同的方向转圈；一会儿，向左转半圈往上一挑，又向右转半圈往上一挑，生动地表现了小人得志的轻狂骄傲的性格。但是，一等不来，二等还不来，他心情焦灼，坐立不宁。只见他的一双翎子先由下往上颤动，渐渐地，一根倒下来，而另一根竖起，成 90 度角，顿时台下一阵喝彩声。

吕布怕有失英雄气概，假意饮醉倒在席前。貂蝉出场，一边羞答答地推桌子，一边唱：'惊醒他梦中人好把话言。'吕布一闻得脂香扑面，就乘着翎子一转，将翎子梢在貂蝉脸上拂过，来和她调情。而貂蝉正好按计行事，从眉眼之间引逗这酒色之徒上钩。两个青年演员，演来一丝不苟，层次分明，有声有色。

青年演员刘惠生，能把翎子功练到这般地步，这同名演员郭凤英悉心培养教练是分不开的。当年郭凤英演吕布，她的翎子功最为出色。现在她把这绝技教给了刘惠生，在不长的时间里，刘惠生就能头戴盔头，脚蹬高靴耍翎子。由于他勤学苦练，不仅脖颈练得不疼了，头不晕了，而且把翎子也练得听话了，耍得灵活了。他很听师父的话，努力钻研，坚持练功，开始先练翎子扫摆、转圆圈、正转、倒转。他还在太阳光下和灯光下照着影子练。看转得圆不圆，练完了单变再练双变，最后配合锣鼓点有节奏地练。技术掌握了以后，他又结合人物思想感情来排练。掌握这种翎子功的特技，绝非一日之功。"（原载 1961 年 9 月 10 日《北京晚报》）

韩俊卿在《贺晋剧新花盛开》一文中评论："饰演吕布的刘惠生不仅扮相英俊，功底也很扎实。"（原载 1961 年 11 月 12 日《天津晚报》）

黄克在《醇厚和甘美的艺术 —— 浅谈晋剧三出折子戏》中评论："演员最成功处在于表演艺术上的'准'。扮演吕布的演员一上场便进入形象的精心创造之中，举凡涮翎、摇头晃脑……无不干净、利落、帅，活现了这一人物的自鸣得意和骄矜之气。从进得府来王允向他让座，他便三步两步跨入了上座起，直到家院连报王允他事，他觉得搅了他的高兴而掷杯就走止，表现得是这武夫的'狂'。而在貂蝉露面之后，再着力剖析的就是他骨子里的'淫'了。演员通过那贪婪的追逐的眼色，那不怀好意的假寐，那肆无忌惮的调戏，把这色胆狂徒的形象生动而准确地一泄无遗。在这里演员运用了传统特技翎子功，那翎子，是绕、是抖、是甩、是立，都很自如，就跟长在演员身上一样。特别是他假寐的时候，貂蝉到了他的身边，他慢慢地转动头上的紫金冠，让翎子梢儿 —— 仿佛是他的手，轻轻地在貂蝉的脸蛋上划过，多么轻佻、可厌！吕布的性格，就是借助这熟练的功夫准确地显示出来了。""总之，演员在表现吕布的'狂'与'淫'上，和在表现貂蝉的'真'与'假'上，的确做到了这个'准'字。"（原载 1961 年 11 月 9 日《人民日报》）

晋剧青年演出团培养出如此优秀的男小生，演出的剧目受到北京专家们的一致好评，王爱爱为刘惠生感到高兴，加上她自己演出的《算粮》《含嫣》《明公断》等剧目也是一炮打响，这两个恋爱中的年轻人艺术上比翼齐飞，爱情上情深意长，畅想着今后的美好生活，感情更加热烈深厚。演出之余，两人一起逛逛北京城。不过，他们去过的地方并不多，剧团管理很严格，不能随便出去，外出须请假，所以，他们只是去过天安门、王府井大街等。

刘惠生的性格与王爱爱不同，王爱爱性格内向，端庄文静；刘惠生性情急躁，脾气火爆，两人属于性格互补型。王爱爱深知他的性格，所以遇事更多时候愿意息事宁人。比如，两人在太原工人文化宫（南宫）集训的一个周日，相跟着去太原市宽银幕电影院看电影，王爱爱座位后排的一个不认识的小伙子看见王爱爱梳着两根漂亮的大辫子，就总在后面揪她的辫子。王爱爱没有回头训斥那个人，也没有告诉刘惠生，而是悄悄地跟刘惠生说她不想看电影了，刘惠生纳闷地问她为啥不想看了，王爱爱只是低着头说："没啥，就是不想看了。"刘惠生说："那不想看了那就回哇。"两人就相跟着往回走，走出电影院很远了，走到大南门了，王爱爱这才说出实情。刘惠生一听，气得骂了一声就要返回去揍那个不怀好意之人，王爱爱硬给拉住，嘴里一直说着："算了哇，算了哇。"可能想想走出这么远的路，电影也许散场了，刘惠生这才作罢。

谈恋爱，一般来说，小伙子总会给姑娘送一些礼物表达爱意，刘惠生家里不富裕，没有给王爱爱那些物质上的馈赠，就连结婚，王爱爱也没有向刘惠生索要彩礼。1962 年，两个朝气蓬勃的年轻人，简单地布置了新房，便幸福地结婚了。婚后，王爱爱生了三个孩子，一个儿子两个女儿。儿子刘润江出生于 1963 年，大女儿刘润萍出生于 1970 年，小女儿刘润华出生于 1975 年。

王爱爱勤俭持家，每天在家里操持家务，平时没事很少出门。20 世纪七十年代，她住在晋剧院南楼三楼，由于住在三楼是顶层，下雨开始漏水，

王爱爱全家福

她只好接了几个脸盆，后来她找人拿油毡铺到楼顶上，总算不漏雨了，王爱爱非常感激在她困难时候帮助过她的人。

后来，住房条件改善，王爱爱家搬到了北楼二层。她家住二层最西边的两间房，这两间房门对门，一间朝北一间朝南，刘惠生在两间房外楼道内隔起一堵墙，自己重开一扇门，他们家独门独户，就好像住进了"单元房"，相对比较安静。王爱爱家还有一个别人家没有的优势，她家有一片'开阔地'，这个地方是当时晋剧院在紧挨北楼西面的一座未完成的楼房的一层楼顶，因为只修建了一层就停工了，这层楼顶上全部都用水泥抹平，平坦宽阔。刘惠生把他家西边楼道开了一扇门，直通这栋楼顶，于是，几百平方米的平房楼顶就好像他家的操场，三个孩子可以在那里玩耍。刘惠生每天在这片开阔地上教儿子练习戏曲基本功。王爱爱经常踩着缝纫机做各种针线活儿，"哒哒哒哒"

王爱爱全家合影

缝纫机规律均匀的声音，伴随着她和孩子们在一起的笑声，有点像世外桃源。无论外面的世界怎样，家里的日子是温馨的。王爱爱很疼爱孩子，孩子们过年的衣服都是她自己亲手做，还能给两个女儿的新衣服上绣花儿。她宁肯自己受苦受累，也舍不得让孩子们受一点儿苦，她像天下所有善良的母亲一样，精心呵护着孩子们。

躲开人间是与非，唯盼风雪送春归。

后来，她的儿子和小女儿都先后参军了，大女儿嗓音条件特别好，也唱晋剧，曾经和母亲同台演出《教子》，王爱爱饰演王春娥，大女儿饰演王春娥的儿子英哥。

刘惠生艺术悟性好，演戏俏皮有人物，在晋剧院的很多剧目中都有角色，无论角色大小他都将人物刻画到位。1963 年 4 月至 6 月，为执行"文化艺术工作面向农村，直接为工农兵服务"的方针，晋剧院先后组织了三个"轻骑演出队"分别到晋西北东八县、西八县及晋中平川地区演出。刘惠生参加了东

王爱爱与刘惠生及
公公婆婆合影

八县演出队，演出了《打金枝》中的郭暖、《小宴》中的吕布等角色。

1964年，在现代戏《红灯记》中饰演磨刀人、《蛟河浪》中饰演赵财旺，随团赴大庆油田慰问演出受到好评。1965年7月3日，华北区京剧现代戏会演在太原举行，晋剧院青年团为大会献演了现代戏《烽火中的三代》，刘惠生和王爱爱都参加了演出。1969年8月，文化部在北京组织"样板戏"《智取威虎山》学习班，晋剧院派包括刘惠生在内的20余人赴京参加学习，他在剧中扮演主角杨子荣。1970年8月，山西省革命委员会政工组文教办公室在太谷模具厂（晋剧院战备疏散地）举办《智取威虎山》学习班，全省蒲剧、上党梆子、晋剧等剧种的剧团派员参加学习，刘惠生担任杨子荣的辅导任务。1974年1月23日至2月18日，国务院文化组在北京举办华北地区文艺调演，他随剧院参加了演出。同年3月8日，晋剧院再度赴京在二七剧场演出移植现代晋剧《龙江颂》，他在剧中饰演富裕中农常富。1975年5月至7月，受中央文化部调遣，晋剧院赴京参加"抢救遗产"性质的传统戏内部录音录像工作，历时数月，刘惠生在录制的《小宴》中饰演吕布。1975年9月，晋剧院受邀赴昔阳县为首次"全国农业学大寨会议"演出《龙江颂》，王爱爱和刘惠生参加了演出，王爱爱饰演江水英，刘惠生饰演常富。

刘惠生演戏有人物，无论大小角色，都能取得很好的演出效果。他在《智取威虎山》中饰演 A 组杨子荣，这个角色"唱念做打"要求演员很全面，当年晋剧院演出这出戏非常多，刘惠生作为 A 角演员，演出这个戏也最多。他有武功，又有嗓子，扮相英俊，在"打虎上山""穿林海跨雪原气冲霄汉"唱后，上场表演的一段精彩身段精干利落，给观众留下了深刻印象。

刘惠生表演最大特点是有灵气，《龙江颂》里他饰演富裕中农常富，诙谐的表演令观众捧腹大笑。例如，

第一场　承担重任：

李志田　支援旱区的事儿，等水英回来再说。咱们抓紧施肥！

众　　　好。

　　　　（李志田、阿坚伯、阿莲、阿更等下。）

　　　　（宝成欲下，常富追上。）

常　富　（拉住儿子宝成）宝成，走，跟我到自留地施肥去。

宝　成　我正忙着给队里施肥呢！

常　富　你不会干完了自己的再给队里干？

宝　成　（反感地）爹，要关心集体！

　　　　宝成急下。二社员挑肥上。

常　富　嗐，这哪儿像我的儿子！　　（观众有笑声）

二社员　（讽刺地）哈哈哈！　（下）

　　　　（常富尴尬地下。）

第二场　出外支援：

阿坚伯　（唱）堵江后水英带病昼夜苦干，

　　　　　　　　我老伴见她消瘦心不安。

　　　　　　　　送鸡汤但愿水英早日康健。

　　　　（道白）　水英，水英！在睡觉呢！

　　　　　　　（唱）为让她多休息我守在门前。（将砂锅放于石桌上）

常　　富　　（边喊边上）水英，水英！

阿坚伯　　（上前急阻，小声地）哎！你别嚷嚷。

常　　富　　怎么了？

阿坚伯　　水英在睡觉。

常　　富　　我有急事儿嘛！

阿坚伯　　轻点儿，让她多歇会儿吧！

常　　富　　（焦躁地）哎呀！我找大队长，大队长上山砍柴两天了；
　　　　　　我找支部书记，支部书记在家睡大觉。那我的事到底还
　　　　　　有没有人管？

阿坚伯　　你到底有什么事？

常　　富　　他阿坚伯，你看，为了给旱区送水，这堤外江水越涨越
　　　　　　高，要是漫上岸来，我家的房子地势低，那就非淹不可！
　　　　　　支部书记管不管哪？！

阿坚伯　　什么？你说你家地势低，水英家比你家要低得多。可人家
　　　　　　全不顾这些，一心一意为集体。你呀，你快回去吧！

常　　富　　不行，我非找她解决不可！

阿坚伯　　我不是告诉你，她在睡觉。

常　　富　　睡觉我也要找。

阿坚伯　　你得为她想想。

常　　富　　她也得为我想想！

阿坚伯　　你该讲点道理！

常　　富　　你别多管闲事！（大声嚷嚷）水英，水英！（径向屋门奔
　　　　　　去）

阿坚伯　　（拦住）哎，别把鸡汤碰翻！

常　　富　　什么？鸡汤？（揭开锅一看）好哇！难怪人家说："有的

干部胳膊往外拐，好处自己揣，社员活遭灾！"

阿坚伯　这话谁说的？

常　富　这你别管。

阿坚伯　你不说我也知道。

常　富　你知道也好，不知道也好，反正人家说得对。扔着社员
　　　　不管，自己睡大觉，喝鸡汤。这算什么书记！这算什么
　　　　干部！

阿坚伯　（气极）住口！（又强抑怒火）你知道吗？人家水英为了
　　　　关心社员生活……

（唱）　　自从大坝筑成后，

　　　　咱水英更加忙不休。

　　　　她带领群众苦干三千亩，

　　　　废寝忘食抱病操劳夺丰收……

　　　　这样的好书记人人夸不够，

　　　　你思一思，想一想，你胡言乱语多荒谬，难道不害羞？！

常　富　什么，我不害羞？跟你说没有用，我还是要找支部书记。

　　　　（边说边冲向屋门）水英，水英！（推门欲入）

　　　　（从相反的方向传来江水英的声音）嗳——！

　　　　（常富愕然转身远望）

　　　　（曙光微露，布谷鸟鸣）

　　　　（江水英拿着外衣，上，擦汗。阿莲拿量水标尺、手电筒，
　　　　与社员丙随上）

江水英　常富叔，您找我有什么事？

常　富　（尴尬地）呃，我……我没什么事。

阿坚伯　水英，你又是一夜没睡呀？！

阿　莲　她领着我们在九湾河里，查看水情，测量水位。

阿坚伯　　（对江水英）看你，衣服都湿透了……

江水英　　（微笑着）没什么。阿坚伯，江水上涨比昨天还快。这样下
　　　　　　去，万一漫进堤来，五百亩秧田也要受淹。

阿坚伯　　这事情可严重了！

江水英　　我们马上组织劳力，加高河堤，坚持送水，保住大田。

阿坚伯　　这个办法好哇！

江水英　　我想，劳力可能紧张一些，但是依靠群众是完全可以解决的。
　　　　　　走，咱们到各队去看看。

　　　　　　（江水英欲走，忽然一阵晕眩。阿坚伯、阿莲急忙上前，扶
　　　　　　江水英坐于石凳上。）

阿坚伯　　（关切地）水英，怎么啦？

江水英　　没什么。

阿坚伯　　你快去休息吧！

江水英　　阿坚伯，咱大队百十户人家千把双手，日夜苦战在田头，男
　　　　　　男女女，老老少少，劲往一处使，汗往一处流，想的是堤内
　　　　　　大田创高产，盼的是三千亩上夺丰收。在这个时候，我怎么
　　　　　　能歇得下呢？！

阿坚伯　　可你……

江水英　　（对阿莲）咱们马上走！

阿坚伯　　等等！（捧起砂锅，深情地）孩子，你太累了，先喝一口暖
　　　　　　暖身子吧！

江水英　　（一看鸡汤，感动异常）阿坚伯，您……

阿坚伯　　快喝吧！

常　富　　（颇受感动）喝吧！

每次演到此处，刘惠生这两个字的道白，总是让观众哄堂大笑。

刘惠生和王爱爱都是好演员，两人在一个剧团工作，经常下乡演出，三

刘惠生与王爱爱

个孩子就没人照料。特别是，有一次他们两人同时在上海学习了 20 多天，回来时王爱爱看到孩子们，这个身上长了虱子，那个嘴上起着口疮，真是疼在心里，泪流脸上。她和刘惠生商量说这样可不行，咱俩得有一个人改行。最后，刘惠生改行了，他调到了山西省戏曲学校从事教学工作，相对稳定，可以兼顾家庭，这样就可以照顾三个孩子了。

后来，改革开放，文艺院团承包制时期，刘惠生借调回来担任了省晋剧院演出一团的外交，王爱爱担任团长。剧院重新改组，调整为"永春"演出团时，他担任了剧团的副团长，王爱爱担任团长，一直和王爱爱一起管理剧团。"永春"团建立了党支部和团支部，加强党的领导；建立了财务制度，账目清楚；恢复传统戏，创作排演新戏，刘惠生在管理剧团方面很有思想和办法，"永春"演出团内部机制管理得井井有条。1987 年，他正式调回了省晋剧院。

刘惠生管理后勤，自己办食堂，亲自掌勺，人人公平，不讲情面。剧团

王爱爱与刘惠生

有时一天两场戏，一天，王爱爱上午演出后，想早点吃了午饭睡会儿，下午还有戏，吃饭时就没有排队，走到队伍前面打饭，刘惠生没有给她打饭，反而说她："人家都排队打饭，你为啥不排队了？"王爱爱赶紧到后面排队去。剧团的团风很重要，刘惠生很讲究。有时，有人等饭时敲筷子，饭没端上来又敲，刘惠生就喝止批评，说没教养。他很辛苦，每次剧团一个台口演出完倒下一个台口时，他都要做最后检查，如果发现有杯子打了摔了，他自己掏钱赔上。刘惠生就是这样一个辛苦的人，他为"永春"演出团的建设和发展作出了突出贡献。

然而，正当王爱爱的艺术事业一步步朝着美好的前方奋进时，刘惠生却突然离开了人世。那是2000年1月17日，他说去街上转一转，没想到在大街上突发心脏病倒在了地上，送到医院抢救无效不幸去世。突如其来的噩耗，令王爱爱悲痛万分。许多人都去安慰她，她难过得说不出一句话来。

刘惠生生前一直有一个心愿，那就是要给妻子王爱爱举办一场舞台生活50周年纪念演出，他的突然离世把这一计划打乱了，王爱爱根本没有心思举办演唱会。但是，在子女们的坚持下，她为了完成丈夫生前的心愿，强打精神，忍痛策划筹办。在山西省文化厅的大力支持下，在省晋剧院的精心策划组织下，这场纪念王爱爱从艺50周年的大型演唱会终于隆重举办，获得了巨大成功。

王爱爱演唱了她不同历史时期的15个代表性唱段。其中，演唱《出水清莲·鞋弓袜窄人挨挤》时，王爱爱的演唱和泪而下：

擦不干，酸泪面如洗，

酸泪更向我心头滴，

心中好比乱箭中了的，

又好比刀戳与斧劈。

书馆夜话情历历，

披肝沥胆话依依。

原说是，他年必定重相聚，

谁料到，重聚已是生死时光一须臾。

恨日月，太逼人，我脚下，太无力，

强挣扎我赴刑场把夫君寻觅。

抬抬头，你睁睁眼呀，

你怎么一语不发，似痴迷。

有什么言语快快嘱咐我几句，

难道说就这样死别生离？

王爱爱在这段唱腔中，一字一句，好似她在与天上的夫君轻声话语。虽然她唱的是剧中人物王桂英的唱段，但同时也唱出了她自己的情感，她以情行腔，以腔感人，强压悲伤，将情绪细腻地融入声腔，唱得无比悲切，感人

王爱爱为人民群众演唱

刘惠生生活照

至深！王爱爱内心无论有着怎样的情感波澜，她都做到了艺术化地处理剧中人物的唱腔，她克制着情绪，控制着声音，含悲饮泪，观众被她的真情演唱感动得泪雨滂沱。

这个演唱会，是王爱爱从艺 50 年艺术人生的浓缩，也是"爱爱腔"经典唱腔的集中展示，更是她对九泉之下夫君的告慰。观众们绝对没有想到，王爱爱是忍受着心中怎样的痛苦，把最美的艺术奉献给爱戴她的广大观众的。

刘惠生（1939—2000），1939 年 5 月 13 日出生于山西汾阳县。国家二级演员（资格），工文武小生。中国戏剧家协会会员，山西省戏剧家协会会员。历任省晋剧院大联委委员、"永春"演出团副团长、一团外交副团长、省戏校排导教师等职。

1952 年，他进入了了榆次市新生剧团（后改名晋中晋剧团），跟随田秀英主工文武小生。几年主演了《辕门射戟》《伐子都》《黄鹤楼》《三打祝家庄》等生角重头戏。1958 年主演《辕门射戟》之吕布，获晋中地区青年演员会演一等奖。1959 年参加现代戏《朝阳烈火》《太行英雄》演出获全省现代戏调演青年优秀奖。

1960 年，刘惠生被选调山西省晋剧青年团任文武小生。受郭凤英等先辈言传身教，给他排练优秀传统戏《小宴》(饰吕布），尤其是特技翎子功，他掌握得恰到好处。同时，他还饰演了《含嫣》中的花云、《双锁山》中的高俊宝、《卖画劈门》中的汤子彦等角色。1961 年随青年团进京演出，一出《小宴》获得京、津戏剧专家和广大观众一致好评。1964 年以现代戏《红灯记》饰磨刀人、《蛟河浪》饰赵财旺，随团赴大庆油田慰问演出受到好评。1970 年前后，主演过现代戏《智取威虎山》饰杨子荣、《汾水长流》饰赵财昌、《金沙江畔》饰金明、《龙江颂》饰常富、《烽火中的三代》饰武小刚等角色。1976 年，他演的《小宴》由中央新闻制片厂拍摄成戏曲资料片保存。1980 年调山西省戏曲学校从事教学和后勤工作。1985 年临时回剧院担任"永春"团副团长，主管团内业务和行政后勤工作。对"永春"团的建设作出了应有贡献。1987 年正式调回剧院任一团外交。1990 年继任一团副团长兼节目主持人至今 [摘自《山西省晋剧院院志（1952—1992）》]。

桃李不言 下自成蹊

时光荏苒，光阴似箭，新世纪的钟声敲响了。2000年王爱爱60岁退休了，但她比在岗时候更忙了。经常出席各类艺术活动和社会活动，剧院要上演剧目请她指导，徒弟要参加戏曲大赛请她辅导……2004年山西戏剧职业学院聘请她为学院名誉院长，于是，她走进了学院，成为一名辛勤耕耘的艺术园丁。

虽说职务是虚的，但工作却是实实在在的。20年来，她去学院上班，看到学院戏曲专业招生出现低潮，生源较弱，她依靠自己的影响力亲自去内蒙古、河北帮助招生；她参与制定教学计划，调整课程安排；她管理教学，指导学生练功、辅导学生参加"小梅花"大赛剧目；她出去讲学、出席各种社会活动；等等，把培养晋剧新人当成自己义不容辞的责任。

"爱爱腔"有代表剧目和代表唱腔，影响广泛，并有大量模仿追随者，有30多名徒弟以及大量戏迷票友。她为传承晋剧，付出了很多辛苦，成果显著，她的徒弟大部分都已是各艺术领域的骨干。她说：

艺术是我心中的挚爱，观众是我心中的上帝。

弟子是我心中的企盼，唯善是我心中的追求。

王爱爱在学院工作照

　　如今王爱爱桃李满天下。2014 年之前，王爱爱有 33 名徒弟，原有 8 个弟子，即：史佳华、耿玉珍、杨志爱、陈转英、刘建平、苗洁、党月萍、卫青梅；2007 年喜收 12 位弟子，即：杨丽丽、魏建琴、李月萍、郭全秀、雷改琴、王中璧、陈虹、刘焕莲、郭爱爱、李莉花、刘淑琴、郭素梅。2008 年收下王成兰。2013 年再收李栓生（男）、卢华廷（男）、谢冬梅、张文萍、陈慧娟、刘培花、李素花、赵红艳、史叶青、王艳梅 10 位弟子。2014 年收下王晋华、耿忠翠。之后，收下郭玉霞、郝小燕、王春梅、乔春梅、张万芳 5 位弟子，共有 38 位徒弟。在收徒仪式上，王爱爱的新老弟子们幸福地簇拥在她的身旁，开心的笑容洋溢在她的脸上，留下了温馨难忘的记忆。

　　很多徒弟在各自艺术领域都卓有成就，如：史佳华，国家一级演员，第 12 届中国戏剧"梅花奖"得主及第 25 届中国戏剧"梅花奖""二度梅"获得者，山西省戏剧家协会原常务副主席、原秘书长；苗洁，国家一级演员、教授，

王爱爱和她的弟子们

第 23 届中国戏剧"梅花奖"得主、山西艺术职业学院副院长；山西省"杏花奖"得主杨志爱、陈转英、刘建平、党月萍、卫青梅、陈虹等。

　　弟子们对王爱爱的师恩充满感激。王爱爱的大弟子史佳华深情地说："2016 年 12 月 11 日下午，天空飘着久违的雪花，我从榆次访友归来，突然手机响起，我低头一看，是师父的电话号码，我很快接起电话，电话那头甜美清脆的声音像极了年轻的少女，亲切极了。她那一口纯正的山西榆次方言问候着我，'佳华你在哪里？是自己开车？路上要小心啊'。这样的问候让身处寒冷冬季的我暖到了心坎儿。接下来言归正传，师父和我谈到，她的书出版在即，看了一下文章里边没有我的一篇文章，所以致电于我，师父说让我赶紧写一篇文章，我说好的，我回去以后马上写，她又补充一句让赶在十五号之前一定交稿，接着师父就说'就这样吧，你开车一定要小心，回到家一定要

王爱爱和她的弟子们

给我发个短信'，我说好的师父。

"挂了电话，我开始了对与师父相处将近四十年的漫长岁月的回忆。首先想到的是，我要写什么？从哪里开始写？怎么样才能甜畅流利地叙述这样一对师徒情。就像舞台的大幕一样，一幕一幕拉开，不知不觉车已进入地库，我锁上车门的那一刻，文章的题目也在我的脑海里经过一次一次的斟酌而敲定——《亦师亦母师徒情》。

"我出生在山西祁县一个地道的小农庄，十三岁之前从来没有听说过唱戏、晋剧与王爱爱。我从小生活在奶奶身边，直到奶奶在我八岁时离世，我也就回到我的父母身边。因为小时候被奶奶无限宠爱，所以只要有不开心特别是在妈妈训我的时候就会扯着大嗓门和妈妈'顶嘴'，妈妈是直率的性格，就会不经意地说我，你比唱戏的嗓门还高，长大以后就送你去唱戏吧。

　　"可能人的一生也真是会有命运之说，在我十三岁那年，我爸爸的同事和他说，晋中艺校要招戏曲学员，你们家二闺女长得也不错，干脆带着来让我们看看。就这样，我唱了一首革命歌曲通过了第一次的面试，在二试的时候必须得学会一段晋剧唱段，这样就被领到祁县剧团跟着老师学唱了一段革命样板戏《龙江颂》中江水英的一段唱腔，就在此刻我第一次听到恩师王爱爱的唱腔，也知道了山西有个名演员叫王爱爱。我唱着恩师的唱段'手捧宝书满心暖'顺利地通过了二试，考取了晋中五七艺术学校，成为一名晋剧的追随者，恩师也成了我进入梨园行的理想、梦想与追求的目标。我立志长大学成，也要像恩师一样成为观众追捧的名演员。

　　"我始终认为我是一个幸运儿，在我上艺校的第三个年头，中国改革开放同时也放开了古装戏的演出，我那年十五岁，学校也分行当、加课时学习古装戏，说来也巧，此时我的校长李德育先生，他和我说，他在晋中青年团

王爱爱收徒仪式

当团长的时候是他一手培养了王爱爱，就在那一年校长问我想不想见一下王爱爱老师，我说我做梦都想，校长说那我明天就带你去见。就这样，校长带着我这个黄毛儿丫头坐上公交到太原市登门拜访我的恩师。我小心翼翼地跟在校长后边，进门后也不敢多看也不敢多说，只是一个劲儿地看着老师，像见到了神一样的膜拜，此刻校长也使劲儿的在恩师面前介绍我的情况、在学校的表现，最让我难忘的一句话就是我们临走前，老校长的嘱托。他说：爱儿，这个娃儿就交给你啦，我认为她是一个能继承你衣钵的好苗子。'老校长又转过头来对我说，花儿，你以后就跟着她了，希望爱儿把花儿当成自己的闺女待，培养出一个小王爱爱来。每当我回忆到当时的场景，我就会情不自禁地流下感恩感激的泪水，思念起了我和恩师的老校长、老团长李德育先生，在我的人生中能够认识这样的伯乐，真是三生有幸啊！

"人与人本是一种缘，疼爱你的人，你的冷暖她样样皆知，牵挂你的人，你的苦乐她感同深受，我和恩师从此结成了亦师亦母的师徒情缘。我们虽在两地生活工作，但心却紧紧地连在一起，老师虽不善言谈，但她对我的爱是可以感受得到的，我的每一次参赛、比赛和人生节点都有恩师的陪伴，用当今网络用语，我的身边从此多了一个大咖级的'贴身跟包'。

　　"1980年初冬，山西省文化厅主办首届山西省青年演员大奖赛，我参赛的剧目为《水斗》《断桥》两折，我比赛的那天是上午场，我还在吃早饭的时候有人过来喊我'佳华，快点，快点，你师父已经带着化妆师到了后台了'。那时候不光是师父跟着，师爹也一块儿跟着，这样的场景闪回，都是一次再与幸福拥抱的时刻，十七岁的我到了省城参加比赛，也是第一次在全省亮相，还是有一点小紧张。在师父和几位老师的化妆和修饰之下，我一个劲儿地照镜子，不愿离开镜子，看着自己好美啊，此刻我的师爹也拿着相机给我们定格了一张难忘的相片。穿好服装后我就要粉墨登场了，《水斗》一折是武戏需要打出手，因为紧张的缘故所以出现了一些瑕疵不够完美，下场后我哭了，此时师父跑过来抱住我说：'俺娃不要哭演得挺好的。'之后她接着告诉给我赶妆的老师，你们赶紧给她把妆赶好，再拿点温水来喝一喝，让她休息一下，转身她和我说'俺娃别哭了，师父去替俺娃唱介板'。就这样，《断桥》的介板'杀出了金山寺怒如烈火'由我的恩师晋剧青衣大咖王爱爱唱响了太原东安剧院，台下顿时掌声雷动，我也再一次感受到了"爱爱腔"的魅力和感染力，在恩师的鼓励和安慰下，我擦干了泪水又一次投入白娘子的情感世界之中……也圆满地完成了此次比赛，获得了青年演员大赛一等奖的殊荣，也算是我学戏以来对师父教戏传艺的回馈吧。

　　"从此以后，我所有参加的各种比赛恩师都一路陪伴，从选戏到排练，我可能是所有徒弟里边最能说出我们师徒情的各种有意义、有情节、有戏剧性故事的人。说起对师父的崇拜，不得不写师父的大气，我每次选戏师父都会说要按照佳华的条件选戏，因为她身上的基本功扎实、能文能武，不要局限于我演的戏，有了师父的博采众长，才有了我之后的一系列代表剧目和我在＇爱爱腔＇的基础上个人的特点与风格。没有师父的海纳百川，就不会有我今天的继承和发展。

"1993 年，晋中地委决定推荐我到北京参加'梅花奖'的评比演出。在选戏的时候，有过一次小小的争议，有的领导和专家说，应该带上我师父的《金水桥》和再选一出文武兼备的戏去参加评选，在经过三番五次讨论之后，师父站起来说了一句这样的话，'不要因为她是我徒弟就选我的戏，这个时候更要选适合她演、适合她戏路子的戏，还要选在全国有竞争力的戏'。有了师父这样的表态，经过论证，最后定下来我的参演剧目是移植京剧尚派名剧《失子惊疯》和为我量身打造的新编历史剧《陈碧娘》。经过一年的磨炼，两出戏终于成型，准备去北京角逐第十二届'梅花奖'评比演出。我的师父和师爹也就一路从排练场到舞台彩排，从山西晋中到北京人民剧场，这些就像昨天一样历历在目。我的恩师既是辅导老师，又是心理疏导师，替我排解着一切从外部袭来的压力。她后来跟别人说'其实我比佳华还紧张，看着她在台上满头大汗的演出，真是疼在我的心里，这种压力是别人无法代替的，我也深深知道徒儿不易'。

"争梅的两场演出完美收官，那个夜晚，是一个不眠之夜，我师父和师爹也跟着我一起哭一起笑，因为演出完之后我在后台化妆间是放声痛哭的，师父知道我为什么哭，她也知道我这一路走来的艰难和不易，此时师父和师爹做了一件让我终身难忘的事，她说：'佳华，咱们戏也演完了，我明天带上你去几个老戏剧专家的家里逐个拜访一下，认真听取一下各位专家的意见，以便对你有更好的艺术成长和提高'。不巧的是，在拜访一位老戏剧家的时候，电梯突然停电了，他家在十九楼，我和师父面对面会心地笑了一下，我说师父，咱们还上吗？师父和师爹说，已经到楼下了怎么能不上去呢？就这样，我们师徒三人爬几层歇一歇，爬到十九楼的时候三个人也可以说是气喘吁吁了。我们在专家的家门口，稍作休息，缓解了一下我们的疲态，随后轻轻地叩响了老专家的家门。在听取了专家建议和意见之后，我最企盼的是这时候应该

有电了。当我们出来走到电梯跟前的时候，电梯依然没电，老专家把我们送到楼道，当知道我们是爬上来拜访时颇为感动，也为我们的精神点赞，在老专家的目送下，我们又开始了漫长的下楼过程。师父和师爹扶着楼梯栏杆一步一步缓缓地往下走，当她们回头看我的时候，我早已哭成了泪人了，我被师父和师爹对我的关爱和宠爱深深打动了，使我终生难以忘却这漫长的十九层楼梯。下楼之后，师父拥抱我说道，相信我们有这样的诚心，终究会实现你的'梅花'梦的。

"总算不负师父的期望与辛苦，我成功摘得第十二届中国戏剧'梅花奖'。获奖之后师父与我说，佳华，'梅花奖'虽然拿了，但也只能成为过去了，我很理解师父的这段话，艺无止境，也正像师父的艺术道路一样，需要不断地磨砺前行。我深深知道师父对我还有更大的期望，师父为我夺奖高兴与自豪，然而她继之如前的是对我更高的要求。

"1995年年底，又一个新的身份赋予了我，晋中文化局任命我为晋中青年晋剧团团长，开始了我从被培养到挑起了肩负着培养青年人才的担子的转变，也真正成为晋中青年晋剧团的领头羊。这时我的师父又出现了，她把我叫到家里，嘱托我要夹着尾巴做人啊，别人干的你要干，别人不愿干的你也要做，要能当好一个好团长谈何容易，你要做好心理准备。我当时和我的师父立下誓言，请师父放心，我会努力做好一个好团长的。1999年，我被文化部评为'全国优秀院团长'，受了表彰，用实际成绩回应了师父对我当团长的担忧。

"担任团长期间，我更深深地感受到师父尽心竭力培养我的不易。时间过得很快，一晃我已担任九年团长，在我担任团长期间也像师父一样培养了一个'梅花奖'演员。我追随'爱爱腔'一路走来，师父也不断地跟我探讨晋剧声腔艺术如何跟上时代的脚步，一直鼓励我在继承发扬'爱爱腔'的基础上不拘一格，正像京剧大师梅兰芳所说的一样'学我者生，像我者死''移步不换形'，紧扣时代脉搏，把师父对晋剧艺术发展创新的追求也担当起来。我继师父之后，成为第三个获得金唱片奖的晋剧演员。

2004年，我离师父越来越近了，我的角色又一次华丽转身，被调到山西省文联艺术研究中心工作，在此期间，我的师父着急了，师父以为我不会再登台了，又一次与我坐下来长谈。师父直截了当地问我，'佳华，你以后是不是不再演戏了'，我笑笑回答道'师父，像我这时候更需要静下心来学习、学习、再学习……'其实在这之前我已经报考了北京大学艺术经纪人管理学研修班，因为我觉得只有文化的积淀，才能使我在晋剧艺术发展道路上再上一层楼，我再一次和师父承诺，我不会离开晋剧的，我俩又一次默契地达成了共识。在这期间，她也在等待我的回归，我也在时刻准备着回归晋剧舞台的工作。

"2008年，因山西省戏剧家协会工作需要，把我任命为秘书长、驻会副主席，又一次完成了华丽转身。师父为我新的身份而高兴，随着文化体制和文化市场的多样性，我迎来了为师父再一次交上她所期待已久、新的艺术答卷的契机，山西省剧协成立了梅花奖艺术团，由民营资本运作，采取项目制、剧组制，梅花版《打金枝》论证创作会在并召开。师父在论证会上给予我们极大的精神鼓舞，同时被聘为艺术顾问。特别是经典唱段《劝宫》一段的改编方面，老厅长鲁克义与我师父说'爱爱，《劝宫》改不改？'师父果断地说，既然全剧整体都要有一个新的面貌，那么《劝宫》也应该有一个新的呈现。我深刻体会到正是有师父这样改革创新的意识，才能有'爱爱腔'经久不衰旺盛的生命力。在梅花版《打金枝》得到了社会效益与经济效益相统一的情况下，更得到了业内外的充分肯定与认可，更坚定了我在从'爱爱腔'中源源不断获取养分的道路上继续前行，在创作晋剧《大红灯笼》中，我继续以'爱爱腔'的声腔艺术魅力为创作源泉，孜孜不倦地汲取我的声腔母体'爱爱腔'的艺术养分，这也使晋剧《大红灯笼》的音乐唱腔创作上在兼备时代性、时尚性的同时，更张扬了晋剧传统音乐唱腔的艺术魅力，也得到了我恩师的赞许。

"2014年1月10日是我终生难忘的日子，'王爱爱工作室'正式成立了，我为我师父的艺术能够在此之际有望得以更多新的发展深感由衷的高兴，师父长年来在山西戏剧职业学院担任名誉院长，并深入教学实训一线，为晋剧接班人的培养亲力亲为，使我由衷敬佩，同时也激励着我追随师父的脚步，为晋剧艺术的传承多作贡献。继师父之后，'史佳华工作室'也成立了，同时郑芳芳等17位青年演员也迈进'爱爱腔'艺术的大门，我师父也亲临现场，见证了我的收徒仪式，同时我的恩师也升级为师奶奶了，我也会像师父一样把学生带好，'爱爱腔'艺术的后辈们也一定会尽心竭力，将'爱爱腔'艺术发扬光大。

"我的恩师是晋剧业界从上到下一致公认的德艺双馨的艺术家，她为艺谦虚，追求进步，对待同行团结友善，对待观众视如衣食父母，尽心竭力完成好每一场演出，对待我等徒弟关怀备至，犹如慈母一般，特别是在我的成长过程中，一再强调要虚心学习，不耻下问，对待每一位老师都要尊敬爱戴，同时要学习其他老师的长处来丰富自己，要懂得感恩，感谢每一位对我成长

道路上予以关心支持帮助的人们，她无时无刻不在教导我做一名德艺双馨的优秀演员。

"经过 40 年对'爱爱腔'的学习、实践与探索，师父所创造的'爱爱腔'艺术无时无刻使我被这样的声腔魅力所吸引，这样的魅力也每每在我的演出过程中得到专家和观众热烈的回应。'爱爱腔'艺术是晋剧旦角声腔史上一朵靓丽的奇葩，是中华人民共和国成立以来晋剧声腔艺术中具有里程碑意义的新发展、新创造，她那不可复制的好嗓子，只要一张嘴，必将给人带来一场沁人心脾的听觉盛宴，她的行腔既大气磅礴又小桥流水，是那样的辽阔而细腻，她的韵味既慷慨激昂又圆润委婉，像极了一杯陈酿的老酒，使人回味无穷。'爱爱腔'就像巍峨的太行吕梁山脉，就像流水哗啦啦的汾河母亲，已然成为三晋大地上一道亮丽的风景。

"近年，我觉得我和师父的心越来越近了，她也越来越懂我，我也越来越懂她，能读懂我的恩师，我认为是我此生莫大的幸福。我也相信，我们师徒会给喜欢热爱追捧'爱爱腔'的观众朋友带来更多的惊喜。"（载自史佳华2016年12月14日微信朋友圈文）

虽说弟子们已经取得了一定成就，王爱爱依然经常教育叮嘱，希望她们谦虚做人，不论大小角色，都要认真地去演，认真地去做，不断提高文化修养。王爱爱对弟子的要求，也是师徒共勉的八句话——

热爱艺术，遵于职守；谦虚谨慎，尊师尊德；

心系观众，团结同行；携手共勉，情谊永恒。

王爱爱跟弟子们说，当年她在青年演出团时，省委书记王谦告诫她："孩孩，在剧团不要计较你的名字站着了，他的名字坐着了，不要跟他们钩心斗角。处朋友，处上几个有文化的人，你慢慢慢慢随着人家，你也就提高了。每天不管是甚的书，一天要看上一到两个小时。"领导的教诲让王爱爱受益匪浅，她也是生活中的有心人，多年来，她每天都要读上一到两个小时的书，读过莎士比亚的书，还有《红楼梦》《三国演义》及巴金的书等。尤其是《红楼梦》，她说前后读过三遍，对书中人物的性格刻画，让她在舞台上塑造人物时，有过很多启发。她特别喜欢薛宝钗，喜欢她的宽厚，即使林黛玉给她钉子碰她也不计较，这样才能和谐、快乐、幸福。

王爱爱告诫弟子们："一定不要骄傲，一定要尊重同事，没有同事的配合，你就是干枝梅。尊重乐队的老师们，是他们和你密切配合才成全了你的名望。"

孔子说：学而不思则罔。王爱爱读书就和她琢磨自己的唱腔一样，喜欢思考，她不喜欢三国，只读过一本，但很喜欢巴金，认为巴金的作品某种时候与现在社会有相吻合的感觉。

王爱爱指导山西戏剧学院戏曲系的学生练唱，强调打开口腔，她说："不

王爱爱和学校老师探讨教学

王爱爱教学示范

王爱爱辅导学生

打开口腔，怎么能找到共鸣呢？科学练声很重要。"

　　王爱爱的教学方法是，先让学生练习声乐，打开口腔，然后再引导至戏曲的演唱方法上。刚开始时，学院有些老师对王爱爱的教学方法持不同意见，背后嘀咕，说：看人家王老师，不让学生唱戏么是让唱歌了。王爱爱说："错！我把话先放到这儿，你让孩子先唱一年歌过来再唱戏，你要是觉得正确，咱们就这，不正确咱们再推翻。这几年她们也感觉到了，让孩子们唱唱歌，把喉腔打开，声带打开，特别是发音的位置也能放松。"

　　王爱爱要求学生勤练基本功，即便是唱青衣行当，也不能只是练唱，而是要唱念做打全面发展。有的学生说，拿顶怕坏了嗓子，她说："王老师小时候每天拿顶三四十分钟，也没有坏了嗓子，拿！""戏曲可不是你们想得那么容易，唱念做打，哪一点上不来也不行。如果不练基本功，以后人家导演

王爱爱教学指导

王爱爱与中国戏曲学院来访教师进行交流

给你排戏，这你也来（表演）不了，那也来不了，怎么能演了戏呢？这哪里是咱们戏剧职业学院的学生呢？你们现在是跨世纪的人才了，哪儿能像我们老艺人，就会抱住肚子唱？"

现在学院唱青衣的学生也能走前桥、后桥、蹦子、抢背等，什么基功都能表演下来。

有学生问，为什么同样唱《明公断》，我们唱的观众没什么反应，而王老师唱的却让观众掉泪？

王爱爱讲："首先得从人物出发，其次是从剧情出发，你得琢磨，我唱腔和这个人物符合不符合？你就是站在那儿唱，是一个演员站在那儿唱，就没有把演员变成剧中人。你要是把演员变成剧中人，你看她还能感化不了观众？"

的确，感情是唱腔的灵魂，情感真挚，就能获得极大的艺术效应。王爱爱抒发的感情，都是从肺腑中流出来的，所以，容易引起观众共鸣，产生动人的艺术力量。

王爱爱认为，她的唱腔人们爱听，主要是喜欢听她唱得有韵味，因此，她要求弟子，每当拿到曲谱时，一定要细细地看，不可以拿上曲谱只看个大概就觉得自己会唱了。有些曲谱在细小的地方有很多音乐提示，有的演员就懂得在唱腔上唱出来，有的演员就不会，只是直巴巴地按乐谱上的唱腔唱，没有起伏，没有抑扬顿挫，就不优美。其实，唱腔也和人的修养一样，经常读书看书呀，与有学问的人交谈，都能提高。她经常教导学生："我知道你们在台上很累。你们这个年龄还小，光阴不要浪费过去，寂寞是财富。静才能学到东西，这儿还没有学好，就想那儿了，不行，静下心来才能学到观众对你要求的那部分。""唱戏要懂得历史。你演《打金枝》，你知道多少历史？演传统戏的历史人物，就是要知道历史，不懂，演出来就是直白的。没有文化不行。"

王爱爱除了给学生们上课，还担任学生期末考试监考，学生们一天上午、

王爱爱与学校老师探讨教学

下午和晚上三次考试，她就监考一天，绝对不离开监考座位。2010 年 5 月，教学改革，学生以彩排形式考试，王爱爱监考了 20 多天并逐一点评，有时给学生做示范。她对教学一丝不苟的精神，给年轻老师们树立了榜样。

　　自从王爱爱受邀担任学院名誉院长之后，戏曲系组成了一支很好的教学团队，她的弟子苗洁也从省晋剧院调到学院担任戏曲系主任。在全省戏曲高尖端人才较缺的情况下，为了更好地出人才，学院决定发挥国家级非遗代表性晋剧传承人王爱爱在戏曲艺术传承发展中的独特作用，2014 年成立了"王爱爱戏曲工作室"，进行深入教学研究。并以王爱爱为艺术总监，成立了实习演出团，打造学与演一体化教学模式，培养学生尽早适应社会的能力。很多学生在全国性的比赛中获得佳绩，如，在第十七届中国少儿戏曲小梅花荟萃活动中获得金花状元，在全国第一、二届文华艺术院校比赛中获奖，在全

"爱爱腔"培训班（2015年5月11—15日）结业合影。前排左四为王爱爱

省教学剧目评比演出中获奖，等等，王爱爱认为她有责任、有义务为晋剧非遗传承作贡献，这是一位德艺双馨艺术家的人生追求。

最让王爱爱感动的，是学院老师的敬业精神，她说："戏曲老师讲一堂课授课费很少，可是老师们还是那么尽心尽责。现在，戏曲不景气，生源差，有的学生《三击掌》中的一句导板，老师能教一礼拜学生也记不住。可是老师们依然认真地教。有些学生其实只是过渡，毕业后并不打算从事戏曲事业。但是，还得教。所以，难！"

对于晋剧目前存在的问题，王爱爱在着急之余希望能得到解决的同时，更多的还是对未来充满信心。她深情地说：

晋剧在我们山西有深厚的群众基础，只是在传承方面有局限性，当今的孩子们没有我们那时候的生活压力，所以，还得引导鼓励他们，让他们认识到戏曲是中华民族优秀传统文化的重要组成部分，要热爱它，这是我们的责任和使命。

我老了，我要把党培养我的艺术，都教给学生。现在，很欣慰地成为晋剧传承人，这是党的关怀、群众的爱戴，自己一定不辜负这个声誉，要活到老学到老，积极地跟上时代，让晋剧也跟上时代。特别是戏曲处于现在这种状况，我决不灰心，我相信戏曲还有辉煌的一天。活一天，就要对晋剧事业爱护一天，对后一代负责一天，对未来期盼一天。

2015年5月11日至15日，王爱爱举办了"爱爱腔"培训班，从全省招收了30名学员进行集中培训。她在班上给学员们教唱腔，纠正演唱中的毛病，解决演唱遇到的困惑和瓶颈，为传承晋剧事业，培养了一批年轻人才。

在2020年，山西省事业单位进行了重大改革，山西省委将山西戏剧职业学院与山西艺术职业学院进行了合并，同时合并的还有两个学院的附属中专，以及山西省晋剧院、山西省京剧院、山西华夏之根艺术团、山西华晋舞剧团、山西省戏剧研究所，以上单位统一合并到山西艺术职业学院。王爱爱作为国家级非物质文化遗产晋剧传承人，坚守在传承和弘扬晋剧艺术事业、培养晋剧艺术人才的道路上，老骥伏枥，壮志不已。

最美不过夕阳红

最美不过夕阳红

温馨又从容

夕阳是晚开的花

夕阳是陈年的酒

夕阳是迟到的爱

夕阳是未了的情

多少情爱

化作一片夕阳红

白驹过隙，王爱爱进入耄耋之年。然而在她脸上看不到岁月的沧桑，而是阅尽千帆之后的从容淡定，是看庭前花开花落，望天上云卷云舒的自信。她端庄持重、仪态大方，只要她开口讲话，银铃般清脆甜美的声音就会飘然回响，那是上天对她的眷顾。晚年的王爱爱每天在为晋剧事业忙碌，正如歌中唱的那样：多少情爱，化作一片夕阳红。

王爱爱是国家级晋剧表演艺术传承人，荣获"薪传奖"，她为传承晋剧事业不断贡献力量。虽然退休，但是经常出席各种重要社会活动和重大公益活动，经常参加演出，如"山西四

王爱爱晚年生活照

王爱爱在太原迎泽公园指导晋剧戏迷票友清唱

大梆子交响演唱会"进北大，她演唱了《千秋梨园情》，技压群芳；她举办"爱爱腔"培训班，讲授声腔演唱艺术；2014年成立了"王爱爱工作室"，在戏曲教育方面成果显著。她为"丁牛郭冀"四大名牌培训班授课，为晋剧流派艺术进行人才培养；她去北京中国艺术研究院为"山西地方戏曲'新流派'研讨会"作"爱爱腔"学术讲座，为全国专家作流派特色演唱，展示"爱爱腔"的风格与特色。她作为山西省戏剧研究会顾问，参与了大量戏剧活动，使山西省戏剧研究会影响深远。她为四川汶川地震赈灾义演；她参加扶贫演出；她去敬老院为风烛残年的老人送去温暖快乐。无论刮风还是下雨，无论酷暑还是寒冬，她总是把美好的演唱送给观众；为满足戏迷票友的要求，即使她身体大病初愈，也要把一片真诚送给热爱她的戏迷朋友……

　　王爱爱是人民群众喜爱的晋剧表演艺术家，清脆甜美的歌喉，婉转动听的唱腔，至今无人能够超越。

　　进入新世纪，晋剧渐渐衰落，晋剧如何传承？有人认为，传统艺术不能变，变了就不是戏曲了；有人认为，戏曲太老了，再不改就快消亡了。王爱爱认为，戏曲改革是处理好传承与创新的关系问题。

　　她说："我认为，一个传承，一个创新，两者缺一不可。光搞传承不创新，就把一批青年人拒之门外，这对创新是一个很大的阻力。要创新，就必须在传统基础上创新，不能脱离传统，因为你什么东西离不了根。我们的传统没

庆祝山西省戏剧研究会成立五周年大会

2010 年 5 月 12 日，山西省戏剧研究会成立五周年大会合影，第二排左六为王爱爱

王爱爱（左二）与山西省戏剧研究会领导、专家等合影

2016 年 4 月，王爱爱在中国艺术研究院召开的山西戏曲 "新流派" 创造经验研讨会上

有根它就没有叶，有了根它才能开花结果。"

　　王爱爱认为，新入学的学生应该首先继承传统，等将来在舞台上有了一定的表演经验之后，再进行创新。而徒弟们已经有了传统戏的基础，这样既能保留传统，又能在创新的道路上自己进行发挥。创新是为了适应时代的需求。但戏曲作为一个具有特殊性的行业来说，首先应该是继承，打好传统的基础再去创新。

　　2016 年 4 月 27 日至 28 日，中国艺术研究院戏曲研究所与山西省戏剧研究所联合主办了 "山西戏曲' 新流派 '创造经验研讨会"，研究探讨了 "爱爱腔"、"爱珍腔"（上党梆子表演艺术家张爱珍开创）、"俊英腔"（蒲剧表演艺术家武俊英开创）、"转转腔"（晋剧表演艺术家宋转转开创），会议在北京中国艺术研究院召开，会上研讨了王爱爱开创的"爱爱腔"艺术流派特色，27 日王爱爱作了大会发言，田永国与王越作了"爱爱腔"专家发言，28 日王爱爱作了讲座。

　　王爱爱创造的 "爱爱腔"，从 20 世纪六十年代形成，七十年代成熟，八九十年代广泛传播，走向辉煌，走过了 60 多年。之所以能够形成一个晋剧艺术流派，正是她很好地解决了传承与创新的辩证关系。她继承了 "程派" 和 "牛派" 的艺术精华，科学地运用了声乐发声方法，结合自己的嗓音特点，才

王爱爱在"爱爱腔"研讨会上作讲座

形成了自己独特的声腔演唱风格。所以说，艺术应该是在吸收传统精华基础上再进行创新发展。

作为山西戏剧职业学院名誉院长，王爱爱同时身兼中国戏曲学院、阳曲县高职中学的客座教授。一个是国家级艺术学院，一个是最基层的学校，不论是什么生源，她都认真教学，只要是能对传承戏曲艺术起到积极的作用，她都愿意努力去做。

对于戏曲艺术表演风格，王爱爱追求的是——

端庄大方，雍容华贵，声情并茂，以声传情。

舞台生活繁花似锦，台下生活宁静致远。王爱爱更喜欢读书写字，多年来不断提高文化修养，增强文化底蕴，在文房四宝中陶冶情操。平时喜欢和"梨园四友"原山西省文化厅副厅长、著名戏剧理论家郭士星，山西省戏剧研究所原副书记闫玉庭，山西省京剧院原梅兰芳青年团书记田永国这三个好朋友一起谈戏说艺。她说：

我在台下这么多年来，处了几个好朋友，从我心灵上来说，我确实感到非常高兴，比如第一个就是我们原省文化厅副厅长郭士星，他现在已经退休了，退下来以后，我们结为好友，我觉得郭厅长这个人，他虽然是身居厅长，

王爱爱与原山西省文化厅副厅长、著名戏剧理论家郭士星（右），原山西省京剧院青年团书记田永国（左）

王爱爱与原山西省戏剧研究所副书记闫玉庭（中）、原山西省京剧院青年团书记田永国（右）

但他很平易近人，我们为什么能处成好朋友呢？有共同语言，有共同看法，有共同想法。郭厅长对于戏曲界、文艺界他懂得很多，知道得很多，他不仅是个厅长，他还是我们山西戏曲界评论家，我们现在有什么事都要找他，现在他虽然年近八旬，身体很好，脑子很清楚，这就是艺术给我们带来的养分。

我第二个好朋友就是闫玉庭，六十年代我们在晋剧院一同工作，后来因为工作的需要，他调到山西省戏剧研究所担任副书记，他现在也退休了，退下来我们也是常在一块聊，无话不谈，我们也是处得相当好。

再有一位就是田永国，田永国该怎么说呢，说起来就是有缘吧，我觉得戏剧还有这么一句话，有缘千里来相会。在1985年，随着市场经济的发展，兴起一场承包风，我们晋剧院也要承包，晋剧院分三个团，我就承包了一团，承包么，我的团长是当然了，选这个书记呀太难选了，我就怎么也选不上，我看谁我也觉得不满意，巧遇田永国刚从部队回来，他转业就到文化厅，文化厅领导让我过去看，我一看这个田永国就觉得这个人我非常满意，我就把他聘任为我们山西省晋剧院一团的党支部书记，所以说从那个时候开始到现在为止，我们都是好朋友。在我来说，我一生中能处这么几个好朋友，我非常高兴，非常满意。我们这些好朋友在一块儿主要聊些什么呢，戏曲，发展，培养，前进，随上时代。为什么呢，我们从事文艺工作这一行，我们有共同语言，我们也有共同看法，这些好朋友能好到什么程度呢，就说他们对王爱爱不用说是，人家王爱爱现在是表演艺术家，咱们说话可得把这个词切磋好，还得想想怎么能给她提个意见，我们不是这样，我们畅所欲言。我们这几个好朋友，王爱爱你是对就是对，是错就是错，我们毫不隐晦，毫不避讳，都很坦诚。所以说我一生中，我处这几个好朋友呀，我也快年近八旬了，我就觉得非常高兴，非常欣慰，这是上帝赐予我的宝贝。

郭士星说："王爱爱辛辛苦苦风风雨雨，把自己的多半生都献给了晋剧事业。我祝愿我们的好朋友王爱爱，健康长寿！永远年轻！"

闫玉庭说："王爱爱是我相处将近60年的老朋友，她在我心目中既是一

位很有造诣的艺术家，又是一位和蔼可亲的老大姐。她所创造的'爱爱腔'，在晋剧发展史上作出了很大贡献。衷心祝愿我们老大姐身体健康！'爱爱腔'薪火相传！"

田永国说："尽管我们几个年事已高，但晚年我们还是要坚持以戏为媒，继续交厚我们的'梨园四友'，关注戏曲的发展。人民需要艺术，艺术需要人民；王爱爱需要人民，人民需要王爱爱！衷心祝愿王老师，晚年幸福！身体健康！艺术之树常青！"

王爱爱业余爱好喜欢看书写字，她说："我现在尝到它的甜头了。所以说我现在，不管是在学校工作再忙，我回去总有两个小时，两个多小时吧，看书时间。读书可以陶冶情操，还丰富了自己的生活，很有意义。"

王爱爱不到20岁从晋中调到太原，在省晋剧院这个优秀的创作团队，编剧、导演、音乐、舞美等各方面人才济济，晋剧院的辉煌正是因为有了这些难得的艺术人才，王爱爱是这个优秀团队中的佼佼者，出类拔萃的人物。"一花独放红一点，百花盛开春满园。"王爱爱认为，剧院的辉煌靠的是有好戏、观众的认可。

乐在戏中
王爱爱 书

写不出好剧本来，要想出人才，要想繁荣文化事业，是不可能的。她说："我们山西是文艺大省，要对得起这几个字。"对于省晋剧院，王爱爱很有感情，她说："虽说走过了一段酸甜苦辣的道路，但是，我忘不了晋剧院对我的培养，对我的教育。"

王爱爱理解和宽容那个时代带给她的痛苦，正是处于逆境的环境中，让她学会了忍耐、沉默，学会了思索、宁静，阅历就是财富，她内心世界是丰富坚强的，她从传统戏中领悟到了人生真谛，她塑造的人物形象给予她优秀传统文化的滋养，她对"文革"中遭受的不公，也以宽阔的心胸包容了这一切，因而，生活也以幸福来回报她。

王爱爱20世纪五十年代在晋中晋剧团工作时，与她一起工作的同事朝夕相处，一起排练，同台演出，结下了友谊。谈到王爱爱，他们充满感情：

●王万梅（晋中市晋剧团国家一级演员、第六届中国戏剧"梅花奖"得主）——

与爱姐相处的时间不长，我1957年来剧团，她1960年就调走了，就三四年的功夫。爱姐是我心中最崇拜最尊敬最亲的大姐，我心中经常关注她。因为什么呢，一个是爱姐是从榆次走出去的，也是从我们晋中剧团走出去的。再一个原因我们都是青衣行当，在演唱风格上，爱姐博采众长，程派、牛派，都要吸收到她的身上，所以造就了"爱爱腔"。第三和我师父关系。师父程玉英80岁纪念活动，爱姐百忙之中来参加，有恩，师父教了一天也是不能忘记。

爱姐做人很低调，不像有些人喜欢社交，1983年我俩在北京讲学会学习，同住一个家40多天，她那么大的名气谁不认识她呢？我们白天学习扇子功、银走子，她说，万梅，你去学哇，学回来教我，她就不愿意接触人家。吃饭也是，人家有大马路她不走，她说咱走后头。这方面做人很低调。爱吃甜的，现在还爱吃月饼。

●李桂香（晋中市文化艺术学校高级讲师、程玉英徒弟）——

爱姐给我的印象特别深，我到了剧团，那时候她已经有了小名气了，在《茶瓶计》中饰小姐，"死丫头你不学好来尽学坏，耍笑姑娘你太不应该"。天天迷得她这两句，我天天走的站的迷得不行，就是学人家的那个自然美，天生的就是自然美，对我启发特别大。除了我师父亲自教我了，可是我的嗓子小、窄，所以就唱人家那个低的。1958年年底1959年排《朝阳烈火》时候，我们两个团合并了，爱姐过来了，那好嗓子，人们佩服得不行，爱得不行，人家特别好，她扮演团支书，程（玉英）老师扮演党支书，惠生哥是青年突击手。我演一个小姑娘，也有几句唱。这个戏在省城演出刘元彤导演可表扬了。爱爱姐的唱在二场，我的唱在六场，最后一场都唱。爱姐的唱不光是对我的唱有帮助，关键是对我的教学有帮助。

我从去了晋中艺校当老师，一直就是拿爱姐的"四月里"连谱子带唱腔当教材教学生。还有一个就是《断桥》里她唱的"滚白"，我特别喜欢，特别美，听她的唱腔老是觉得有新鲜感，我就老给学生抄谱子让她们学，所有《断桥》唱段都是我教学的教材，所以爱爱姐的唱段给我的作用非常大，我特别喜欢爱姐的演唱方法。

再一个，史佳华开始唱的时候是学牛桂英的，她嗓音接近爱姐，不适合牛老师的"云遮月"，这是一种美，但是我还是觉得爱姐的那种"阳光灿烂"明亮的声腔更适合她，我就让她将来走王爱爱的路子，王爱爱的音色宽厚高，嘹亮，最后她还是拜了王爱爱老师为师，因材施教么，所以我就注重学生用爱姐的唱腔，70%都是爱姐的，对我的教学起了很大作用。爱姐永远是我的偶像，我永远喜欢她的演唱方法、演唱技巧。嗓音就是甜美，谁也不行。再加上后天自己的努力。虽然是人家自己的嗓子好，但是也是通过人家自己的努力拼搏，在省城又打得那么响，在晋剧界起了很大的作用，影响了一代人，她的唱腔成了流行歌曲、流行唱腔。你说，我们哪一个名人的唱腔能成为流行唱腔了？太不容易了！老少喜欢，还带动了一大批爱好者。有个业余爱好者，男旦，通过学习王爱爱"四月里"唱红了，最后还盖了一个院儿了，到处请他，就唱这个"四月里"，其他的不会唱，就会这一段。黄河边上有个"石楼旦"，声音比女声还润，也喜欢唱爱姐的唱段。

爱姐到了省城唱红了，形成了"爱爱腔"，特别谦虚，学程老师，学牛老师，我们学得死板，人家融合得特别好，多会儿唱也是自己的风格。人家的"嗨嗨腔"恰到好处，不是"嗨"得那么怪。偶尔有一两句人家嗨得特别好听，爱姐比谁也唱得好。小旦是现在不唱，人家不学是不学，学就学得灵活自如。融汇到"爱爱腔"当中，所以就形成一派，名副其实的"爱爱腔"，独树一帜，太美了。

再说她的品德，为人处世。对老艺术家尊敬，跟同仁们谦虚和蔼、平易近人，这一点可不容易了。有的就要大牌了，明星们不都要大牌了？爱姐从来不要大牌，长年不见，见了也有礼貌，品德高尚，有素质。在人们心目中太高尚了。年过古稀了，早应该把自己多年的积累经历给后人看到，进行传承，这个最要紧了。爱姐是人们评价的"晋剧皇后"，非她莫属，她也是全国戏剧中的伶人王中王，再恰当不过了。我们祝贺她能把这个书很好地写出来，人们有了教案了。让人们更加了解"爱爱腔"，了解她本人，了解我们的艺术怎么传下来，传给下一代，这是最重要的事情。爱姐培养人才方面特别好，带动了这么多徒弟，真的不容易，有的是明星，有的是优秀演员，有接班人，这就是功绩，传给下一代，重视培养下一代，培养接班人。

●张玉英（78岁，晋中市晋剧团退休演员）——

我是1953年3月20日左右参加剧团，刚从平遥来，张桂英老师就领上我们去看戏，看见爱子实在好了，人家就唱一句"小丫鬟迎接三姑娘"就鼓掌，人家咋唱这么好？人家说那是筱桂花家的孙女子，我们看了以后也不会学，学不下。1957年合并后相处比较好，我唱青衣她也唱青衣。爱子平易近人。演完戏好吃，演前不吃。程玲仙最怕的是王爱子，因为啥程玲仙怕王爱子了？

320

王爱子幕条看看她的戏就会了，偷人家的戏嘛。王爱子演程玲仙的戏都是偷下的，《游西湖》就是偷下的，《沉香扇》也是偷下的。我记得有一年在平遥演出，程演前面，演到鬼怨，从鬼怨开始后头就不能演了，拉肚子，不行了，王爱子，你上哇，许石青就问王爱子，你敢上哇？人家就画妆，眯眯眼，瞌睡睡眼，人家王爱子嘛，画一片片好一片片，贴上鬓就更好看了，反正她就上去了，人家也没有练过吹火，要不是人家爱子偷地练来？反正我睡着了，人家就偷地去练功去了。人家还会吹火，下来演得非常成功。她甚时候看下人家的？我就不知道。每次演《游西湖》完了还得吃两个月饼，才在被子里吃呢。我们挤在一块睡觉。

高振业导演给她排《樊梨花》，一上场，你眼睛看住第几排，马鞭子一绕，你眼睛要看到哪。高振业那个导演非常好，他能给你示范，剧场画好圈圈，每个圈圈，这个圈圈在这儿，这个圈圈在这儿，马鞭下来眼睛要到哪，高振业可是对她下了功夫大了。当时关住门子给她排戏《螺女传》《小二黑结婚》《教子》，都是他排的。"耳听说呀嘛哎咳"，每回台下都要鼓了掌了。《樊梨花》连本戏，第二本，薛军死了以后，叫板非常好，在后场，没胸麦，两个汽灯，她的叫板，台下静静的、悄悄的，台下的这个气息，好这个享受。樊梨花一本，"耳听说中原良将"这一句好，最后，第二本，叫"冤家呀"，呀带词带得非常好，那会儿她年轻了呀，1958年，我们炼钢铁的时候，十七八岁。

1960年2月，夫妻双双到省城。刘惠生脾气直性，爱子温柔，受了委屈，她不跟人计较，她就是沉住气了。

● 苗巧兰（75岁，晋中市晋剧团退休演员）——

我1954年参加的榆次新生剧团，我参加的那年是剧团最倒霉的一年，她奶奶（筱桂花）死了，程玲仙坐月子。我没有参加剧团的时候，看戏，成天剧团演戏，我在榆次关庙住的，看她奶奶《赠剑》八郎铁头，演的二花脸，程玲仙演百花公主，她二姑（王爱爱的二姑）演江花佑，剧团好。五一节我参加学生游行，高瑞云看见了我，说这个娃娃能唱花旦。14岁，来了剧团一直演丫鬟，《茶瓶计》丫鬟，爱姐演小姐。爱姐可好合作了，在前台错了她下来告诉你，不苛责人，平易近人，台风好。有了名气了，1957年合并就是专门培养她了，人家挑大梁了。那个时候演的戏可好了，《樊梨花》《螺女传》《梅绛雪》。爱爱唱腔能普及，老的小的都能唱，都喜爱，谁也比不了，谁也爱学，这就厉害了。

●郭春德（68岁，晋中市晋剧团退休演员）——

我6岁到了剧团，8岁到了台上。说说我们那时候的练功。小时候练功和现在不一样，甚也没有，没地毯，在台上练功又不敢大声，人家师傅箱子上都睡着人了，又怕惊醒人家，在台上悄悄练功。练武功爱子的体质不是太好，我们练重的她练轻的，踢腿我比不过人家，人家的腿就比咱们软，她的毯子功还是可以，五龙搅柱、前桥、后桥、把子功、毯功、小五套、大快枪、小快枪、小花枪，手把和脚底还可以。开头戏是《赐环》，椅子还坐不上去了，还得往上抱了，坐上去腿就离了地，刚9岁。《小女婿》，她不演了就是我演了。原来我们二团确实有好些好老艺人，高瑞云，业务团长，红和生旦都能演，她奶奶也是。老二团的老艺人对我们是相当爱护，想学啥教啥，我是爱武戏，老在打击乐这头站的，爱子是爱好唱，老在弦乐那头站的。后来爱子调到省里后，见面很少，他两口子结婚时也是派代表去，因为那个时候演戏相当紧，春节也不放假。人家爱子是头一名，名演员，从来没有叫过苦，回来吃了饭，和我们一块儿练功，一点点也不娇气。

●王玉娥（69岁，王爱爱的妹妹，晋中市晋剧团退休演员）——

我们家的名字都是王玉什么，我叫王玉娥，我姐姐叫王玉爱。以后到了新生剧团改成爱子，不知到了甚时候，玉爱就改成爱爱了。王爱爱本人说是跟了她二姑王爱梅的，可是大家七嘴八舌说是人民赐予的，人民爱她，榆次话喜欢叠音，爱爱。家里人叫名字都是随最后一个字，娥子、爱子。大家爱她的唱，起了个爱爱，是人民群众赠予的。

我姐领团到内蒙古演出，有的老太太就到台上认闺女，说是你是我家闺女给了人家来。我家6个，她是老大。我家是梨园世家，从我爷爷开始，娶了三个老婆，有两个是唱戏的。三姑和她一起学戏。嗓子脸子身材甚也好，但是我爷爷偏爱，半途而废。我们这一代是我和她，下一代是赖妮儿。

我们这个家庭那么多老人，6个娃娃，那么多人，这个家她挑起来，她的家她也得挑起来。现在生活好了不说了，那个时候，坐上锅就是没吃的，我妈提碗出去借粮食去。我姐姐是今天拿回来一撮撮白面来，明天拿回来一撮撮玉米面来，接济家里。可是又怕回来被连累了，就是偷偷往回跑了。后来日子好了她担子重了，带团演出。特别是我家两位老人老了的时候，我姐抽空回来，我爹肺心病，一到冬天就喘不上气来了，我姐赶紧给买上吸氧机，从省人民医院给请回大夫。我妈后来去世前成了冠心病，躺床上两三个月，我妈牙不好，我姐车拉上到省人民医院看了又送回来，该怎么吃药我姐喂，我姐给我妈洗脸剪指甲，喂饭，洗衣服，弄得好好的。二老走了一点儿遗憾没有。特别是丧事，叫南关的人说，办得够好了。我姐说咱们不要因为家里的事生气，你们有什么困难提出来，咱们解决，我帮你们解决。现在南关人说了，哎呀，你家可好了，一天看见你们和和气气的。

我家全部40多口人，这么多人，全是我姐以身作则，稳悠地坐在这，有甚事咱们坐下来说，我们这个家庭和睦，我感觉就是我们全家最大的幸福。没有甚事红过脸，更不用说打官司打到法庭。我这一辈子总结我姐，我和她接触多，弟弟们接触少，我认为我姐心态好，遇事，她能够把这事情沟沟坎坎能铺平。第二，大度、宽容，从来不计较。文艺界，都是女的，背后说人，我姐从来不背后说。在我家，从来不说这个长那个短，从来都是，我怎么把这个家维持下来。她家也有一摊子呀，长姐为母，尽心了。从不想让人说不好，从来不说人长短，从来没有任何怨言。

●朱田锁（70岁、王爱爱的妹夫，原晋中市晋剧团团长）——

我姐不仅是名人、艺术家，更是贤妻良母。对家庭王家无微不至地关心。我当青年团团长多年，人们知道我是王爱爱的妹夫，就问我你能不能把王爱爱请回来演出了？我说能，在我手里就有七八次演出了，我打电话我姐从来没有拒绝过，只要有时间，从来没搞报酬，只要有空就去。老百姓爱戴，唱了一段又一段，我姐唱了几段了以后，最后说行了不行？老百姓说："行了行了，还敢再唱了，折腾坏了呀！"特别是南关老家。南关老家问我能不能把她请回来了，我说我试试，看有时间没有。回南关演出我请了有五六回了。我姐对老百姓好，老百姓深爱她。我姐很孝敬。李德育老团长特别爱才，后来到艺校当了校长。退休了，我姐回来经常看他，不忘恩。

1989 年、1990 年在我老家孝义疙瘩头演出，人山人海，人特别多。有一个老人 80 多岁了，说在戏盒盒里听过王爱子唱，想去看演出了，可是腿和腰都不行，这家的小子们找到疙瘩头的书记，说我们想请王爱爱给唱一唱了，人家这么大名人，人家能不能给去了？书记跟我说，我说我跟我姐、姐夫说一说吧。80 多岁了，想看看王爱爱唱，请王爱爱唱，儿女们这么孝顺老人，我姐没说报酬毫不犹豫答应了。院里挤满了人，老太太坐沙发上，给摆上水果。上午唱完了，订好饭了，可是我姐晚上有戏不能吃了，王爱爱亲自到院里给老人唱了，这传成佳话了。这家人可感动了，老太太说，这可了了我的心愿了，以前光在戏盒盒里听过，这回可是见了真人了。

对培养人才也是尽心尽力。晋中艺校 76 班的史佳华毕业分到了青年团，这个娃条件不错，我姐给她排《断桥》，演出时候有句唱史佳华顾不上唱，我姐着急了，站在侧幕条帮她唱起来了，观众说这个娃娃唱得好啊！一下场我姐赶紧把杯子递到史佳华跟前，不烫也不凉。到北京夺"梅花奖"，我姐、姐夫亲自去，史佳华演的《断桥》《陈碧娘》，我姐在幕条，手握得紧紧的，还出汗了，最终夺了"梅花奖"。

《断桥·水斗》出手，史佳华接受能力快，坚持练，继续踢，膝盖溢血，千锤百炼，出了血也踢出手，挺争气的，得了最佳青年奖。我姐对徒弟们的培养，对晋剧事业的传承，功不可没。

●范金萍（晋中艺校高级讲师）——

我奶奶（程玉英）说，你姑姑（王爱爱）年轻时文武双全，刀枪把子样样俱全，在舞台上，只要有一句唱都要叫了好，我奶奶特别佩服我姑姑。让我学习姑姑的发声方法，咬字多清楚，多讲究，不用字幕都能听出唱啥来，这一点咱们文艺界很多人不注意。奶奶说我姑姑平时说话小声，吃饭清淡不吃盐重的，不喝凉水，喝热水，为观众，为了艺术，人家的意志、习惯多好了。我深深敬佩姑姑。

在培养晚辈上，姑姑在艺术上毫无保留，看见别人哪儿不对就指出来，对艺术精益求精、严谨。奶奶80周年纪念活动（程玉英舞台艺术80周年），大清早就来了，所有的活动，一一过目，哪有儿不完美不合适的地方都亲自清点，热情、认真，姑姑对师父的尊敬，她的人格人品，真是德艺双馨。我从小对姑姑唱腔很喜爱，李慧琴老师教我唱"四月里"，我开始接触"爱爱腔"，学唱《算粮》《断桥》，后来学习了奶奶的"嗨嗨腔"，但奶奶告诉我要结合姑姑的唱，姑姑的唱法科学。

晋中市晋剧团当年和王爱爱在一起演出的姐妹和同事们，对她年轻时候的故事如数家珍，记忆犹新，他们谈到的王爱爱是那么生动有趣，王爱爱艺术好、品德好，让人由衷地敬佩。

山西省晋剧院原永春团党支部书记田永国为王爱爱题诗：

香莲开封雪冤仇，

宝钏寒窑十八秋。

银屏公主皇家秀，

沈后贤德亦风流。

桂英悲泪感天地，

春娥苦尽终有头。

爱爱声腔铺锦绣，

化作桃李香满楼。

王爱爱尊敬文化学者，她一直记得20世纪六十年代省委书记王谦教导她，要多读书，要和有文化的人多来往，慢慢自己就提高了。她牢记在心，多年来一直坚持读书，她也教育她的徒弟和学生要学好文化，这样对人物的理解才能到位，用什么样的方式塑造人物，也会有自己的创作体会，在演唱中有自己的理解和表演方式。

谈到晚年生活，王爱爱对目前的生活很满意。她说：

我对现在的生活很满意。现在，人民的生活水平提高了，要啥有啥。但是，我最遗憾的一点，也是我想要呼吁的一点，就是我觉得我们山西文艺界跟其他省市比起来，工资有点太低。现在20多岁、30岁的中青年演员们也都成家了，都要养家糊口。一个月拿上一千多块钱，当今社会他怎么生活？假如说一个人生活不安定，他怎么能专心去搞艺术？提高艺术，发展晋剧，继承晋剧？不可能。因为他静不下心来，思想不集中。我觉得应该让他们安定下来，特别是有条件的这一拨中青年演员。我们这一辈演员老了，上不了舞台了。那么，现在靠谁？就是靠他们这一拨中青年演员，如果说他们现在的生活还是这样的，那就谈不上去专心搞事业。据我了解，有一拨好的中青年演员都改行了，不搞戏曲了，为什么呢？他搞戏曲生活不下去。所以说我现在在这儿要呼吁，希望领导考虑一下中青年演员的生活待遇，只有他们的生活待遇提高了，安定了，他们才能传承好老一辈流传下来的艺术。人心只要安定下来，他什么也能搞，人心定不下来什么也搞不成。保留不下好苗苗，没有人才还谈什么事业的发展呢？

王爱爱担忧的是晋剧事业是否后继有人的问题。这是目前晋剧缺乏人才的关键问题，没有人才，就不会有晋剧艺术的未来。

每一个成功的人，都不会是一帆风顺的，成大器者必定经历过常人没有经历过的磨难。人的一生，有坎坷也有坦途，有悲伤也有喜悦。当时可能有几分悲痛，但事后看也是财富。经历了风吹雨打，狂风暴雨，才能坐看庭前花开花落，笑望天边云卷云舒。王爱爱在年轻时候受的苦遭的罪，到年老的时候都加倍地变成幸福。她创造的"爱爱腔"也会产生深远影响，她的素养使她的艺术人生道路越走越宽广。

王爱爱是山西晋剧青衣行的里程碑式的人物，她塑造了众多的艺术形象，形成了独树一帜的"爱爱腔"，丰富了晋剧青衣声腔的演唱，促进了晋剧的繁荣发展。田永国为王爱爱写诗：

氍毹岁月稠，

粉墨写春秋。

万众称皇后，

千古美名留。

爱爱声腔惹人醉，

春风吹得桃李媚。

世人只说朝霞美，

更美夕阳绽光辉。

进入耄耋之年的王爱爱依然出席各种演出活动，她经常清唱的是《算粮登殿》中王宝钏的一个唱段：

叩一头谢我主千千万万，

昭阳院封于我王氏宝钏。

猛想起二月二来龙抬头，

打打扮扮上彩楼，

王侯公子我不打，

绣球单打平贵头。

王爱爱与小演员

绣球单打薛平贵，

薛家辈辈做王侯。

寒窑里受苦十八载，

等的等的我做了皇后。

是的，王爱爱最终成为山西当代"晋剧皇后"。祝愿王爱爱艺术之树常青！"爱爱腔"薪火相传，发扬光大！

有人说：命运自有天注定，谁也不能左右自己的人生。巴尔扎克曾说："我要扼住命运的喉咙，绝不让命运来摆布自己"。人活着，总要有那么一种精神，有精气神过每一天都是阳光明媚的。读王爱爱的艺术人生，潮起潮落，起起伏伏，但她在人生最低谷的时候，遇到了鼓励她的贵人，面对挫折不屈不挠，使她能够坚定意志，对未来充满渴望，坚持偷偷练功，终于等到了让艺术绽放光辉的时刻，让金子闪光的时候。"水光潋滟晴方好，山色空蒙雨亦奇"，以乐观的心态看待一切，"衣带渐宽终不悔，为伊消得人憔悴"，以执着的精神坚定信仰，才会达到"会当凌绝顶，一览众山小"的思想境界。

王爱爱的人生与戏曲结缘，唱戏是她的艺术生命，陪她在书上走过艺术人生，让我们深切感受到，戏曲在民间的确具有强大的生命力。中国戏曲之所以能够从古代流传绵延至今，之所以能够在世界三大古老戏剧中成为唯一保留下来的戏剧（古希腊戏剧、印度梵剧都已消亡），归根结底，是因为戏曲文化是我们中华民族优秀传统文化的重要组成部分，文化是我们中华民族的根脉。所以，当中国在 21 世纪完成了向现代化华丽转身后，民族优秀传统文化开始出现时尚化的趋势，"国潮"兴起，文化智慧，宽容心态，平和心灵，知足常乐，成为人们追求的目标。

曾对戏曲发出"夕阳论"的人们，看来是有点杞人忧天了。宋元杂剧、明清传奇虽然都已不复存在，但是，中国戏曲还在。王爱爱对晋剧的未来充满希望，她深知，中华民族的优秀传统文化根深蒂固，只有守正创新，才是光明之路。

王爱爱辅导青年演员

附录一
王爱爱主要代表剧目

古典戏：

樊梨花（樊梨花）

螺女传（神女）

红楼梦（林黛玉；薛宝钗）

明公断（秦香莲）

金水桥（银屏公主）

算粮（王宝钏）

打金枝（沈后）

杨八姐游春（杨八姐）

断桥（白素贞）

陈三两爬堂（陈三两）

春江月（柳明月）

血书情（张氏）

慈母情（王春娥）

含嫣（刘雪梅）

走雪山（曹玉莲）

出水清莲（王桂英）

教子（王春娥）

琼宫泪（淑妃）

现代戏：

龙江颂（江水英）

三上桃峰（青兰）

红灯记（李铁梅；慧莲）

朝阳烈火（团支书）

烽火中的三代（护士）

戏歌：

汾河流水哗啦啦（电影《汾水长流》插曲）

月儿弯弯挂在天上（晋剧现代戏《刘胡兰》刘胡兰唱段）

红军不怕远征难

千秋梨园情

广播剧：

喜铃（喜铃）

附录二
王爱爱大事年表

● 1940 年 7 月 14 日（农历六月初十），出生于山西省晋中市榆次区南关村路家巷。

● 1947 年，7 岁开始跟奶奶筱桂花学艺。

● 1949 年，9 岁首次上台演出晋剧《凤仪亭·赐环》，饰貂蝉。

● 1952 年进入榆次新生剧团。

● 1957 年至 1959 年，每年被晋中晋剧团评为先进工作者，或模范演员。

● 1958 年 8 月 29 日填写入团志愿书。1958 年 11 月 18 日，经团地委研究，批准加入中国共产主义青年团。

● 1958 年演出《螺女传》（饰神女），获晋中地区调演优秀青年演员奖。

● 1959 年演出现代戏《烈火朝阳》饰演团支部书记。

● 1960 年 2 月调山西省晋剧院青年演出团工作。由小旦改行青衣，受到晋剧表演艺术家牛桂英的指导。

● 1961 年，随山西省晋剧青年演出团赴京演出，随团 9

次进入中南海为党和国家领导人作汇报演出。《含嫣》《算粮》《见皇姑》等成为成名之作，标志着"爱爱腔"形成。

《见皇姑》（秦香莲），中央广播电台录制唱片发行；

《算粮》（王宝钏）、《含嫣》（刘雪梅），中央电台录制唱片发行。

● 1962 年，为电影《汾水长流》唱主题歌，1963 年在全国放映。

● 1964 年在北京治疗嗓子，在中国音乐学院进修声乐一年。

● 1965 年，演出《烽火中的三代》。

● 1974 年，演出现代戏《三上桃峰》，饰演青兰。

● 1974 年，演出现代戏《龙江颂》，饰演江水英。

● 1975 年 5—7 月，赴北京录像《算粮》，饰演王宝钏。9 月，在昔阳县为首次"农业学大寨"会议演出《龙江颂》，饰演江水英。

● 1976 年 5 月 21 日至 7 月 2 日，山西省文化局在太原举行"农业学大寨专题文艺调演"，晋剧院根据电影《山花》改编同名晋剧《高山花》参加了调演。王爱爱饰演主要角色。

● 1978 年 9 月 11 日，中共山西省委在太原湖滨会堂召开为晋剧《三上桃峰》平反大会。会后演出了《三上桃峰》，饰青兰。

● 1978 年 10 月 1 日，应文化部邀请，省晋剧院进京参加国庆文艺活动，演出了《三上桃峰》，饰青兰。中央电视台向全国实况转播，同时，中央人民广播电台录音向全国播放，中国戏剧家协会副主席张庚在京主持召开了座谈会。

● 1979 年 3 月 14 日—6 月 18 日，为庆祝对越自卫反击战取得伟大胜利，省晋剧院奉命组成 61 人赴云南前线慰问演出团，随中央慰问团先后到云南、贵州、四川三省十九个地点进行慰问演出（约 79 场），王爱爱演出了《打金枝》《雏凤凌空》《算粮》等剧目。

● 1980 年 10 月 7 日填写入党志愿书。

● 1981 年 6 月 16 日，加入中国共产党，成为预备党员。入录由北京语言学院编写的《中国艺术家辞典》。

● 1982 年 6 月 16 日，按期转正为中国共产党党员。

● 1982 年 3 月，任山西省晋剧院副院长。

● 1982 年 11 月 12 日，山西省文化局举办全省优秀中青年演员评比演出，王爱爱演出改编历史剧《出水清莲》饰演王桂英，获表演一等奖。

● 1983 年 1 月，山西省晋剧院试行文艺体制改革，实行剧团承包制，王爱爱承包演出一团，任团长。

● 1983 年 3 月 8 日，山西省妇女联合会授予王爱爱"山西省三八红旗手"称号。

● 1983 年 9 月 12 日，中华全国妇女联合会于授予王爱爱"全国三八红旗手"称号。

● 1983 年 8 月，中央人民广播电台举办全国广播剧评比活动，省晋剧院以现代题材广播剧《喜铃》参评获一等奖，王爱爱在剧中担任主演。

● 1984 年参加北京剧曲讲习班三个月。

● 担任山西省戏剧家协会理事。

● 1985 年至 1986 年，山西省晋剧院试行第二次文艺体制改革，重新组建了两个团，王爱爱担任"永春"演出团团长。同年，应台湾山西籍人士要求，福建"海峡之声"广播电台进行人物专访，并制成专题对台播放。

● 1986 年，山西电视台为王爱爱录制了艺术专题片《梨园奇葩》，反映了她在晋剧艺术上的突出成就。

● 1987 年 4 月，省晋剧院又重新组团，王爱爱担任晋剧一团名誉团长。

● 1987 年 8 月，山西省政府、省文化厅在太原举办"山西省首届民间艺术节"（两会一节），王爱爱演出《金水桥》饰演银屏公主。

● 1988 年 7 月 26 日，参加职称评定，被评为国家一级演员。同年，任第六届山西省政协委员。

● 1990 年 12 月 6 日—11 日，山西省晋剧院主办、清徐县晋剧团协办赞助，在晋剧院排演场举行了王爱爱、田桂兰表演艺术首届理论研讨会及晋剧名家联谊活动。研讨会上宣读了《"爱爱腔"启示录》《从"算粮"看王爱爱表演艺术的诙谐特色》等论文。王爱爱演出了《算粮》，饰王宝钏。《见皇姑》饰秦香莲。《金水桥》饰银屏公主等。

● 1991 年，获"山西省优秀专家"称号。

● 1991 年 9 月，第二届中国民间艺术节及山西国际锣鼓节在太原举办。晋剧一团以新移植古装戏《琼宫泪》参加了演出，王爱爱饰演淑妃。

● 1992 年 1 月，由国家保密局、文化部、广播电影电视部联合举办的全国保密文艺调演在北京中南海礼堂举行颁奖仪式。王爱爱用晋剧演唱的《卫士曲》（赵光宇词）获一等奖。

● 1992 年 3 月 13 日，山西省晋剧院推荐王爱爱为山西省特级劳动模范。4 月，山西省社会主义劳动竞赛委员会授予王爱爱"山西省劳动模范"称号。

● 担任山西省晋剧院名誉院长。

● 1992 年，被评为优秀文艺工作者。

● 1992 年 11 月 26 日—12 月 30 日，山西省文化厅、省戏剧家协会、太原市文化局、太原市戏剧家协会、晋中地区文化局、大同市文化局联合主办"纪念晋剧表演艺术大师丁果仙诞辰八十五周年演出活动"在太原举行。王爱爱参加了晋剧名家折子戏专场演出，演出了《算粮》。

● 1993 年 3 月，被决定为中国人民政治协商会议第八届全国委员会委员。

● 1995 年，获"山西省十大女杰"称号。

● 1995 年 10 月，获全国第三届"金唱片"奖。

● 1996 年 2 月 13 日，获"全国三八红旗手"称号。

● 1996 年元月，山西省晋剧院推荐王爱爱为山西省直文化系统标兵。

2 月 13 日，经山西省文化厅党组会议研究决定，树王爱爱为省直文化系统标兵。

● 1998 年 3 月，被决定为中国人民政治协商会议第九届全国委员会委员。

● 2000 年 7 月退休。

● 2001 年 10 月，举办纪念王爱爱舞台生活五十周年活动，举行大型演唱会《古韵新声》。

● 2004 年任山西戏剧职业学院名誉院长。

● 2008 年 6 月，被评为第二批国家级非物质文化遗产晋剧项目代表性传承人。

● 2008 年 8 月，被评为山西省十大优秀非物质文化遗产晋剧项目代表性传承人。

● 2010 年担任山西省戏剧研究会顾问。

● 2011 年 5 月举办"爱爱腔"培训班。

● 2014 年 6 月，获得"第三届中华非物质文化遗产传承人薪传奖"。

● 2019 年，入选 2019 年度山西省"三晋英才"支持计划高级领军人才。

● 2021 年 12 月 28 日，入选首届"山西省优秀人才突出贡献奖"获得者表彰名单。

后记

　　《晋剧皇后王爱爱》终于付梓出版了。面对这部书稿，不禁感慨万千！在此，感谢原山西戏剧职业学院院长李培勇先生！感谢著名晋剧表演艺术家、国家一级演员、国家级非遗传承人、"爱爱腔"开创者王爱爱老师！李院长代表学院、王老师代表个人分别邀请我担任这部书的撰稿。感谢原山西省文化厅副厅长、山西省戏剧研究会常务副会长、著名戏剧理论家郭士星先生极力推荐！感谢全国社会科学基金艺术学项目结项鉴定评审专家：郭士星、杜学文、马盛德、刘文峰、田志平先生！带着领导和前辈给予我的莫大信任，我信心百倍地开始了工作。但是遇到了没有想到的许多困难，好在最终走出了这段艰难的过程，经过几年的不懈努力，较圆满地完成了撰写任务，内心感到莫大的轻松和愉快。

　　王爱爱老师的演唱艺术，的确值得学者好好研究。她开创的"爱爱腔"是20世纪六十年代至今，晋剧艺术舞台上独一无二的声腔流派，她是山西当代戏曲史值得书写的、晋剧青衣行承前启后的、里程碑式的代表人物。写作中，我们沿着王老师的艺术人生足迹，从她人生的起点走向艺术的辉煌。王老师面对人生挫折不消沉、面对困难不屈服的奋斗精神激励着我们前行。让我们深深体会到，世上每一个人的成功，都不是轻而易举得来的，都是经历了千锤百炼，才达到了若等闲的人生境界。

这部书采取的写作架构是：纵向沿着时间从前往后，横向沿着每一阶段演出的主要剧目进行评论。对于王爱爱老师在艺术成长道路上对她有过恩情和帮助的名人，则介绍其艺术成就，使读者加深对王老师艺术的了解。这部书重点是对王老师演唱艺术的详写，尤其是唱腔，而对她的生活琐事则略写，避免写成"流水账"，对工作中涉及的人和事，尤其人名，为避免不必要的麻烦，尽量忽略。按照出版社的相关规定和要求，最终对书稿的部分章节全部删除。

著名戏剧理论家郭士星先生说，写王爱爱这本书，要让学习"爱爱腔"的人知道怎么学唱"爱爱腔"。思考先生这句话，再回想这部书稿，虽然在书中的每一个章节已经有所阐述，但有必要在此再作补充，集中谈谈怎么学唱"爱爱腔"，希望能对学习"爱爱腔"的演唱者有所启迪。同时，希望得到各位专家、广大戏迷朋友和读者的指正。

现在，在山西晋剧界，存在这样一种现象，大部分唱青衣的演员都愿意学唱"爱爱腔"。有人不禁感慨："这个流派快要一统山西晋剧旦行的天下了。"很多人都羡慕王爱爱有一副得天独厚的好嗓子，我听到的最多的一句话就是，"人家爹妈给了一副好嗓子。"似乎王老师今天的成功，皆缘于艺术天赋，这未免有点不切实际。其实有好嗓子的人不在少数，为什么只成就了一个王爱爱呢？先天条件固然重要，然而后天努力也必不可少。正如王老师自己说："嗓子好是一个方面，主要还是练下的。"

那么，王老师是怎样练下的呢？怎么才能唱得像王老师那样悦耳动听呢？这是很多学习"爱爱腔"演唱者最关心的问题。

晋剧传统唱腔过去在唱法上不太讲究科学发声，老艺人们凭本嗓演唱者居多。随着西方声乐演唱方法引进戏曲教学，戏曲表演专业的学生都学习了声乐的发声方法，也懂得用唱歌的方法唱戏曲。有些晋剧演员也狠下苦功练唱，但是总不能将唱歌与唱戏有效融合，加之戏曲唱做念打表演繁重，演出较多，出现了嗓子沙哑，感觉越唱越不会唱了，十分苦恼。其实，晋剧唱法和美声唱法在发声方法的基本原理上是相通的、一致的，我这么说，有些演员可能不置可否，认为，唱戏是唱戏，唱歌是唱歌，那怎么能一样呢？我讲的是，基本原理是一致的，王爱爱老师的奶奶筱桂花虽然没有理论知识，不懂得什么"丹田气"，就只是叫她"捂住肚子唱"，这是老艺人的实践经验，使用的是一套传统的旧方法，这种唱法和美声唱法有异曲同工之处，都讲究丹田气息的运用。只不过，美声唱法与晋剧唱法两者在"声区""声道"的运用上有所不同。我们听到有些歌唱明星唱戏没戏味，就是这个原因（由戏曲改行从事歌唱专业的演员除外）。如果唱晋剧用美声唱法，就没有戏味，就会失去鲜明的民族特色和晋剧独特的艺术韵味。我们可以从中央电视台11频道戏曲台栏目《梨园闯关我挂帅》看到，我国很多著名歌唱家为弘扬中华民族优秀传统戏曲文化，在此栏目演唱不同戏曲剧种的经典唱段，他们的演唱虽然好听，但存在着最普遍的问题是，唱戏有歌味。作为戏曲观众，也不会用专业戏曲演员的标准去要求这些歌唱家，毕竟审美标准不同。

从发声角度来看，充分认知和掌握科学发声很重要。因为随着年龄的增长，人体的生理机能会逐渐退化，但掌握了科学的练声和演唱方法后，演唱技术会有助于先天条件，防止过早衰退。王爱爱老师年过八十，声音依然清脆悦耳，这与她重视科学演唱有关。否则，如果不重视演唱方法，人到中年以后就会出现"塌中"现象，声音发横，音高下降。

晋剧有追求高调门演唱的遗范，可能是社会发展现状、由当时观众的欣赏习惯和审美旨趣决定的。随着时代的发展，戏曲已经从广场进入剧场，又有先进的高科技设备，这种追求高音演唱的方式就没必要了。这是戏曲音乐需要改革的问题，晋剧演唱科学化，应该提到文化管理部门重要的议事日程上来，在此不展开论述。晋剧演唱声区是在美声演唱的高声区，说明晋剧是唱高音的艺术，一般定调都唱 G 调、升 G 调，王爱爱老师能唱到 A 调，《含嫣·采桑》"四月里南风吹动麦梢儿黄"即是如此。

那么，晋剧演员如果是中音，或者中音偏高一点的演员，演唱晋剧就有些吃力了，尤其是晋剧每当唱到剧情高潮，需要表达人物内心强烈情感时，还经常"拔撩子"，演员力不从心，有时出现声嘶力竭"喊"的演唱方式，有些观众看到演员如此"发力"就拼命叫好，为了追求演出效果，有些演员迫于用力演唱，不科学的演唱方法致使嗓子出现问题，长了小结，如果嗓子不能立刻得到休息，时间一长就造成声带闭合不好，所以很有必要掌握科学演唱方法。王老师在 20 世纪六十年代，嗓子长了小结，原省文化局领导和省晋剧院领导让她去北京治疗嗓子，在治疗过程中，让她去中国音乐学院听课，她有幸学习了声乐发声的科学方法，回晋以后将之运用于晋剧演唱的实践中，受益匪浅。

晋剧唱法借鉴美声唱法，协调好歌唱器官与气息的关系，使之为自己的演唱艺术服务，这是科学性的体现，是为了更好地发展自己。每个青衣演员，应该依据自己的嗓音条件，找到自己最佳的发声状态和声音。如果嗓音属于女中音，演唱"爱爱腔"就会吃力，因为王爱爱的音域比一般女演员宽。那么，可以吸收"爱爱腔"的演唱韵味，创造出适合自己的演唱风格和特色来，而不是一味地模仿。

晋剧青衣行当在现当代有不同的表演流派：有程玉英老师"程派"高亢激越的"嗨嗨腔"；有牛桂英老师"牛派"婉转缠绵的"云遮月"；有王爱爱老师"王派"甜美圆润、清脆醇厚的"爱爱腔"；有史佳华清亮明媚、甜蜜洋溢的"华腔"（我们暂且这样称之）等，还有一些演员虽然没有形成流派，但是有更广阔的艺术发展空间。取百家之长为己所唱，掌握科学演唱方法，才能体现自己的声腔个性特色。

学习流派是取其精华为我所用。王爱爱老师如果只是模仿前辈，就不会产生自己的流派"爱爱腔"，她是吸收了"程派"的"嗨嗨腔""牛派"的"云遮月"之后，运用歌唱发声方法，结合自己的嗓音形成了"爱爱腔"的艺术风格。为什么说王爱爱老师是承上启下的里程碑式的人物呢？因为她传承弘扬了晋剧声腔特色，又使得弟子史佳华吸收了"爱爱腔"的精华，开创了具有新时代演唱风格的"华腔"。所以，要学以致用，学习是借鉴、吸收、融合，是为了创造自己的演唱特色和风格，追随前辈，不能只是追求模仿得像还是不像，不能做演唱艺术的"复读机"。

仔细观察王老师的演唱，会发现她运用的胸腔呼吸法是非常明显的。她身材长得并不高大，但是唱到高音时，胸腔就像一个无限扩大的音箱一样，声音是那样的宏大，穿透力是那样的有力，加上她科学控制气息，使用"丹田气"，稳扎稳打，势不可当！她把"口腔""胸腔""头腔"三个腔体和谐调配，声音极具穿透力，响彻云霄。

唱戏唱戏，就是唱"气"。有些名家老了就唱不动了，这是为什么呢？就是因为气不够用了。"气"是演唱的基础，悦耳动听的演唱，都是建立在良好的气息运用基础上。我们都知道，唱戏是在呼出的气流上唱，任何一个音高、音色和力度的变化，都和呼气压力有关。唱好"爱爱腔"的重中之重，是气息的运用和控制，这是其演唱方法的核心。有些演员深呼气演唱，但是，气息没有用完，憋着唱，气顶着声音低不下去，出现声音不稳定的情况。

要想演唱达到随心所欲的境界，必须掌握好用气、发声控制的科学方法，这样才能在演唱中做到能放能收、能高能低、能强能弱、操纵自如。学"爱爱腔"就要练就一口"气"，学她严密控制和收放自如的骨架声腔。要想学好王老师优美动人的演唱，必须学好气息的支撑，否则，即便有嗓子也唱不久。有些演员可能嗓子条件弱一点，但只要掌握了正确的呼吸方法，也可以在原有的基础上，大大改善和提高演唱的音量、音质和音高，从而增强演唱的表现力，延长艺术生命力，唱出"爱爱腔"的韵味。

王老师演唱的《七律·长征》，是一首比较难以把握的戏歌，很少有徒弟和学生演唱，因为音调太高，拖腔较长，演唱吃力。比如，最后一句"三军过后尽开颜"的拖腔是16拍，需要很好的气息控制，一般人拖腔拖不够。有一次演出，她让一个徒弟来演唱这首歌，徒弟说可唱不了，唱到10拍气就不够用了。说明气息控制需要平时台下多多练习，需要具备一定的艺术功力。

要强调的一点是，使用"丹田气"呼气时，不要让吸气肌肉群松弛，要继续和呼气肌肉群一起工作。有的演员不懂得这个道理，认为不唱高音时又不费力气，用本嗓就可以，不必使用丹田气，这是错误的认识。著名京剧表演艺术家杜近芳，平时说话声音都非常动听，因为她很讲究保护嗓子，台下讲话不放高声，不用真嗓，怕费嗓子，给人感觉"以气带声"，她自己这样做，她也告诫年轻演员要这样做，台下说话不要费嗓子。那就是要注意养生，好嗓子要用在关键处，就好比"好钢要用在刀刃上"。有了稳定持久的丹田气息，才能增强声带的闭合能力，使声音支持住，嗓音不会发抖摇晃，才能有利于喉咽腔、口咽腔、鼻咽腔，以及各个共鸣腔体的打开，使胸部、颈部、面部、喉部的肌肉不紧张，口腔张合自如。这一点，需要演员用心琢磨。任何一个成功的艺术家，都离不开琢磨钻研，钻研二字是成功的法宝，王爱爱老师就经常琢磨自己的唱腔，直到晚年也如此。

"爱爱腔"讲究字正腔圆，王老师在咬字上是下过一番功夫的。年轻时，她努力纠正方言，把每个字的字头、字腹、字尾都发音准确，例如，"四月里南风吹动麦梢儿黄"的"黄"字，她把之前的不准确发音"hua"改为准确发音"huang"字。"爱爱腔"发音正确，是她口齿清晰、字正腔圆的保证。她的字头"喷口"有力，这一点是在实践中证实了的。一次演出中突然舞台上断电，话筒没音，她的演唱仍然能够送到最后一排观众的耳朵里，观众能够听清她唱的是什么内容，这种硬功夫证实了是她练就了过硬的基本功。

咬字清晰，就是咬住声母来引导出后面的韵母，如果注意王老师的演唱，她很讲究口形，咬住一个字，依字拖腔时，唇、牙、舌、口都很注意，口形不动，字音在口腔内"咬"着不放松，学习者一定要用心观察体会。口形不对，上下声道就不通。"爱爱腔"注重运用丹田气息，而丹田气息的核心部分，就是使腰和腹部上下气息形成对抗，声门与气息在腰、腹部形成阻气的感觉，喉部就可以松弛，这样，口腔得到了解放，声腔变得灵活而有弹性，润色完字头声母之后，就可迅速把着力点移到韵母的其他部位。王老师在"爱爱腔"培训班上，让学员们抚摸着她的腰部，感受她演唱时候的气息变化和控制，将这种科学控制气息的教学方法与传统戏曲教学"口传心授"的演唱方法紧密结合。

实践证明，运用丹田气，使腔体打开以后所唱出来的声音一定是圆润的，因为，它能进入头腔，得到头腔共鸣的润色，所以音色清亮、水灵、集中，穿透力强，声音传得远。反之，如果只是从口中发出来声音，没有头腔共鸣的润色，就肯定传得不远。这种头腔共鸣的演唱方法，在传统戏曲花脸行的传统演唱方法中就有，有人称之为"堂音"，也有人称为"上丹田"，真正有厚度的亮音是用丹田气托出来的。声音圆润，音量自然会有。用丹田气演唱，嗓子还不会累，反之，则一出戏唱不下来嗓子就哑了。有些演员为了保护嗓子，吓得平时连话也不敢多说，思想负担挺重。有的演员认为，只有多唱才行，才能练下"靠台功"，这的确与嗓子唱不哑有一定关系。但是，假如演唱方法不科学，嗓子会越唱越疲劳，最终长了小结，如果得不到及时恢复，嗓音就会变得沙哑，感觉嗓子"剌啦剌啦"的不干净，那就是已经把嗓子唱坏了。唱坏了，还要继续唱，那就是把自己吃饭的"金饭碗"磨成"粗饭碗"了。

行内人都常听说"气沉丹田"这句话，下沉不是目的，是为了找到最佳的气息对抗，形成深度的气息支点，声音越高，上推的感觉越强。丹田不产生气息，它只是丹田与横隔膜之间产生一种气息对抗的感觉，是演唱"爱爱腔"的动力基础。在生活中，我们如果喊几十米开外的人，必须先深吸一口气，吸到舌根部，嗓子有种凉丝丝的感觉，然后提高声调，用尽全力喊出声。如果演唱者保持这种吸足气、提高声调、大音量的呼吸发声状态，声音肯定能从台口传到观众席的最后一排，一般是80米左右。有人形容演戏是力气活，唱完戏了还饿了。这一方面因为是演唱者上台前不敢吃太饱，另一方面也说明，唱戏就是唱气，因为发声动力在两肋和丹田，是用气在唱，靠气顶着的。

王爱老师在吸气时，速度很快，吸得深，吸得足，吸气时无声响。有些演唱者不注意，观众能从话筒中听到她的呼吸声，这是很不美的，呼吸均匀、不气喘才能唱得动听。王老师呼出的气流持续时间长、耐力久，这种气息的运用，与对声带产生的冲击力度的大小、取舍都有关系，她能根据她的演唱需求作出主观控制，使声带发出演唱所需要的强、弱、长、短振动，产生她所需要的声音，达到灵巧多变，高低自如，有些演员羡慕王老师"想咋唱就咋唱，嗓子可由人家作主了"。那还是要说，那是人家平时练下的。就拿体育项目游泳来说，平时不练习水中憋气，怎么能够潜水一口气游出几十米？道理很简单，锻炼靠自己。

王老师经常强调："要注意作曲给你在曲谱上标注的音乐符号，附点音符呀，休止符呀，连音符号呀。"这一点有些演员并不在意，王老师却非常注意。她除了按照作曲的要求把每一个标注都唱出来之外，更重要的，她自己在唱腔上的有人称作"装饰音"的润腔。"爱爱腔"很多装饰音是她的独特演唱风格，一些作曲没有在曲谱上标注的装饰音，如倚音、滑音等技巧的运用，也是"爱爱腔"独有的特色。她用丹田气息不断地给声带做抚摩，以气养嗓，这种演唱方法能使她的演唱耐久清亮。从王爱爱老师在舞台生活 50 周年大型演唱会的演唱上，我们就可以看到，她演唱了 15 个唱段，声音越唱越甜美。所以学唱者必须注意科学发声，科学控制气息，吐字清晰，喷口有力，讲究口形，以情带声，快慢强弱，高低轻重，有了律动，声音才美，才能唱好"爱爱腔"。

王爱爱老师经常没事的时候就把自己的光碟录音拿出来听听，一句《算粮》里"王宝钏离寒窑自思自想"，她润色过很多次，她说："这儿的圪弯弯呀，还是那儿的圪弯弯呀，哪个好听了？"她在反复比较，认真研究，尝试改革，在演唱后还要倾听观众的反响。这正是艺术家所具备的修养和素质，与时俱进，从不墨守成规，这种对艺术精益求精的钻研精神，这种永不满足、永不止步的敬业精神，令人敬佩，值得崇拜欣赏"爱爱腔"的学习者好好学习。

　　那么，有些演员在获得丹田气后，演唱声音不稳是怎么回事呢？那是因为气息不稳，深吸气后，演唱时要慢慢地、徐徐地向外呼出，用气的疲劳点不在嗓子上，而在丹田、腰和腹部，这种控制对于新手来说，可能觉得腰部有点酸、累，这是正确的感觉。王老师要求学员"保持住"气息，气息不能放得太快，要有意识地控制气息放出的流量，要多则多，要少则少，即便强音也要收着放，弱音要放着收，以保证在演唱中有充足的气息支持，从而使演唱流畅完整，平稳大气。

　　仗着年轻用蛮力演唱，是很多年轻演员存在的普遍现象，年龄稍长，就会感觉力不从心。所以说，要运好坚实的"气柱"，因为音高、音色、音量都是气与声的有机结合，是靠演员对气息的适度控制和调节，不能用蛮力。老艺人强调要"拎着唱"，所谓"拎着唱"，就是要学会在演唱中"歇气""偷气""换气"，否则，就会气尽音绝。王老师的气口一般是安排在唱腔的停顿处，有时在附点处，在这些地方补充气息，让观众感觉不到换气，唱腔是流畅的，她随剧中人物的情感需要，很艺术地处理气口。如，在现代戏《龙江颂》江水英的演唱中，第八场《闸上风云》有两大段核心唱腔，二性《让革命的红旗插遍四方》，"高高飘扬"绝对听不出来她气喘吁吁。所以，聆听她每一场唱段，都是听觉艺术上的审美享受。

　　戏曲界有句行话"气沉丹田，声贯于顶，勾住眉心，脑后摘音"，这十六字诀，适用于所有行当的演唱。

　　王老师在演唱方法上，是吸收了中国民歌的发声方法的，而中国民歌是借鉴了美声唱法的训练方法和发声演唱技巧的，真假声结合混合声区的唱法。我们听不出来王老师假声演唱，说明她的真假声结合得非常科学。王老师在现代戏《龙江颂》的江水英、《三上桃峰》的青兰中，突出人物的英雄气概，她在演唱中加强了中国民歌的演唱方法，使得高音唱得圆润有张力。吐字清晰，依字行腔，以字传情，腔随字走，归韵、收音干净利落，声腔不陈旧，所以，形成了"爱爱腔"的特殊美感。

戏曲演员不同于歌唱演员，往往在舞台上唱念做打，有非常繁重的表演、道白和演唱，在气息压力下，只有声带闭合紧密，音质才能纯净无杂音，才会圆润动听。

晋剧演员遇到演唱的瓶颈，还有一个就是发声位置的问题。学习了美声唱法后，有些演员发声位置放在口腔的后部，声音靠后，贴住后咽壁唱，唱戏唱成歌曲了，缺少了晋剧的戏味。忽前忽后，位置不统一。"爱爱腔"的发音位置在口腔的前部，唇齿音，舌面与腭面距离较近，这样有利于语言清晰度的提高及发声气流的节省。切记：嘴巴张的越大，越帮倒忙。

怎么能让自己的声音美妙呢？这是晋剧演员都关注的问题。

找到自己在"十三辙"中，最好听的声音。"十三辙"包括遥条、发花、人辰、由求、乜斜、姑苏、江阳、怀来、中东、衣欺、言前、灰堆、梭波。演员演唱时，肯定有一个声区位置最好听，在这个位置里找到最好听的韵辙，因为演唱必须符合汉语语音的要求，而汉语的韵母决定一个字音的口形，所以演员要根据自己的嗓音条件，在字正的前提下才能使声音圆润动听，即：先立字，后立音。

记住"十三辙"并不难，记住一个口诀就掌握了：

"俏佳人扭捏出房来，东西南北坐"。俏：遥条辙。佳：发花辙。人：人辰辙。扭：由求辙。捏：乜斜辙。出：姑苏辙。房：江阳辙。来：怀来辙。东：中东辙。西：衣欺辙。南：言前辙。北：灰堆辙。坐：梭波辙。

王爱爱老师字尾收音利落干净是"爱爱腔"的特点之一，很多演唱者仅仅是模仿。其实，她的演唱是有讲究的："怀来""灰堆""遥条""由求""言前""人辰"这些韵尾的收音，在口腔的前面部位；"江阳""中东"韵尾收音顶多在上腭的中间部位；"发花""梭波""乜斜""姑苏""衣欺"，韵尾收音原则是"止音即归音"，也都是在口腔的靠前面或中间部位，到不了后咽壁。

演唱"爱爱腔"者，要参考这个感觉，找到"十三辙"每个辙口的字音在自己口腔中的最佳共鸣点，这样就能把声音唱响，唱圆润，唱清亮。但凡唱得好的演员，共鸣都掌握得很好，感觉自己在什么位置唱得最响、最亮、最省嗓子，这个位置就是最好的共鸣点位置。

"爱爱腔"有韵味，这个韵味不是单纯的悦耳动听，而是通过悦耳动听的演唱去表达人物的感情。俗话说："悦耳容易动情难"，中国传统戏曲文化是中华民族优秀传统文化的重要组成部分，演唱要与中国文化内涵相结合，要与戏剧情节及唱词的意义相结合，与人物的思想感情相结合，以情润腔，唱情绪，情感的投入可使演唱气韵生动，真切感人。

有句谚语："师父领进门，修行在个人。"要真正领会"爱爱腔"的精髓，不仅仅是模仿，除了演唱王爱爱老师的代表剧目，还要提高自己的创造能力，形成自己的演唱风格。

凡人声音不同，各有所长。找到自己声音最好听的位置，用心品鉴，运好"丹田"。道家讲，人身脐下三寸为"丹田"，或谓丹田有三：上丹田，在两眉之间；中丹田，在心下；下丹田，在脐下。唱戏要有"底气"（"丹田气"），做人要有志气。只要努力，坚持有恒心，就能唱得声音圆润，声腔彻满，韵味无穷。

以上所述，乃是作者对"爱爱腔"研究的一点补充。不妥之处，请读者给与指正。最后，感谢山西艺术职业学院院长单红龙等领导的大力支持！感谢本书顾问郭士星、闫玉庭、田永国先生！感谢认真负责的编辑冯岩、翟晓宾，美术设计闫石！感谢为本书提供热情帮助的好人！要感谢的人很多，在此一并表示最真诚的谢意！谢谢！

王越　陈卓

2021 年岁末

图片提供：田永国、谢永峰、闫石、王越、陈世清、荣清华、荣浪、段兴旺、王培宾等

图书在版编目（CIP）数据

晋剧皇后王爱爱 / 王越，陈卓著 . -- 太原：三晋
出版社，2025. 2. -- ISBN 978-7-5457-2419-6

Ⅰ.K825.78

中国国家版本馆 CIP 数据核字第 2025VR6971 号

晋剧皇后王爱爱

著　　　者：	王　越　陈　卓	
顾　　　问：	郭士星　闫玉庭　田永国	
责任编辑：	冯　岩　翟晓宾	
装帧设计：	闫　石	

出　版　者：山西出版传媒集团·三晋出版社
地　　　址：太原市建设南路 21 号
电　　　话：0351-4956036（总编室）
　　　　　　0351-4922203（印制部）

经　销　者：新华书店
承　印　者：山西海德印务有限公司

开　　　本：787mmx1092mm　1/16
印　　　张：22.75
字　　　数：300 千字
版　　　次：2025 年 2 月　第 1 版
印　　　次：2025 年 4 月　第 1 版印刷
书　　　号：ISBN 978-7-5457-2419-6
定　　　价：88.00 元

如有印装质量问题，请与本社发行部联系　电话：0351-4922268